dtv

Das Fahrrad an den Hörnern zu packen und auszuschwärmen in eine Welt voller Abenteuer: Das ist seit fast 200 Jahren die Leidenschaft von Visionären und Nonkonformisten, von emanzipierten Frauen oder genießerischen Poeten. Diese Sammlung folgt ihren Spuren von den Anfängen bis in die Gegenwart. Man kann darin beispielsweise der Fahrrad fahrenden Diva Sarah Bernhard auf den Pariser Boulevards begegnen, mit der Draisine durch Berlin sausen oder gar mit dem Hochrad im wilden Kurdistan vor mordlustigen Gesellen flüchten.

Namhafte, aber auch weniger bekannte Autoren erzählen von dieser unbändigen »Lust, auf dem eisernen Rosse dahinzujagen«. Ein rasantes Vergnügen für alle, die auch die literarische Seite des Phänomens Fahrrad kennenlernen wollen.

Prof. Dr. Hans-Erhard Lessing war Physikprofessor und Design- und Technikhistoriker an Museen. Seit über dreißig Jahren beschäftigt er sich intensiv mit der Geschichte des Zweirads. Er hat bereits zahlreiche Bücher zum Thema veröffentlicht.

Ich fahr' so gerne Rad...

Geschichten vom Glück
auf zwei Rädern

Herausgegeben von
Hans-Erhard Lessing

Deutscher Taschenbuch Verlag

**Ausführliche Informationen über
unsere Autoren und Bücher
finden Sie auf unserer Website
www.dtv.de**

Neuausgabe 2012
2. Auflage 2012
Veröffentlicht 1995 im
Deutschen Taschenbuch Verlag GmbH & Co. KG,
München
© 1995 Deutscher Taschenbuch Verlag, München
Umschlagkonzept: Balk & Brumshagen
Umschlagfoto: Corbis/Richard Cummins
Satz: KCS GmbH, Buchholz/Hamburg
Druck und Bindung: Druckerei C. H. Beck, Nördlingen
Gedruckt auf säurefreiem, chlorfrei gebleichtem Papier
Printed in Germany · ISBN 978-3-423-14088-1

INHALT

Mark Twain: WIE MAN DAS HOCHRAD ZÄHMT 7

Margaret V. Le Long: ALLEIN QUER
DURCH AMERIKA* 17

Flann O'Brien: DIE NEUE IRISCHE CHEMIE* 37

Egon Erwin Kisch: ELLIPTISCHE TRETMÜHLE 53

F. W. Hinz: WIE ICH SCHLEIFENFAHRER WURDE 59

Jacques Faizant: NATÜRLICH SCHMEISST MAN
SIE IN DIE GRACHT!* 73

Giovannino Guareschi: DON CAMILLO UND
DAS FAHRRAD* 79

Amalie Rother: WIE WIR IN BERLIN ANFINGEN* 88

Simone de Beauvoir: ICH HATTE DEN TOD BERÜHRT* 108

Jerome K. Jerome: DIE NEUE FRAU* 118

T. Maxwell Witham: WIE ICH IN DEN 1860ERN
DEN KNOCHENSCHÜTTLER MEISTERTE 124

Ring Lardners Wöchentlicher Brief:
EIN KÖNIGREICH FÜR EIN PFERD, ABER EIN
FAHRRAD WÄRE RING LIEBER* 129

Amos Oz: EINE GROSSE EDLE SEELE 132

Arthur Conan Doyle: DIE ENTFÜHRUNG AUS
DER KLOSTERSCHULE 136

Theodore Roosevelt: DIE FAHRRADSQUADRON
DER NEW YORKER POLIZEI* 174

Ludwig Ganghofer: DIE FAHRSCHULE* 177

Arthur J. Munby: DIE FRANZÖSISCHEN
VELOZIPEDISTINNEN* 183

John Galsworthy: RADFAHRERINNEN WERDEN
ENTERBT* 186

Thomas Stephens Davies: VORTRAG ÜBER
DIE LAUFMASCHINE VOR DER ROYAL MILITARY
ACADEMY 197

Curzio Malaparte: DAS LÄCHELN DES FAHRRADS* ... 211

Jerome K. Jerome: FAHRRADWERBUNG* 217

Gabrielle-Sidonie Colette: ENDE EINER
TOUR DE FRANCE 222
BRAUCHEN WIR EINEN FREILAUF? DIE REDAKTEURINNEN
VON ›DRAISENA‹ FRAGEN DEN FABRIKANTEN PUCH . . 227
Arno Schmidt: NEBENMOND UND ROSA AUGEN 231
Hans Fallada: KNAPP ÜBERLEBT* 234
Émile Zola: MARIE ZU ZWEIT ALLEIN* 245
Julius von Voß: DIE REISE AUF DER DRAISINE 255
Jacques Faizant: ALBINA UND DAS FAHRRAD 261
Iris Murdoch: JEDE MENGE VEREHRER* 269
Henry Miller: MEIN BESTER FREUND 276
Karl Drais: EIN ERFINDER GIBT AUSKUNFT* 283

ANHANG

Nachwort 289
Quellennachweis 293
Bildnachweis 296

Mark Twain
WIE MAN DAS HOCHRAD ZÄHMT

Ich überlegte mir die Sache und kam zu dem Schluß, daß ich es schaffen könnte. Also ging ich runter und kaufte eine große Dose Pond's Extraktsalbe und ein Hochrad. Der Experte kam mit mir zum Unterricht nach Hause. Dort wählten wir, der Intimität halber, den Hinterhof und gingen ans Werk.

Meins war kein ausgewachsenes Hochrad, sondern nur ein Fohlen – ein Fünfzigzöller, reduziert durch die Pedale auf achtundvierzig, und bockig wie jedes andere Fohlen. Der Experte erklärte kurz die Gesichtspunkte des Dings, dann stieg er auf dessen Rücken und fuhr ein wenig herum, um mir zu zeigen, wie einfach das geht. Er sagte, daß das Absteigen die vielleicht schwierigste Sache der Welt sei, deshalb würden wir uns das bis zum Schluß aufsparen. Da hatte er sich aber getäuscht. Zu seiner freudigen Überraschung brauchte er mich nur auf der Maschine zum Rollen zu bringen und aus dem Weg zu gehen, und schon kam ich von alleine herunter. Obgleich ich doch völlig unerfahren war, stieg ich in Rekordzeit ab. Er befand sich just auf jener Seite, um die Maschine anzuschieben; krachend gingen wir alle zu Boden – er zuunterst, dann ich und obenauf die Maschine.

Wir untersuchten die Maschine, aber sie war nicht im geringsten verletzt. Das war kaum zu glauben. Doch der Experte versicherte mir, daß das stimmte; ja der Augenschein bewies es. Damals wurde mir teilweise klar, wie bewundernswert diese Dinger konstruiert sind. Wir salbten uns mit etwas Pond's Extrakt und fingen wieder an. Der Experte ging diesmal zum Anschieben auf die andere Seite, aber genau dort stieg auch ich ab – mit demselben Ergebnis wie gehabt.

Die Maschine blieb unverwundet. Wir schmierten uns

erneut ein und machten weiter. Diesmal begab sich der Experte in eine geschützte Stellung hinten, aber auf irgendeine Weise landeten wir wieder auf ihm.

Er war voll ehrlicher Anerkennung; sagte, daß das abnorm sei. Die Maschine war vollkommen in Ordnung, nicht der kleinste Kratzer daran, kein Span bildete sich. Ich sagte, während wir uns einsalbten, dies sei wundervoll, aber er meinte, wenn ich diese Stahl-Spinnenweben erst kennenlernte, würde ich erkennen, daß nur Dynamit sie verkrüppeln könne. Dann hinkte er an seinen Platz, und einmal mehr ging es los. Dieses Mal nahm der Experte eine Auffangposition ein und gewann einen Mann dafür, hinten anzuschieben. Wir erlangten eine hübsche Geschwindigkeit und fuhren gerade über einen Stein, als ich über die Pinne flog und kopfüber auf dem Rücken des Fahrlehrers landete, wobei ich die Maschine zwischen mir und der Sonne durch die Luft flattern sah. Nur gut, daß sie auf uns landete, denn das bremste ihren Fall, so daß sie nicht zu Schaden kam.

Fünf Tage später konnte ich wieder aufstehen, und es trieb mich zum Hospital, wo ich den Experten in leidlicher Verfassung fand. Nach ein paar Tagen war ich ganz gesund. Ich führe dies auf meine weise Voraussicht zurück, immer auf etwas Weichem abzusteigen. Manche Leute empfehlen ein Federbett, aber ich finde einen Experten besser.

Der Experte – endlich genesen – kam mit vier Assistenten wieder. Dies war eine gute Idee. Diese vier hielten das graziöse Spinnengewebe senkrecht, während ich in den Sattel kletterte; dann formierten sie sich zu Marschsäulen auf beiden Seiten, während der Experte von hinten schob; beim Absteigen halfen alle Hände mit.

Das Hochrad hatte, was man das »Eiern« nennt, und dies ziemlich schlimm. Um mich in der Fahrposition zu halten, wurde von mir ein Haufen Dinge verlangt, und jeden Augenblick war die Anforderung gegen die Natur. Gegen die Natur, aber nicht gegen die Naturgesetze. Will sagen, wie immer das Erfordernis auch sein mochte, daß mich meine Natur, Gewohnheit oder Erziehung ihm auf die eine Weise nachkommen ließ, während irgendein unverrückbares und unerwartetes Gesetz der Physik verlangte, daß es genau auf die andere Art zu machen war. Dadurch wurde mir klar, wie radikal und grotesk falsch die lebenslange Erziehung meines Körpers und meiner Glieder war. Sie waren voller Unkenntnis; sie wissen nichts – nichts, was zu wissen ihnen nützen könnte. Zum Beispiel, wenn ich mich nach rechts fallen sah, drehte ich als recht natürliche Reaktion die Pinne abrupt in die andere Richtung und verletzte so das Gesetz und fiel weiter. Das Gesetz verlangte das Gegenteil – das große Rad muß genau in die Richtung gedreht werden, in die man fällt. Es ist kaum zu glauben, wenn es einem gesagt wird. Und nicht bloß schwer zu glauben, es ist unmöglich; es ist gegen alle eigenen Vorstellungen. Und ist immer noch kaum zu machen, selbst nachdem man es zu glauben gelernt hat. Dran zu glauben oder dank des überzeugendsten Beweises zu wissen, daß es richtig ist, hilft nichts: man kann es nicht besser machen als zuvor; man kann sich zuerst weder zwingen noch überzeugen, es zu tun. Der Intellekt muß jetzt nach vorn. Er muß die Glieder lehren, ihre alte Erziehung abzustreifen und die neue anzunehmen.

Die Stufen des eigenen Fortschritts zeichnen sich hierbei deutlich ab. Am Ende jeder Lektion weiß er, daß er etwas erworben hat, und er weiß auch, was dieses Etwas ist, und ebenso, daß es ihm bleiben wird. Es nicht so wie deutsch lernen, wo man dreißig Jahre lang tastend und unsicher weiterpfuscht; und zum Schluß, wenn man gerade meint, es gepackt zu haben, knallen sie einem den Konjunktiv vor den Latz, und dann steht man da. Nein danke – ich erkenne jetzt deutlich genug, daß es das Bedauerliche an der deutschen Sprache ist, daß man von ihr nicht herunterfallen und sich verletzen kann. Es gibt nichts Besseres als das, um strikt am Geschäft dranzubleiben. Erst nach meinen Erfahrungen mit dem Hochradfahren weiß ich auch, daß der einzig richtige und sichere Weg zum Erlernen des Deutschen die Hochradmethode ist. Das heißt also, immer nur eine Gemeinheit davon auf einmal anzupacken und beherrschen zu lernen – nicht locker lassen oder sich zur nächsten mogeln, wobei letztere erst halb gelernt belassen wird.

Wenn man beim Hochradfahren den Punkt erreicht hat, wo man die Maschine einigermaßen balancieren und fortbewegen und steuern kann, dann kommt die nächste Aufgabe – wie man auf sie aufsteigt. Man macht das folgendermaßen: man hüpft hinter ihr auf dem rechten Fuß drein, setzt den anderen auf die Aufsteigraste und ergreift mit den Händen die Pinne. Gesagt, getan, steigt man auf die Raste, hängt das andere auf eine pauschale und undefinierte Weise in der Luft herum, lehnt den Bauch an das Sattelende und fällt dann runter, mal auf der einen Seite oder mal auf der anderen – und noch einmal – und dann weitere Male.

Mittlerweile hat man das Gleichgewicht zu halten und auch zu steuern gelernt, ohne die Pinne mit den Wurzeln auszureißen (ich sage Pinne, weil es wirklich eine Pinne ist; »Lenkstange« ist eine viel zu lahme Beschreibung). So steuert man dahin, ein Weilchen gradeaus, dann erhebt man sich mit steter Spannung nach vorn, um das rechte Bein und dann den Körper auf den Sattel zu liften, Atem zu holen, einen heftigen Ruck hierhin und dann dorthin einzuhandeln und schon geht's wieder runter.

Aber unterdessen hat man aufgehört, auf das Runterfallen zu achten; man kommt zusehends mit beträchtlicher Gewißheit auf dem einen oder anderen Fuß auf. Sechs weitere Versuche und sechs weitere Purzler machen einen vollkommen. Nächstes Mal landet man komfortabel im Sattel und bleibt dort – das heißt, wenn man sich zufrieden gibt, die Beine baumeln und die Pedale eine Weile frei zu lassen; denn wenn man sogleich in die Pedale steigt, ist man wieder drunten. Bald lernt man, ein bißchen zu warten und das Gleichgewicht zu vervollkommnen, bevor man in die Pedale tritt. Dann ist die Aufsteigekunst erreicht, also abgeschlossen, und ein wenig Üben läßt sie einem einfach und leicht erscheinen, obgleich sich Zuschauer seitlich eine oder zwei Ruten zurückziehen sollten, falls man nichts gegen sie hat.

Und jetzt kommt man zum freiwilligen Absteigen; die andere Art hat man ja zuallererst gelernt. Es ist ganz leicht zu konstatieren, wie man das freiwillige Absteigen macht; der Worte sind wenige, die Anforderung einfach und offenbar unschwer; laß das linke Pedal nach unten gehen, bis das linke Bein fast gestreckt ist, drehe das Rad nach links und steig ab wie von einem Pferd. Es klingt gewiß extrem einfach, ist es aber nicht. Ich weiß nicht, warum es das nicht ist, doch es ist es nicht. Versuche was auch immer, man kommt nicht herunter wie von einem Pferd; man kommt herab wie aus einem brennenden Haus. Auffallen tut man jedesmal.

Acht Tage lang nahm ich täglich eine Lektion von anderthalb Stunden. Am Ende dieser zwölf Arbeitsstunden Lehrzeit war ich ausgebildet – wenigstens grob. Ich wurde für kompetent erklärt, mein eigenes Hochrad ohne Hilfe von außen zu paddeln. Diese Schnelligkeit der Errungenschaft erscheint unglaublich. Es braucht beträchtlich länger als das Pferdereiten im groben.

Nun ist es richtig, daß ich ohne Lehrer hätte lernen können, aber das wäre wegen meiner natürlichen Schwerfälligkeit für mich riskant gewesen. Der selbstunterrichtete Mensch weiß selten etwas genau, ja er weiß nicht ein Zehntel dessen, das er wissen könnte, hätte er unter Lehrern gearbeitet. Außerdem schwafelt er, und dies bedeutet, daß andere gedankenlose Leute dazu verleitet werden, ebenso vorzugehen und zu handeln wie er selbst. Da gibt es manche, die sich vorstellen, daß Mißgeschicke im Leben – »Lebenserfahrungen« – uns irgendwie von Nutzen seien. Ich wüßte gern wie. Ich habe diese nie ein zweites Mal passieren sehen. Vielmehr wechseln sie ständig oder vagabundieren herum und erwischen einen von der unerfahrenen Seite. Könnte persönliche Erfahrung für die Bildung einen

Wert haben, gelänge es einem wahrscheinlich nicht, Methusalem auszustechen. Und selbst wenn dieser alte Herr wiederkehren könnte, ist es mehr als wahrscheinlich, daß er als eine der ersten Taten sich einen von diesen elektrischen Drähten grabschen und sich darin zu einem Knäuel verwickeln würde. Nun wäre der sicherere Weg und der weisere Weg für ihn, jemanden zu fragen, ob dies eine gute Sache für ihn zum Grabschen sei. Aber das würde ihm nicht passen; er wäre einer vom Schlag der Selbstunterrichter, die auf Erfahrung aus sind. Er würde es selbst untersuchen wollen. Und er würde zu seiner Weiterbildung herausfinden, daß ein verknäuelter Patriarch den elektrischen Draht kurzschließt. Dies wäre ihm denn auch von Nutzen und würde dann seiner Ausbildung in ganz perfekter und schmerzloser Form ein Ende machen, bis er dereinst wiederkehren sollte, um diesmal einen Kanister Dynamit solange auf den Boden zu schlagen, bis er herausfindet, was es damit auf sich hat.

Aber wir schweifen vom Thema ab. Also, man nehme einen Fahrlehrer – und spare viel Zeit und Pond's Extrakt.

Bevor mein Fahrlehrer sich endgültig von mir verabschiedete, fragte er nach meiner Körperkraft, und ich konnte ihn dahingehend informieren, daß ich keine besäße. Er sagte, dies sei ein Mangel, der mir das Bergauffahren zunächst ziemlich schwerfallen ließe; aber er sagte auch, daß das Hochrad hier bald Abhilfe schaffen werde. Der Unterschied zwischen seinen Muskeln und meinen war recht deutlich. Er wollte meine testen, also bot ich ihm mein Bestes – meinen Bizeps. Fast brachte der ihn zum Lächeln. Er sagte: »Er ist schwabbelig und weich und nachgebend und rundlich. Er weicht dem Druck aus und flutscht unter den Fingern weg. Im Dunkeln könnte jemand meinen, daß es sich um eine eingewickelte Auster handelt.« Vielleicht ließ mich dies bekümmert dreinblicken, denn er fügte forsch hinzu: »Ach das macht nichts, es braucht Sie nicht zu grämen. In Kurzem werden Sie ihn von einer versteinerten Niere nicht mehr unterscheiden können. Machen Sie mit Ihren Übungen nur so weiter – Sie sind in Ordnung!«

Damit verließ er mich, und ich fing an, alleine Abenteuer zu suchen. Tatsächlich muß man sie nicht suchen – dies ist bloß eine Redensart – sie kommen auf einen zu.

Ich wählte eine ruhige samstägliche Nebenstraße, die zwischen den Rinnsteinen etwa dreißig Yards breit war. Ich wußte: dies war nicht breit genug. Doch dachte ich, daß ich mich bei strikter Achtsamkeit und Platzersparnis durchquetschen könnte.

Natürlich bekam ich Ärger beim Aufsteigen auf die Maschine, ganz selbstverschuldet zwar, doch ohne moralische Unterstützung von außen, ohne mitfühlenden Fahrlehrer, der sagt: »Gut! Jetzt machen Sie's gut – wieder gut – nicht so schnell – da, jetzt, das ist richtig – nur Mut und vorwärts.« Statt dessen bekam ich andersartige Unterstützung. Dies war ein Junge, der auf einem Torpfosten hockend einen Brocken Ahornzucker kaute.

Er hatte großes Interesse und viele Kommentare. Bei meinem ersten Versagen und Runterfallen bemerkte er, wenn er an meiner Stelle wäre, würde er sich mit Kissen herausputzen, genau das würde er tun. Als ich das nächste Mal runterkam, riet er mir, es sein zu lassen und erst ein Dreirad fahren zu lernen. Beim dritten Absturz meinte er, nicht einmal auf einem Pferdewagen könnte ich mich vermutlich halten. Doch das nächste Mal hatte ich Erfolg und kam schwerfällig in Gang auf eine schlingernde, torkelnde und unsichere Art, indem ich praktisch die ganze Straßenbreite benutzte. Meine langsame und rumpelnde Fahrweise erfüllte den Jungen mit Verachtung bis ans Kinn, und er ließ vernehmen: »Herrje, rasen Sie nicht so dahin!« Dann kam er von seinem Pfosten herunter und lief auf dem Gehweg nebenher, mich immer noch beobachtend und gelegentlich kommentierend. Jetzt wechselte er in meine Fußstapfen und folgte hinterher. Ein kleines Mädchen kam vorbei, das auf seinem Kopf ein Waschbrett balancierte, kicherte und gerade etwas sagen wollte, aber der Junge warf vorwurfsvoll ein: »Laß ihn in Ruhe, er fährt zu einer Beerdigung.«

Ich war mit dieser Straße seit Jahren vertraut und hatte

immer gedacht, daß sie topfeben sei. Aber das war sie nicht, wie mich das Hochrad jetzt zu meiner Überraschung überzeugte. Das Hochrad in der Hand eines Neulings ist ebenso wachsam und schlau wie eine Wasserwaage beim Aufspüren feiner bis verschwindender Unterschiede in ihrer Anwendung. Es stellt einen Anstieg fest, wo das eigene ungetrübte Auge nicht feststellen könnte, daß er existiert. Es bemerkt jede Senkung, in der Wasser abwärts fließt. Es brachte mich dazu, mich abzuplacken, zu keuchen und zu schwitzen. Und doch kam die Maschine, egal wie ich mich abmühte, immer wieder praktisch zum Stillstand. In solchen Augenblicken pflegte der Junge zu äußern: »Das war's! Machen Sie Rast – es pressiert nicht. Ohne Sie kann man die Beerdigung nicht anfangen.«

Steine waren mir ein Ärgernis. Selbst die kleinsten versetzten mich in Panik, wenn ich über sie fuhr. Ich konnte jede Art Steine treffen, einerlei wie klein, sobald ich sie vermeiden wollte. Und natürlich konnte ich es zuerst nicht lassen, ebendies zu versuchen. Es ist ja nur menschlich. Es ist Teil des Deppen, der aus irgendeinem unerfindlichen Grund in jedem von uns steckt

Es kam dann zuletzt, am Ende meiner Strecke, das Erfordernis auf mich zu, eine Kehre zu fahren. Wenn man dies zum ersten Mal auf eigene Verantwortung unternimmt, ist dies keine angenehme Sache und der Erfolg nicht sehr wahrscheinlich. Das Selbstvertrauen schwindet dahin, der Kopf füllt sich mit namenlosen Befürchtungen, jede Faser ist auf Habacht gespannt, man beginnt eine vorsichtige und allmähliche Kurve, aber die verdrillten Nerven sind voller elektrischer Ängste, so daß die Kurve rasch zu einem ruckweisen und gefährlichen Zickzack demoralisiert wird. Dann wird das vernickelte Pferd plötzlich störrisch und geht schräg auf den Rinnstein zu, allen Gebeten und allen Anstrengungen widerstehend, seine Absichten zu ändern. Das Herz steht still, der Atem läßt auf sich warten, die Beine versagen den Dienst, geradewegs geht's weiter, bis nur noch ein paar Fuß zwischen dem Rinnstein und einem selbst fehlen. Und jetzt kommt der verzweifelte Augenblick, die letzte Chance, sich zu retten. Natürlich flüchten alle Anweisungen aus dem Kopf, und man wirbelt das Rad weg vom Rinnstein, statt zu ihm hin, und somit geht man auf diesem ungastlichen Granitstrand baden. Das war mein Glück, denn es war meine Erfahrung. Ich wand mich unter dem unzerstörbaren Hochrad hervor und setzte mich zur Diagnose auf den Rinnstein.

Ich begann die Rückfahrt. Erst jetzt sah ich einen mit Kohlköpfen beladenen Bauernwagen auf mich zu poltern. Wenn noch etwas die Unsicherheit meines Steuerns steigern konnte, dann genau dies. Der Bauer besetzte mit seinem Wagen die Straßenmitte und ließ dabei kaum vierzehn bis fünfzehn Yards auf jeder Seite frei. Ich konnte ihm nicht zubrüllen – ein Anfänger kann nicht brüllen. Wenn er den Mund öffnet, ist er verloren. Er muß seine ganze Aufmerksamkeit seiner Aufgabe widmen. Aber in dieser schrecklichen Notlage kam mir der Junge zur Rettung, und für diesmal bin ich ihm zu Dank verpflichtet. Er warf einen strengen Blick auf die schnell sich ändernden Stöße und Eingebungen meines Hochrads und brüllte dem Mann entsprechend zu: »Nach links, fahr nach links, oder dieser Dummkopf wird Dich überfahren!« Der Mann begann, dies zu tun. »Nein, nach rechts, nach rechts! Halt! So geht's nicht! – nach links! – nach rechts! – nach links! – rechts! links-re – Bleib, wo Du bist, oder Du bist ein verlorener Mann!«

Und genau dann stieß ich steuerbords auf das äußere Pferd und kam zu Fall. Ich sagte: »Zum Teufel! Konnten Sie nicht sehen, daß ich komme?«

»Ja, ich sah, daß Sie kommen, aber ich konnte nicht sagen, auf welchem Weg Sie kommen. Niemand konnt's – nicht wahr? Sie konnten's selbst nicht – nicht wahr? Was also hätte ich machen sollen?«

Da war etwas dran, und ich besaß den Großmut, dies einzuräumen. Ich sagte, es war ebenso meine Schuld wie seine.

Innerhalb der nächsten fünf Tage machte ich soviel Fortschritte, daß der Junge nicht mehr mithalten konnte. Er mußte auf seinen Torpfosten zurückkehren und sich damit zufrieden geben, mich in weiter Ferne fallen zu sehen.

Quer über das eine Ende der Straße gab es eine Reihe niedriger Trittsteine in ein Yard lichtem Abstand. Selbst nachdem ich soweit gekommen war, leidlich gut zu steuern, hatte ich soviel Angst vor diesen Steinen, daß ich sie immer traf. Sie brachten mir die schlimmsten Stürze bei, die ich in jener Straße je erlebte, außer den von Hunden besorgten. Ich habe gelesen, daß kein Experte schnell genug ist, einen Hund zu überfahren, und daß ein Hund ihm immer aus dem Weg witschen kann. Ich glaube, dies könnte zutreffen. Aber ich glaube, der Grund dafür, daß er ihn nicht überfahren konnte, war der, daß er es darauf anlegte. Ich probierte keineswegs, irgendeinen Hund zu überfahren. Doch ich überfuhr jeden daherkommenden Hund. Dies ist, glaub ich, ein auffallender Unterschied. Wenn man den Hund zu überfahren versucht, weiß er damit zu rechnen, aber wenn man ihn zu verfehlen trachtet, weiß er nicht, womit zu rechnen ist, und muß wohl jedes Mal in die falsche Richtung springen. Meiner Erfahrung nach trat dies immer ein. Selbst wenn ich es nicht schaffte, einen Wagen anzufahren, so gelang es mir doch mit einem Hund, der mich üben sehen kam. Sie liebten es überaus, mir beim Üben zuzuschauen und kamen alle, denn in unserer Nachbarschaft geschah sehr wenig, was einen Hund unterhalten konnte. Einen Hund nicht zu treffen zu lernen, brauchte seine Zeit, aber ich erreichte selbst dies.

Jetzt kann ich steuern, so gut ich nur will, und dieser Tage werde ich jenen Jungen erwischen und über *ihn* fahren, wenn er nicht Besserung gelobt.

Nimm ein Hochrad. Du wirst es nicht bereuen, falls du es überlebst. (1884)

Margaret Valentine Le Long
ALLEIN QUER DURCH AMERIKA*

Unbeirrt durch die Opposition buchstäblich aller Freunde und Bekannten, die zugegen waren, um ihr Veto einzulegen (und die außerorts taten's brieflich), setzte ich meine Vorbereitungen für die Radreise von Chicago nach San Francisco fort. Diese waren nicht allzu umfangreich, sondern einfach und umfaßten hauptsächlich einen geeigneten Rock und die dicke Besohlung meiner Schuhe. Unterwäsche zum Wechseln, ein paar Toilettenartikel und ein sauberes Taschentuch schnallte ich auf meinen Lenker, und eine geborgte Pistole steckte ich extra in meine Werkzeugrolle, wo sie im Bedarfsfalle nur schwer zu erreichen war. Und so startete ich eines Morgens im Mai unter einem vielstimmigen Chor von Prophezeiungen für gebrochene Glieder, Tod durch Verhungern oder Verdursten, Verführung durch Cowboys oder Skalpiertwerden durch Indianer.

Wenngleich meine Route anfangs über die glatten, ebenen Straßen von Illinois führte, hatte ich den ganzen Tag mit Gegenwind zu kämpfen, wurde durch einen spaßigen Bauerntölpel einen meilenweiten Umweg geschickt und machte nur dreiundvierzig Meilen. Ziemlich entmutigt legte ich mich jene erste Nacht in einem Argwohn erregenden Bett in einem schmutzigen kleinen Landhotel zur Ruhe. Trotz lahmer Knie und meines Argwohns bezüglich des Bettes schlief ich tief und war überhaupt nicht willens, am anderen Morgen um fünf Uhr aufzustehen, zu welcher Stunde ich wild entschlossen, vor dem Wind zu starten, mich wecken zu lassen abends vereinbart hatte.

Soll sich keiner weismachen, er könne vor einem Illinois-Wind aufstehen, denn der bläst den ganzen Tag und die ganze Nacht und immer von vorn ins Gesicht.

Meinen zweiten Tag verbrachte ich mit Zufluchtsuchen

vor Regenschauern und dem Ausstoßen von Verwünschungen über die Straßen. Einige meiner Fahrfiguren auf jenen Mautstraßen von Illinois müssen von hohem Unterhaltungswert für die Bauern gewesen sein, denn sie hörten mit dem Pflügen auf, um mir zuzuschauen.

Der dritte Tag war klar und kalt, und ich startete mit dem festen Vorsatz, einen »Hunderter« zu machen, aber ich hatte nicht mit dem Wind und dem Sand gerechnet. Nach fünfzehn Meilen von abwechselnd Sand oder Schlamm, Hügeln oder Morast, und bei einem kalten Wind, der mir natürlich direkt ins Gesicht blies, beschloß ich, im nächsten Ort haltzumachen und den Rest des Tages mit Meinungsäußerungen über die Straßenkarte der League of American Wheelmen zu verbringen, die aus Fallstricken und grober Irreführung besteht.

Beim ersten Blick auf Homestead, die größte der Amanna-Siedlungen, vergaß ich Gegenwind, sandige Straßen und League-Karten. Es war tatsächlich kaum zu glauben, daß ich mich noch im »Land der Freien und Heim der Tüchtigen« befand.

Solch anheimelnde Backsteinhäuser, die sich gleichen wie die Erbsen in einer Schote; solch große breitflügelige Windmühlen; solch flachshaarige kleine Mädchen mit langröckigen, hochgeschnürten Gewändern, seltsamen ausgestopften Hauben und geziemend vorn gekreuzten und hinten verknoteten Schürzen − gewiß hat man so etwas noch nirgends außerhalb von Holland gesehen.

Ich fuhr langsam die eine lange Straße hinab, bis meine Augen durch den Anblick eines gewaltigen gelben Zeichens erfreut wurden, dessen bucklige, abgenutzte Buchstaben trotz meiner sehr beschränkten Holländisch-Kenntnisse ich als Hotel entziffern konnte. Dies Zeichen war das einzige hotelmäßige Ding im ganzen Ort. Ich ging durch ein hübsches Staketen-Tor in der Osagedornhecke und ging zwischen geometrisch getrimmten Tulpenbeeten weiße Steinstufen hinauf, auf denen ich mir ohne weiteres mein Abendessen hätte servieren lassen, und verwandte die

nächsten fünf Minuten darauf, gegen eine Nagelkopf-
besetzte Eichentür mit einem riesigen Messingklopfer zu
hämmern, der eine unserer fadenscheinigen Serientüren
binnen kurzem demoliert hätte.

Ich erkannte, daß es keinen Zweck hatte, ein Mitglied
der Amanna-Sekte anzutreiben oder ihre Türen zu zer-
klopfen, also setzte ich mich auf die Stufen und harrte der
Dinge, die da kommen würden. Sie kamen langsam, aber
ich konnte sie schon hören, und das war ermutigend.
Schließlich kamen sie in Form des dicksten Mannes, den
ich je außerhalb eines Zirkus gesehen habe.

Visionen von Bierschildern, Zirkusplakaten und der
Refrain eines alten Lieds jagten mir durch den Kopf, während wir dastanden und einander musterten, denn dies war
das einzige, was wir eine Weile taten. Keiner sprach ein
Wort. Er aus Atemlosigkeit, ich aus schierer Verblüffung.
Ich stammelte schließlich eine Bitte um ein Abendessen
und einen Platz zum Hinsetzen, bis es serviert würde. Er
äußerte kein Wort von Zustimmung oder Willkommen,
sondern nahm aus seinem Mund eine langstielige Pfeife mit
roten Quasten, deren Kopf auf der Einbuchtung seines
Bauchs geruht hatte, wedelte mit ihr in der Luft und drehte sich umständlich herum und rollte dann (ja, das ist das
richtige Wort) in den gefliesten Flur hinein.

Ich folgte ihm in ein Zimmer, das meine letzten Zweifel darüber beseitigte, in welchem Land ich mich befand.
Ich war ganz bestimmt in Holland. Dieser nackte, gewie-
nerte Fußboden, diese winzigen rautenförmigen Butzen in
dem Gitter (Gitter, nicht Fenster, bitte sehr), jene Kästen
mit flammenden Tulpen, jener riesige Porzellanofen, alles
war holländisch, extrem holländisch. Ich fühlte mich in
meinem kurzen Rock und den Leder-Leggins wie ein
Klecks auf dem Bild und versuchte mich möglichst unsicht-
bar zu machen, indem ich mich ganz klein in die Ecke der
großen Eichenbank drückte, die mein künstlerisches Herz
mit heftigen Besitzwünschen erfüllte.

Gerade als ich vor meinem geistigen Auge jene Bank in

den Flur des Hauses plaziert hatte, das ich eines Tages bauen würde, rollte mein Gastgeber einmal mehr ins Blickfeld und wedelte wieder mit der Pfeife nach mir. Ich folgte seiner Geste und meiner Nase in ein Eßzimmer, das mir so ziemlich den Atem raubte, so pittoresk und mit wohligen Düften erfüllt war es.

Nach fünfzehn Jahren Erfahrung mit den Restaurants von San Francisco von der Wasserseite bis zum Cliff House und vom North Beach bis zum Protrero war ich der Meinung, daß ich alles gegessen hätte, was der Zivilisation bekannt ist, und manches, was nicht. Ich war immer stolz darauf, einen durchweg kosmopolitischen Magen zu haben, aber mir wurde an jenem Tag ein neues Gericht vorgesetzt, das mir ein wenig über die Hutschnur ging. An einem Ende das Tischs war eine Schüssel, gefüllt mit etwas, das einen echten altmodischen »Schwimmende-Inseln«-Pudding anzudeuten schien.

Mein Gastgeber teilte eine mächtige Portion mit einem Silberschöpfer aus, der bei mir beginnende Kleptomanie in den Fingerspitzen klingeln ließ. Mir schien es ein bißchen komisch, das Abendessen mit dem Nachtisch zu beginnen, aber ich beschloß, da ich in Holland war, es so zu halten wie die Holländer. Dies sollte ich bald bereuen. Nur die Erinnerung an eine Tracht Prügel seitens meiner Mutter für das Ausspucken von etwas, das ich nicht mochte, hinderte mich jetzt, so zu verfahren. Mir verschlug es die Sprache, doch mein Gesicht muß Bände gesprochen haben, denn mein Gastgeber wedelte mit der Pfeife zur Schüssel und sagte »Bier«. »Was?« keuchte ich, »Biersuppe?« »Yaw!« antwortete er mit einem Blick, der deutlich ausdrückte, daß seine hohe Meinung von mir ein paar Stufen gesunken war. Ein schlechter Start führt häufig zu einem guten Ende, und dies hier war ein Beispiel dafür. Das restliche Abendessen entschädigte mich reichlich für die Biersuppe.

Nach dem Essen ging ich auf Erkundung, denn im Hotel war keine Information zu bekommen. Die Frauen kicherten nur als Antwort auf meine Fragen; die Kinder verbargen sich hinter den Frauen, und die Männer glotzten.

Ich begab mich die Ulmenallee hinunter zu der kleinen braunen Bahnstation, wo ich Bekanntschaft mit dem Telegraphisten, dem Kartenschaltermann und dem Gepäckmeister machte. Bequemer- und ökonomischerweise sind diese alle in einer Person vereint. Ich fand in ihm einen Wissenshort über alle öffentlichen und privaten Angelegenheiten der Amanna-Sekte. (…)

Als die Sonne ihr erstes Blinzeln über die braunen gepflügten Felder riskierte, wo das erste zarte Grün von Mais sich zeigte, trudelte ich bedauernd mit meinem Rad durch das Tor in der Osagedornhecke. Mein Gastgeber wedelte mit seiner Pfeife zu feierlichem Lebewohl, und das letzte Geräusch, das meine Ohren beim Hinausfahren aus Homestead erreichte, war das Pseudo-Krupp-artige Gurgeln des Wassers im Pfeifenkopf, aus dem er einen langen Paff der Erleichterung zog.

Iowa wird in den Reiseführern als ein »feines, rollendes Land« beschrieben. Für den Radler heißt dies, sein Rad eine Seite eines Bergs hinauf und die andere hinab zu rollen, ohne je eine ebene Stelle zu finden, auf die man seine Fußsohle stellen könnte. Dies gilt ganz besonders für den westlichen Teil. Wenn man seinen Ärger über die Straßen eine Weile vergessen kann, um zum Bewundern anhalten zu können, ist die Szenerie unbeschreiblich schön.

Was für eine Erleichterung für den abgespannten Radfahrer, den schlammigen Missouri zu überqueren und über die glatten Kiesstraßen von Nebraska zu gleiten. In Iowa pflegt die Straße mehrere Meilen Umweg zu machen, um einen Berg zu erklimmen; in Nebraska wird immerhin versucht, ihn zu umgehen. Eines Abends stoppte ich nahe Bennington, als die untergehende Sonne diese alte graue Welt in ein Feenreich verwandelte, um meine Faust nach den schwarzen Kotstraßen und Schroffheiten Iowas zu schütteln. Iowa tat dies nicht weh, doch ich konnte meine Wut ablassen.

Ost-Nebraska kommt dem Paradies nahe, West-Nebraska jedoch der Gegenveranstaltung. Ost-Nebraska ist dicht gesprenkelt mit prosperierenden Farmen und Ortschaften, und alles freute sich auf eine ertragreiche Ernte dieses Jahr. West-Nebraska hatte die Natur zur Viehweide bestimmt, und solange man die Natur walten ließ, lief die Sache ganz gut. Als dann ein schurkischer Haufe von Grundstücksmaklern die Natur außer Kraft setzen wollte, war Desaster und Verheerung das Ergebnis. Die Natur schlug zurück, indem sie für quälend lange sieben Jahre selbst die Andeutung einer Ernte zurückhielt, abgesehen vom Salzkraut, bis die armen Siedler fast alle verhungert oder weitergewandert waren. Einige wenige mit besserem Ruf und besseren Absichten machten ihren Pakt mit der Natur und verlegten sich auf die Viehzucht.

Wenn jemand einen Preis auf ein Bild der Trostlosigkeit aussetzen sollte, würde ich eins von einem verlassenen »*soddy*« in Nebraska malen. Soddy steht auf nebraskisch für *sod-house*, Grasnarben-Haus. Die Natur tut alles in ihrer Macht stehende, dessen nackte Scheußlichkeit durch Auffüllen der Spalten mit Kräutern und Gräsern zu mildern, aber selbst unter günstigsten Umständen ist ein »soddy« ein trostloser Gegenstand. Die heruntergekommenen, verlassenen »soddies«, bei denen der Wind durch kaputte Türen und Fenster heult und die übriggebliebenen Flügel von Windmühlen flattern läßt, sind ein Alptraum zur Mittagszeit, den ich nicht so bald vergessen werde.

Als ich eines Morgens Gothenburg spät verließ, befand ich mich zur Abendessenszeit inmitten eines Soddy-Bezirks, der zudem verlassen war. Ich war ein halbes Dutzend abgefahren, nur um herauszufinden, daß sie verlassen waren und es keine Aussicht auf einen Schluck Wasser gab. Hungrig und müde hielt ich auf der Kuppe eines Hügels, als ich auf dem Grunde eines »draw« (das ist nebraskisch für Mulde) ein »soddy«, einen Heuhaufen und eine Kuh entdeckte. Das war ermutigend, und ich verlor keine Zeit, dies näher zu besichtigen. Eine alte Frau, barfuß und mit einem

Gesicht wie schlimm gegerbtes Leder, fütterte vor der Tür einige Schweine. Ich sagte ihr, daß ich gern etwas essen würde – egal was, alles, was sie habe.

Sie murmelte etwas, das für mich so klang, als ob sie kein Englisch verstehe, also zeigte ich auf meinen Magen und grinste. Ein Aufleuchten von Verstehen huschte kurz über ihre Fältchen, und sie ging ins Haus. Ich auch. Dies war ein recht anspruchsvolles »soddy«, denn es hatte zwei Räume. Meine Gastgeberin war in den hinteren verschwunden, aus dem sie jetzt angetan mit ein paar rohledernen Schuhen und einer Gingan-Schürze hervorkam.

Auf den Tisch stellte sie einen großen braunen Krug voll Milch und legte dazu einen großen braunen Laib Brot. Die Milch schmeckte streng nach Beifuß, und das Brot war mächtig und sauer, doch ich hatte den Appetit eines Rad- fahrers, noch gesteigert durch den Wind Nebraskas. Erst nach vielem pantomimischen Rechten konnte ich sie dazu bringen, Geld anzunehmen, und der schließlich akzeptierte Vierteldollar erleichterte mir kaum das Gewissen, wenn ich an die Milch und das Brot dachte, das ich weggeputzt hatte.

Von Cheyenne nach Laramie sind es dreiundsiebzig Mei- len auf der Straße, die dem Bahndamm folgt – zweiund- fünfzig Meilen dagegen auf der »Happy-Jack«-Straße. Ich beging den Fehler, die Abkürzung zu nehmen. Dies war der Tag, an dem ich meine Erfahrung mit dem Schotter machte.

Ein Anstieg von zweitausend Fuß auf dreißig Meilen und ein Abstieg um tausend Fuß auf den restlichen zweiund- zwanzig Meilen ist der Rekord dieser Hans-im-Glück- Straße. Zwanzig Meilen lang ist die Straße gut und der Anstieg gemächlich, doch dann beginnt der Ärger. Auf und nieder, durch dick und dünn, über Felsen und durch Sand läuft die Happy-Jack-Straße, und mit jeder Meile werden dein Atem heftiger und deine Knie schwächer. Es muß ein fröhliches Durcheinander geherrscht haben, als diese Straße im Bau war. Zahllose Schrammen, Beulen und Schürfun- gen bei mir und an meinem Rad bezeichnen die Augenblicke, an denen ich mich in Bewunderung der wilden Großartigkeit der Landschaft verlor und vergaß, daß ich einen bockenden Bronco von Fahrrad ritt.

Gegen ein Uhr fing der Hunger meine Begeisterung für alles außer Mittagessen zu dämpfen an, doch fünfzehn Meilen lang hatte ich keinerlei Zeichen von menschlicher Behausung gefunden. Nichts als grünlich-graue Felsen und verhungert aussehende gräulich-grüne Pinien. Eine plötzliche Straßenkehre brachte eine derartige Aussicht, daß ich vor Ehrfurcht und Bewunderung fast vom Rad gefallen wäre. Felsen türmte sich auf Felsen vierhundert Fuß senkrecht nach oben, und drunten an ihrem Fuße plapperte ein kleiner lauter Bergbach zwischen Ufern, bekränzt von violetten Schwertlilien und wilden Rosen. Es dauerte eine Weile, bis ich das Blockhaus am Fuße des Kliffs gerade unter einem überhängenden Felsen erkannte, der so aussah, als ob er nur noch den Schubs von einem Baby bräuchte, um hinüberzukippen. Jenen Hang hinunter versäumte ich gegenzutreten. Die besondere Vorsehung für die Dummen mußte für mich gesorgt haben, denn ich landete unten, ohne mir den Hals oder das Rad zu brechen, obgleich es den beiden Männern, die aus dem Blockhaus traten, schien, daß ich keinen ganzen Knochen mehr im Leib haben müßte.

Man brauchte mich nicht zu bitten abzusteigen. Dies war bereits erfolgt, auf alle Viere und mit dem Rad obendrauf, doch ich wurde in echter Wyoming-Gastfreundschaft zum Essen eingeladen. Herr Shaw, der Besitzer des Platzes, des berühmten »Blockhauses Unter Den Felsen«, kochte das Mittagessen und scherzte die ganze Zeit gutmütig, warum ich nicht früher angekommen wäre und daß nur noch Reste übrig seien. Wenn das ein Resteessen war, dann möchte ich immer Reste verzehren: frische Antilopen-Steaks, vor der Tür gefischte Bergforellen und Dosenpfirsiche aus meinem geliebten Kalifornien, das ganze hinuntergespült mit Milch, die nie eine Melkmaschine gesehen hat.

Nach dem Essen war ich wieder in der Stimmung, mich zu begeistern, und ich machte ah und oh, bis die Sonne viel zu weit unterm Horizont im Westen gesunken war, als es mir recht sein konnte. Herr Shaw tröstete mich mit der Eröffnung, daß auf halbem Wege zwischen dem Blockhaus und Laramie die »Dirty Woman's Ranch« liege, und wenn mich die Nacht überfiele, könne ich dort übernachten.

Ein langer, steiler Abhang, auf halber Höhe mit einem Stacheldrahtgatter umkränzt, ein faßgroßer Buckel inmitten der Straße und ein Biberloch daneben. Man füge zu dieser Szene dreißig Sekunden später am Straßenrand eine Frau, nur mehr ein Haufen, und am anderen ein erbsengrünes Fahrrad und weiter unten am Zaun einen braunen Hut mit einem weißen Schleier hinzu. Ich robbte vorsichtig herum und entdeckte, daß kein Knochen gebrochen war, setzte mich auf und fing an zu heulen. Dann lachte ich, doch das Lachen hatte einen hysterischen Klang, und ich hörte auf. Es hat keinen Sinn, allein hysterisch zu werden und dies acht Meilen vom nächsten Haus entfernt. Was wäre eine Frau ohne Haarnadeln! Ich zog eine aus dem Haar und entfernte den Schotter aus meinen Knien und heulte noch ein bißchen weiter; stand dann aber auf, richtete meinen Lenker gerade, setzte meinen Hut falschherum auf, wischte meine Augen und fuhr weiter. Ich gebe gern zu, daß ich einige Meilen weit die Straße nur durch einen Vorhang von Tränen sah. Irgendwie machte ich acht weitere Meilen – ich weiß nicht mehr wie –, dann kam das jene Nacht verzweifelt gesuchte Haus in Sicht.

Visionen von Abendessen, Bett und elastischen Binden flirrten vor meinen Augen, doch sie verflüchtigten sich rasch. »Nein«, sagte der Mann, der im Kuhstall melkte, sie seien eben erst zugezogen. Hätten keine Betten. Es wären zwölf Meilen bis Laramie. Keine Häuser dazwischen. Würde über jene Straße bei Nacht nicht einmal für den Gegenwert eines Broncos fahren. Würde mich aufladen und zu einem Haus an einer anderen Straße bringen. Dachte vermutlich, die Leute dort würden mich über Nacht behalten. Dies war schlecht, doch besser, als die Nacht zwischen den Felsen zu verbringen.

Hinter zwei bockigen, halb-eingerittenen Broncos in einem ungefederten Wagen ging es ab – über Buckel, die mich aus dem Sitz zum Wagenboden auf meine armen, lahmen Knie schleuderten. Jedesmal, wenn der Fahrer als Reaktion auf meine verzweifelte Bitte um einen kurzen Halt verlangsamte, gingen die Broncos durch. Runter ging es in Canyons, rabenschwarz vor Nacht, über Pässe, deren Felsen über unseren Köpfen zusammenzustoßen schienen, rauf über Grate, wo wir jede Spur unserer Straße verloren und über Beifußsträucher und Felsbuckel rumpelten.

Glitzernde Lichter fast unter uns, das Bellen von Hunden und weltlicher Chorgesang sagten uns, daß unsere Ankunft auf Cazorus' Rinderranch bemerkt worden war. Abwärts fuhren wir, ich mit beiden Füßen fest gegen das Spritzbrett gestemmt und mit einem stummen Gebet im Herzen, während die Broncos ausschlugen und der Fahrer fluchte. Rauhe, aber herzliche Hände hoben mich vom Wagen und trugen mich in das Blockhaus, das bloß zwei große, saubere und komfortable Räume enthielt, jedoch ohne jeden kleinen Zierrat, den man erwartet, wo Frauen hausen. Die Tünche hatte sich in Fetzen von den Wänden geschält, und der Rauch hatte den Rest auf dieselbe Farbe wie die Baumstämme gebracht. Es gab keine Schränke, also dekorierten die Familienkleider Wände und Decke. Drei unermeßliche Betten belegten drei Ecken des Raums, und ein grober Pinientisch und eine Sammlung von Gewehren, Sätteln und Sporen schmückte die vierte.

Verbände, Abendessen und Sympathie genoß ich nun überreichlich, wenn auch manch grober Scherz auf meine Kosten losgelassen wurde. Ich fing an, ängstliche Spekulationen zu der Bettensituation anzustellen, als zwei der Jungen einen mit Heu vollgestopften Überzug hereinzogen. Anna, die Tochter des Hauses, tat zwei Federbetten dazu und sagte mir, mein Bett sei fertig. Ich blickte mich konsterniert um und sah die Familie in verschiedenen Stadien des Auskleidens. Der alte Herr murmelte melodiöse deutsche Flüche. Die Jungs im Kampfanzug lieferten sich ein freundliches Kämpfchen. Anna schien meine Verlegenheit zu verstehen und trug die Kerze in die Küche hinaus. Unter dem freundlichen Mantel der Finsternis kroch ich unter die Bettdecke.

Meine freundlichen Gastgeber in der Canzoni-Ranch wollten von meiner Abfahrt nichts hören, obwohl ich nach einem herzhaften Frühstück mit Schinken, Kaffee und Brot zum neuerlichen Aufbruch bereit war. Ich bräuchte eine längere Rast. Ich müsse unbedingt ansehen, wie sie die Kälber brandmarken und Gus einen Bronco zureitet. Beim Brennen der Kälber machte ich nicht mehr mit, aber willigte ein, beim Zureiten des Broncos zuzusehen.

Gus ging den Bronco einfangen, Anna und ich die Kälber streicheln, doch auf mich fiel der Löwenanteil daran. Anna hielt es für richtig und natürlich, die Kälber zu brandmarken. Dann kamen holter-di-polter den Canyon herab Gus und der Bronco oder vielmehr der Bronco und Gus. Der Bronco lag in Führung, und Gus schleifte am Ende eines Lassos hinterher. »Fang ihn ab!« brüllte er. Aber dies war nicht mein Tag, um Broncos abzufangen, sondern ich machte, daß ich auf den Zaun kam. Als ich wieder zum Schauen kam, war der Bronco schon auf den Knien, mit dem einen Ende eines Lassos um die Vorderfüße und mit Anna beim Anbinden des anderen Endes an einem Pfosten. Einen Bronco einzufangen ist eine Sache, den Sattel draufzulegen, eine andere; und selbst aufzusteigen und vor allem droben zu bleiben, noch mal was anderes.

Der Sattel war schließlich drauf, der Junge ebenso, so schnell wie ich blinkerte, denn ich habe ihn dabei nicht sehen können. Rein und raus zwischen Felsen und Baumstümpfen tollten Junge und Bronco. Manchmal war er auf seinem Hals, manchmal auf seinen Flanken, aber immer obenauf.

Ich saß oben auf dem hohen Lattenzaun und fühlte mich gar nicht so sicher. Der Bronco probierte all die üblichen

28

Bronco-Tricks (und ihr Name ist Legion), um den Reiter abzuwerfen. Er bockte, und die scharfen Rädchen der Sporen gruben sich in seine Flanken, bis das Blut tropfte. Er versuchte durchzugehen, doch der grausame spanische Zaum schnitt ihm in die Kehle. Er wälzte sich, und Sporen wie Zaum marterten ihn.

Zuletzt rollte er sich auf die Seite. »Jetzt«, keuchte der Triumphierende, »ist er eingeritten.«

»Du hast gut reden.«, sagte Anna. »Das ist ein Fuchs. Der bleibt nicht zahm.«

Ich kletterte *auf der anderen Seite* vom Zaun herunter und sah zu, daß ich meinen eigenen Bronco startklar bekam. Anna begleitete mich einige Meilen auf einer kleinen Braunen-Mähre, die sie selbst zugeritten habe, wie sie versicherte. Wenn es irgendwo ein schlimmeres Straßenstück als jene fünfzehn Meilen von der Canzoni-Ranch bis Laramie gibt, so hat mich jedenfalls eine freundliche Vorsehung davor bewahrt, auf es zu treffen. Fünf Meilen bergan bis zum Gipfel des Devil's Hill, dann fünf Meilen hinunter durch Devil's Pa?, wo der Wind wie die Esse eines Ofens von Hades bläst; fünf Meilen Sand, Beifußgestrüpp und Stechmücken, dann Laramie.

Ein Tag Ruhe, und dann machte ich, ohne aus meiner kürzlichen Erfahrung gelernt zu haben, wieder eine Abkürzung. Diesmal hatte ich positiv die Wahnvorstellung angenommen, garantiert die falsche Straße zu erwischen. Also fragte ich all die Radfahrer und alten Pioniere von Laramie, notierte ihre Hinweise, zeichnete Landkarten, nur um dann doch die falsche Straße zu nehmen. Sie führte mich an die Ufer eines Laugensees und endete dort. Ich kletterte in dem Beifußgestrüpp herum, um herauszufinden, ob sie irgendwo auf der anderen Seite wieder herausführen würde, aber sah keine Spur von ihr. Des Sprichworts eingedenk, daß alle Dinge demjenigen zukommen, der wartet, setzte ich mich nieder und wartete. Ein Mann auf einem Wagen kam daher. Ich fragte ihn, wo die Straße hingegangen sei. Er antwortete, daß ich mitten drauf stünde.

Nach längerem Argumentieren war er bereit anzuerkennen, daß da keine »großen Wellen einer Straße neuerdings« zu erkennen seien, half mir freundlich auf den Wagen und brachte mich auf die Anhöhe zurück, von wo ich die andere Straße etwa zwei Meilen entfernt sehen konnte. Im Vertrauen auf die Pannenfestigkeit meiner Reifen kürzte ich durch Bereiche von Kakteen und Sand ab und erreichte Fee's Ranch zum Abendessen. In Wyoming ist das Abendessen ein ernstes Problem, da die Häuser zwanzig Meilen auseinanderliegen und die Straßen der Raserei keinen Vorschub leisten.

Durch ganz Nebraska und Wyoming hindurch war ich mit unheimlichen Geschichten unterhalten worden von Leuten, die von verwildertem Vieh gejagt wurden, doch da ich nie jemandem begegnet war, der selbst verfolgt worden war – immer waren es einige Freunde oder der Nachbar gewesen –, schenkte ich diesen Geschichten nicht viel Glauben. Ich war durch eine Herde nach der anderen gefahren, und sie waren immer geflohen und hatten bei meinem Auftauchen gebrüllt. Doch heute war mein Unglückstag.

Ich war soeben durch ein Meile Sumpfland gewatet und quälte mich eine lange, steile Steigung hinauf, als ich eine große Herde erblickte, die sich zu beiden Seiten und auf der Straße verteilte. Statt bei meinem Anblick wegzulaufen, fingen sie an, mich zu umkreisen. Dies sah ernst aus, und ich hielt abrupt an, um zu überlegen. Der einzige Rat, den ich für das Viehproblem erhalten hatte, war, nie davonzulaufen, sondern auf es brüllend zuzugehen und mit den Armen zu wedeln. Dies klingt leicht, wenn man sicher zu Hause sitzt mit dem Vieh in Form eines Roastbeefs vor sich. Einer brüllenden, ausschlagenden Viehherde inmitten von Wyoming gegenüber, mit schlotternder Knien und einem Herz, das bis zu den Fußsohlen sank, sowie mit Nerven, elektrisiert von dem Wunsch, wegzulaufen, ohne zu wissen wohin, stellt sich dies ganz anders dar. Nicht ein einziger Baum, Busch, Fels oder bloß Telegraphenmast.

Trotzdem, jetzt war Handeln angesagt, ich vergaß meine Furcht vor der Pistole in meiner größeren Angst vor dem Vieh, das bereits mit gesenkten Köpfen und Schwänzen in der Höhe auf mich zukam. Ich drückte meine Augen zu und ließ sie fünf Schüsse hören, so schnell ich nacheinander den Abzug ziehen konnte. Wie schwach und erbärmlich diese doch klangen. Ich wünschte, ich hätte eine Kanone à la Krupp gehabt, alles, was einen schrecklichen Lärm machen könnte.

Doch meine kleine Knall-Kanone hatte etwas Wirkung gezeigt, denn die Herde rannte wieder in Kreisen, doch diesmal weiter den Hügel hinauf.

Seit dieser Erfahrung begann ich beim Anblick einer Herde Rinder wie ein Comanchen-Indianer zu schreien und zu schießen, und der nächste Tag brachte den auf der Rattlesnake-Ranch grasenden eine Massenpanik.

Als ich am nächsten Morgen von Rochdale losfuhr, ging ein paar Meilen lang alles gut; dann kam ich in ein Wyoming-Gewitter oder vielmehr es zu mir. Auf drei Seiten von mir begannen sich die schwarzen Wolken aufzutürmen auf großartige, grandiose und ehrfurchtgebietende Weise, doch für eine einsame Frau ohne einen Schirm nicht besonders ermutigend.

Dann fing das Blitzen an, und es gab nirgends einen Platz, mich unterzustellen. Große, mächtige, schwarze Berge ragten auf allen Seiten auf, doch sie waren so kahl wie die Köpfe in der ersten Reihe der Orchestersessel. Bei jedem Blitzschlag legte ich ein wenig Extra-Geschwindigkeit drauf, aber machte anscheinend ebensoviel Fortschritt wie in einem Alptraum. Ein Präriehund lugte aus seinem Loch und bellte, eine Schlange ringelte sich über meinen Weg. Dies machte mir Mut, denn es zeigte, daß ich nicht das einzige Lebewesen in dieser Welt aus wirbelnden Wolken und züngelnden Blitzen war.

Sie haben in Wyoming eine seltsame Art, ihre Häuser in abseitige Plätze zu stellen zu stecken, und so wäre ich schier auf das Dach von Pullman's Ranch am Mecinie Bow Crossing gefallen, bevor ich sie sah. Keine Sekunde zu früh übrigens, denn dicke Regentropfen spielten auf meinem Hutrand Tam-Tam, als ich die Tür erreichte. Ich blieb hier zum Abendessen und wartete, bis das Gewitter nach Norden abgezogen war.

Mir war klar, daß ich unmöglich Fort Steele vor Dunkelheit erreichen konnte, doch man sagte mir, daß es 15 Meilen hinter dem Rattlesnake-Paß, also auf der anderen Seite, eine Anzahl von Ranches gab. Die fünfzehn Meilen hatten sich auf zweiundzwanzig gedehnt, bevor ich ein Haus zu sehen bekam. Ich mußte dreimal innerhalb einer knappen Meile Schuhe und Strümpfe ausziehen, um den Rattlesnake Creek zu durchwaten; entsprechend frierend, müde und schlecht gelaunt war ich, als ich plötzlich über den Paß auf die Ebene kam und sechs Ranches erblickte.

Nun gehören zu den ärgerlichsten Seiten von Wyoming die trügerischen Entfernungen. Ich fuhr und fuhr und wanderte und schob mein Rad durch den Sand, doch jene Ranches erschienen so weit weg wie zuvor. Die Sonne ging gerade unter, als ich die erste erreichte, nur um sie verlassen vorzufinden. Auf ein neues bis zur nächsten. Ebenso verlassen. »Dreimal oder nie«, dachte ich, als ich zur dritten losfuhr. Hier hatte ich mehr Glück. Ich war auf die Pass-Creek-Schafranch getroffen, die einem Bostoner Konsortium gehörte. Hier wurde ich fürstlich unterhalten und am nächsten Morgen sieben Meilen meiner Strecke nach Fort Steele im Wagen gefahren, weil der Pass Creek zu hoch stand, um von mir durchschritten zu werden. Bei Fort Steele war vom Hochwasser die Wagenbrücke weggeschwemmt worden, so daß ich den Platte River auf der Eisenbahnbrücke überqueren mußte. Als ich drüben war, setzte ich mich hin und sah die Welt in Staubwirbeln.

Denn hier beginnt die Rote Wüste. Den Löwenanteil der Strecke fuhr ich auf dem Bahndamm, denn die Straße ist sandig und nicht ausmachbar. In der Roten Wüste verlorenzugehen bedeutet fast den sicheren Tod, und ich zog es vor, von einem durchkommenden Zug aufgeschaufelt zu werden. Beim Blick auf die Karte von Wyoming würde man dies für ein dichtbesiedeltes Land halten. Hätte ich gewußt, wie viele der auf der Karte so fett eingetragenen Namen bloß Nebengeleise und Bahnwärterhütten bedeuteten, hätte ich wohl nie die Courage gehabt, diese Fahrt zu unternehmen. Jetzt war die Zeit gekommen, wo sich meine Wasserflasche und Vesperdose als praktisch erwies. Tatsächlich mußte ich nie nach Wasser lechzen, weil ich schnell lernte, wie man die Stellen findet, wo die Bahnwärter ihre Wasserfässer vergraben.

Etwas zu essen zu bekommen, war nicht immer so leicht. In Bryan, das aus einem Depot und einer Bahnwärterhütte besteht, konnte ich weder für Geld noch gute Worte einen Happen bekommen, obgleich ich just zur Abendessenszeit dort war und den brutzelnden Schinken riechen konnte. In beiden Häusern wurde mir die Tür vor der Nase zugeschlagen. Ich mußte mich ungeatzt und in allem anderem als christlicher Gesinnung auf den Weg nach Granger machen, dreiundzwanzig Meilen weiter weg. Nach dem Abendessen beschloß ich, ihnen zu vergeben. Es ist schon Zumutung genug für jemanden, in diesem Lande zu leben. Von allen gottverlassenen Landstrichen, die ich jemals sah, ist dieser der schlimmste. Sogar das Beifußgestrüpp weigert sich zu wachsen. Die Menge von Leuten, die ich auf Planwagen reisen sah, erstaunte mich, denn ich hatte die Tage jenes Verkehrsmittels für schon längst vorüber gehalten.

Gewöhnlich hätte ich die Landschaft um Evanston für trostlos gehalten, doch nach zweihundert Meilen durch die Rote Wüste ist mir selbst grünes Beifußgestrüpp willkommen, und die schönen Ortschaften und grünen Felder des Weber-Canyon erscheinen fast wie das Paradies. Stellt euch fünfundsechzig Meilen Gefälle vor, ihr müden Radmänner! Derart stellt sich die Straße von Wasatch nach Odgen dar. Es gibt aus meiner Sicht nur einen einzigen Tadel für jenes Land: sie überbrücken die Bäche nicht und sie lassen sie auf der ganzen Straße als Bewässerungsgräben losgehen. Eines Morgens wurde ich aus einem Labyrinth von Bächen und

33

Schlammpfützen von zwei jungen Männern im Wagen errettet. In einer Kiste unter dem Sitz hatten sie vierhundert Forellen und wollten gerade anhalten, um ein paar fürs Abendessen zu braten. Ich muß hungrig ausgesehen haben (das war ich generell), denn sie luden mich zum Abendessen ein. Das ließ ich mir nicht zweimal sagen. Unter der Eisenbahnbrücke bei Devil's Gate schlugen wir ein Lager auf.

Sie hatten kein Brot, also wurde ich einstimmig gewählt, Brötchen zu backen. Nun kann ich durchaus Brötchen backen, doch möchte ich dazu alle modernen Errungenschaften bei den Utensilien. Hier hatte ich weder ein Backbrett, noch ein Wellholz oder den Brötchen-Ausstecher, deshalb rechne ich mir hoch an, daß die Brötchen dennoch eßbar waren. Wir buken sie auf einem Röstblech, und beim Versuch, sie herauszunehmen, gab es manchen verbrannten Finger und viel Spaß.

Als wir Odgen erreichten, war es dunkel, und ich war erleichtert, denn ich war eindeutig reparaturbedürftig. Zwei Tage lang tat ich nichts außer rasten, sowie Eiskrem und Obst vertilgen; dann unternahm ich die Fahrt nach Salt Lake City runter. Von Odgen nach Salt Lake City sind es vierzig Meilen – von Salt Lake City nach Odgen gern das Doppelte. Wenn Sie das nicht glauben, machen Sie die Reise auf dem Rad und sehen selbst. Vermutlich ist nach wissenschaftlichen Maßstäben eine Meile eben eine Meile, aber zwischen einer Meile bergab und einer Meile bergauf habe ich gewaltige Unterschiede gefunden.

In Corinne, Staat Utah, sagte ich einmal mehr grünen Feldern und der Zivilisation adieu. Glücklicherweise hatte ich fast auf dem ganzen Weg durch die Große Amerikanische Wüste kühles Wetter, ja ich begegnete sogar einigen schweren Regengüssen. Tag für Tag Sand und Beifußgestrüpp, hin und wieder zur Abwechslung mit einem Sandsturm oder Reguß, bot kein interessantes Fahren und ergäbe keine interessante Schreibe. Die Indianer sind das einzige malerische Element der Szenerie, doch vom künst-

34

lerischen Standpunkt sind sie wegen ihrer Lagerhauskleidung praktisch unergiebig.

Bei der Überquerung der Großen Amerikanischen Wüste rate ich jedem, dicht bei der Eisenbahn zu bleiben. Die Wagenstraße hat die Angewohnheit, auf die unvorhersehbarsten Arten zu verschwinden, und wenn man außer Sichtweite der Telegraphenmasten gerät, ist man verloren. Die größte Angst hatte ich vor Vagabunden. Die Straße wimmelte von ihnen ziemlich, und sie waren gewöhnlich vom Typ Griesgram. Wenn sie mir gegenüber auch nie wirklich unverschämt waren, zeigten sie manchmal ein unerfreuliches Interesse an meinen Angelegenheiten, aber da ich selbst eine Art Vagabund war, konnte ich nicht groß unnahbare Mienen aufsetzen.

Von Reno nach San Francisco sind die Straßen gut, die Aussichten wunderschön und das Trinkwasser wie Wein nach dem Laugenwasser der Wüste. Mit jeder Radumdrehung spürte ich meine Stimmung steigen, und als ich schließlich die Staatengrenze überquerte und wieder kalifornischen Boden betrat, weinte ich ein paar Freudentränen.

Wenn Sie nur ein paar peinigende Blicke durch die Ritzen der Schneeschutzdächer erhaschen konnten, kennen Sie wenig von der Schönheit der Landschaft zwischen Truckee und Blue Canyon. Sie belohnte mich reichlich für die vielen Meilen, die ich zu Fuß gehen und dabei mein Rad lange, steile Abhänge hinaufschieben mußte – den einen Tag zwischen Schnee und Felsen der Gipfel der Sierra Nevada, den nächsten Tag durch die Obstgärten des Sacramento-Valley schnurrend, wo sich die Obstbäume unter der Last der Früchte bogen. Obgleich die Szenerie um San Franscisco mir seit Jahren vertraut ist, erschien sie mir wunderbar neu und schön. Die Mole von Oakland erschien mir wie der Eingang zum Paradies und San Francisco wie das Paradies selbst.

Meinen radfahrenden Schwestern möchte ich übermitteln, daß ich ein Fahrrad mit Durchstieg fuhr und nie die

Zeit oder den Ort fand, wo ich geneigt gewesen wäre, meine Röcke abzulegen und in Bloomerhosen aufzutreten. Ich finde einen mittellangen, proper geschnittenen Rock fast genausogut zu fahren wie mit Bloomerhosen, und man fühlt sich in solcher Kleidung sicherlich viel angenehmer, wenn man ohne Rad ist. Ich wurde immer mit Freundlichkeit und Höflichkeit behandelt und führe dies zu einem großen Teil auf meine Röcke zurück. Bis zum Knie geschnürte Lederstiefel halte ich für die gefälligste und bequemste Fußbekleidung.

Ich erwarb mir einen feinen kupferfarbenen Teint und verlor acht Pfunde, deren Verlust ich mir eigentlich kaum leisten konnte, aber ich bin froh, daß ich die Fahrt gemacht habe, wenn ich sie auch nicht noch einmal machen möchte – zumindest nicht vor der nächsten Saison. (1898)

Ich glaube, daß die Benutzung von Fahrrädern dabei ist, unsere Sitten tiefgreifender zu verändern, als man sich allgemein noch im Zweifel ist. All diese jungen Frauen, all die jungen Mädchen, die losfahren und den Raum erobern, hängen einen Großteil des häuslichen Lebens, des Familienlebens an den Nagel.
Sarah Bernhardt 1896

Das Bicycle hat zur Emancipation der Frau ... mehr beigetragen als alle Bestrebungen der Frauenbewegung zusammen.
Die österreichische Frauenrechtlerin Rosa Mayreder 1905

Flann O'Brien
DIE NEUE IRISCHE CHEMIE*

Die alten farbigen Häuser von unregelmäßiger Größe, die an den schmalen Kais des Liffey stehen, scheinen sich vorzubeugen, als wollten sie sich im Wasser genau betrachten; aber diesmal, als Mick voll angenehmer Empfindungen an ihnen vorbei wandelte, ruhte sein Blick nicht auf ihnen. Er grübelte, wenn auch nicht in Düsternis. (…)

Seine Schritte führten ihn ins *Metropole* in der wichtigsten Straße von Dublin. Man nannte es weder Kino, Restaurant, Tanzsaal noch Schnapshöhle, obwohl es all diese Wonnen bot. Das Trinken geschah in einer stillen, mild beleuchteten Diele im Souterrain, wo die Tische durch hohe, feststehende Wandschirme aus dunklen Hölzern gegeneinander abgeteilt waren. Es war eine bevorzugte Zuflucht für Gemeindepriester vom Lande, und, obwohl Kellnerinnen bedienten, waren weibliche Gäste ausgeschlossen.

Er setzte sich und bestellte ein kleines Vichy-Wasser. Als im Nachbarabteil eine andere Bestellung serviert wurde, verdutzte ihn der Dank, den der unsichtbare Gast aussprach, höchlich, war er doch in Aussage wie Tonfall unverwechselbar.

»In Dankbarkeit für diese Flasche, meine liebe Maid, werde ich eine neuntägige Andacht für die Ausgestaltung Ihrer Seele irreziprok zum Heiligen Martin von Tours persönlich abhalten.«

Es half alles nichts: Mick mußte sein Glas nehmen und in die Nachbarlaube ziehen. Glücklicherweise war Sergeant Fottrell allein. Er erhob sich mit altmodischer Courtoisie und streckte eine Hand aus.

»Nun, Gott bewahre, aber Sie müssen mir detektivisch folgen?«

Mick lachte.

»Nein, wirklich nicht. Mir war nach einem stillen Glas, und ich dachte, hier unten würde mich keiner kennen.«

»Oho, aber der Teufel sorgt für die Seinen.«

Merkwürdigerweise schien dieser ungeplante Zusammenstoß mit dem Sergeant Micks zur Hälfte gekeimtes Verlangen nach Einsamkeit nicht anzutasten. Er war sogar froh, den Sergeant getroffen zu haben. Er entschuldigte sich noch einmal dafür, daß er es versäumt hatte, sein Fahrrad von der Wache in Dalkey abzuholen. Der Sergeant hob seine lange Oberlippe von seinem Glas voll Gerstenwein und zuckte dabei als Zeichen der Vergebung mit der Wimper.

»Der Platz, an dem sich das Fahrrad jetzt befindet«, sagte er gewichtig, »ist bei weitem sicherer als die hauptsächlichste Hauptstraße, schon rein intuitiv.«

»Ach so, ich dachte nur, es könnte im Wege sein.«

»Es ist hinter Schloß und Riegel in Zelle Nummer Zwei, und Sie stehen sich gesundheitlich weit besser, wenn Sie von ihm geschieden sind. Sagen Sie mir folgendes: Wie fanden Sie Wachtmeister Pluck?«

»Ich hatte ihn natürlich schon vorher gesehen. Ein sehr angenehmer Mensch.«

»Was tat er denn auf wahrnehmbare Weise?«

»Er flickte einen defekten Fahrradschlauch.«

»*Ahaaa!*«

Der Sergeant kicherte, nahm einen weiteren Schluck aus seinem Glas und runzelte, mit seinen Erinnerungen beschäftigt, leicht die Stirn.

»Das wäre der dritte Platten in sieben Tagen«, sagte er in einem Ton, aus dem Befriedigung zu sprechen schien.

»Das klingt nach einer ziemlich schlimmen Statistik«, erwiderte Mick. »Ist das ganz einfach Pech, oder liegt es an den schlechten Straßen?«

»Das Landratsamt muß sich die kleinen Landstraßen zum Verdienst anrechnen, die schlimmsten in Irland. Aber Wachtmeister Pluck empfing seine Reifenpannen um halb eins am Montag, um zwei am Mittwoch und um halb sechs am Sonntag.«

»Woher in aller Welt wissen Sie das? Führt er Tagebuch darüber?«

»Das tut er nicht. Ich kenne Daten und Zeiten protuberant, denn es war kein Geringerer als ich, der die Pannen mit dem Taschenmesser herbeigeführt hat.«

»Grundgütiger Himmel, warum?«

»Zum Besten von Wachtmeister Pluck. Doch wie ich hier so sitze, habe ich diese sprechenden Bilder einen Stock höher betrachtet. Gewiß und wahrhaftig handelt es sich dabei um äußerst merkwürdige wissenschaftliche Errungenschaftbarkeiten; soviel dürfte wohl klar sein.«

»Sie sind gegenüber dem Stummfilm ein großer Fortschritt.«

»Und Sie wissen, wie man sie zustande bringt?«

»Aber ja! Die photo-elektrische Zelle.«

»Nun gut. Und warum kann man, wenn man Licht in Geräusch verwandeln kann, Geräusch nicht in Licht verwandeln?«

»Sie meinen, man sollte eine *phono*-elektrische Zelle erfinden?«

»Diese Erfindung wäre, wenn man einmal in Sonderheit annehmen möchte, daß dem unstreitig so sei, ein gordischer Eierkuchen. Ich bewege oft in meinem Sinn, was für ein Licht die edle amerikanische Verfassung spenden würde, welche von Präsident Roosevelt verkündet wurde.«

»Eine sehr interessante Spekulation.«

»Oder eine Rede von Arthur Griffith?«

»Genau.«

»Charles Stewart Parnell wiegte sich in dem schönen Glauben, der Grund für alles Leid und alle Tränen Irlands sei in seiner Vorliebe für die Farbe Grün zu suchen. Hüllt mich in das grüne Banner, Jungs. Wenn man die Reden dieses großen Mannes durch die Zelle jagte (und manchen Monat hat er selbst in einer Zelle verbracht), wäre es da nicht hämochromatisch nur folgerichtig, wenn ein helles grünes Licht dabei herauskäme?«

Mick lachte darüber und über die ganze wunderbare

Vorstellung. Es hatte, glaubte er sich zu erinnern, einmal eine Orgel gegeben, die Licht auf eine Leinwand »spielte«, zaubrische Muster aus Farbenspiel. Aber das war es nicht, was dem Sergeant vorgeschwebt hatte.

»Doch. Und welche Farbe hätte wohl Carusos Stimme, oder John McCormack, wenn er *Down by the Sally Gardens* singt? Aber sagen Sie mir eins, Sergeant. Warum haben Sie beständig die Reifen von Wachtmeister Pluck durchbohrt?«

Der Sergeant winkte der Kellnerin, bestellte für sich einen Gerstenwein und eine kleine Flasche »davon« für seinen Freund. Dann beugte er sich vertraulich vor.

»Haben Sie je die Mollyküle entdeckt oder vom Hörensagen wahrgenommen?« fragte er.

»Natürlich.«

»Würde es Sie überraschen oder zusammenbrechen lassen, wenn Sie wüßten, daß die Mollykül-Theorie in Dalkey am Werk ist?«

»Nun… Ja und nein.«

»Sie richtet dort schrecklichen Schaden an«, fuhr er fort. »Die Hälfte der Bevölkerung ist davon befallen; sie ist schlimmer als die Blattern.«

»Könnte nicht die Gesundheitsbehörde die Sache in die Hand nehmen, oder die Gesellschaft der Freunde des Vaterländischen Schul- und Erziehungswesens, oder finden Sie, es geht eher die Haushaltungsvorstände an?«

»Das Wesentliche, der springende Punkt und das, worauf es mir ankommt«, erwiderte er beinahe grimmig, »ist das Landratsamt.«

»Kompliziert genug sieht es allerdings aus.«

Der Sergeant trank zierlich, tief in Gedanken versunken.

»Michael Gilhaney, einer meiner Bekannten«, sagte er schließlich, »ist ein Mensch, den das Wirken der Mollykül-Theorie schon fast erledigt hat. Würde es Sie ominös verwundern, wenn Sie erführen, daß er auf dem besten Wege in der Gefahr schwebt, ein Fahrrad zu sein?«

Mick schüttelte in höflichem Unverständnis den Kopf.

»Er ist nach einfacher Berechnung fast sechzig Jahre alt«,

sagte der Sergeant, »und wenn er noch er selber ist, hat er nicht weniger als fünfunddreißig Jahre auf dem Fahrrad verbracht, über die steinigen Feldwege und die unnachgiebigen Hügel hinauf und hinab und hinein in die tiefen Gräben, wenn sich die Straße unter der Mühsal des Winters verliert. Ständig ist er zu jeder Stunde des Tages unterwegs und fährt hierhin oder dorthin, und zu jeder zweiten Stunde des Tages kommt er mit seinem Fahrrad wieder von hierher oder dorther zurück. Wenn ihm nicht jeden Montag das Fahrrad gestohlen würde, wäre es ihm sicher schon mehr als halbwegs gelungen.«

»Was wäre ihm halbwegs gelungen?«

»Selber ein gottverdammtes Fahrrad zu sein.«

Hatte Sergeant Fottrell sich für einmal dazu verstiegen, trunken draufloszureden? Seine Grillen waren für gewöhnlich amüsant, aber weniger gut, wenn sie keine Bedeutung hatten. Als Mick etwas sagte, das darauf abzielte, starrte ihn der Sergeant ungeduldig an.

»Haben Sie je als junger Bursch die Mollykül-Theorie studiert?« fragte er. Mick sagte: nein, zumindest nicht eingehend.

»Das ist eine sehr ernste Unterschlagung und schwerverständliche Verschlimmerung«, sagte er rauh, »aber ich werde Ihnen sagen, wie es sich damit verhält. Alles besteht aus kleinen Mollykülen seiner selbst, und diese fliegen in konzentrischen Kreisen herum und in hohem Bogen und in Segmenten und unzähligen anderen Routen, zu zahlreich, sie kollektiv zu erwähnen, stehen dabei nie still oder ruhen sich aus, sondern sie flitzen davon und trudeln mal hier-, mal dorthin und sofort wieder zurück, immer auf Achse. Folgen Sie mir soweit verständnisinnig? Mollyküle?«

»Ich glaube schon.«

»Sie sind so munter wie zwanzig ungeratene Kobolde, die auf einem flachen Grabstein Reigen tanzen. Nun nehmen Sie mal ein Schaf an. Was ist ein Schaf anderes als Millionen kleiner Teilchen von Schafsmäßigkeit, die durcheinander wirbeln und innerhalb des armen Tieres verzwickte Konvulsionen aufführen? Na? Was?«

»Das müßte das Schaf schwindlig machen«, stellte Mick fest, »besonders, wenn sich das Wirbeln auch in seinem Kopf abspielt.«

Der Sergeant ließ ihm einen Blick zuteil werden, den er selbst zweifelsohne als *non-possum* und *noli-me-tangere* bezeichnet hätte.

»Das ist eine überaus tollkühne Bemerkung«, sagte er scharf, »denn die Nervenstränge und der Schafskopf selbst sind dem Wirbeln unterworfen, weshalb ein Wirbel den anderen aufhebt, und bitteschön: es ist, als kürzte man einen Bruch, wenn man über und unter dem Strich eine Fünf stehen hat.«

»Darauf bin ich, um die Wahrheit zu sagen, noch nicht gekommen.«

»Mollyküle sind ein sehr verzwicktes Theorem, und man kann ihnen mit Hilfe der Algebra beikommen; es empfiehlt sich aber, dabei schrittweise vorzugehen, Lineale und Kosinusse und ähnliche vertraute Instrumente zu benutzen, und wenn man dann alles fertig hat, glaubt man nicht, was man überhaupt bewiesen hat. Wenn das nämlich passierte, müßte man es zurückverfolgen, bis man eine Stelle gefunden hat, an der man seine Fakten und Ziffern, wie sie in der *Algebra* von Knight & Hall genau niedergelegt sind, wieder glauben kann, und von der betreffenden Stelle müßte man sich dann wieder vorarbeiten, bis man den ganzen Eierkuchen anständig geglaubt hat und nicht Teile davon halb geglaubt hat oder einen Zweifel im Kopf zurückbehält, der einen plagen würde wie ein inmitten des Bettes verlorener Kragenknopf.«

»Sehr wahr«, entschloß sich Mick zu sagen.

»Wenn man heftig genug und oft genug mit einem eisernen Hammer auf einen Stein schlägt, werden einige Mollyküle des Steins in den Hammer gehen, sowie ebensowohl umgekehrt.«

»Das ist wohlbekannt«, pflichtete er bei.

»Das Brutto- und Nettoresultat davon ist, daß die Persönlichkeit von Menschen, die die meiste Zeit ihres natürlichen Lebens damit verbringen, die steinigen Feldwege dieses Landkreises mit eisernen Fahrrädern zu befahren, sich mit der Persönlichkeit ihrer Fahrräder vermischt: ein Ergebnis des wechselseitigen Austauschs von Mollykülen, und Sie wären erstaunt über die große Anzahl von Leuten in dieser Gegend, die beinahe halb Mensch, halb Fahrrad sind.«

Mick keuchte leicht vor Erstaunen, und das machte ein Geräusch wie Luft, die aus einem schadhaften Reifen austritt.

»Guter Gott, ich vermute, Sie haben recht.«

»Und Sie wären unsagbar baff, wenn Sie die genaue Zahl stämmiger Fahrräder kennten, die heiter am menschlichen Leben Anteil nehmen.«

An dieser Stelle zog der Sergeant seine Pfeife hervor, etwas, das er sehr selten in der Öffentlichkeit tat, und schweigend begann er das mühselige Geschäft, sie aus seiner arg mitgenommenen Dose mit sehr dunklem Tabak zu stopfen und vollzurammen. Mick kam ins Grübeln, und er dachte an Gegenden auf dem Lande, die er in seinen jüngeren Tagen gekannt hatte. Er dachte an einen Ort, an dem ihm wohl gewesen war.

Braune Moore und schwarze Moore waren zu beiden Seiten der Straße säuberlich angeordnet, und hie und da hatte man rechteckige Kästen aus ihnen herausgeschnitten, jeder mit gelb-braunem, braun-gelbem Wasser gefüllt. Weit entfernt in Himmelsnähe waren winzige Menschen über ihre Torfstecherei gebeugt; mit ihren Patent-Spaten schnitten sie präzis geformte Soden und bauten sie zu einem großen Denkmal zusammen, so groß wie ein Wagen nebst Pferd. Es kamen Geräusche von ihnen herüber, vom Westwind kostenlos an seine Ohren befördert, Lach- und Pfeifgeräusche und Bruchstücke von Strophen der alten Moorlieder. In größerer Nähe stand ein Haus in Gesellschaft dreier Bäume und von der Heiterkeit eines Geflügelklüngels umgeben, welcher allzumal pickte und scharrte und laut disputierte, dabei jedoch nie mit der unermüdlichen Herstellung von Eiern innehielt. Das Haus als solches war stumm und still, aber ein Baldachin aus trägem Rauch war über dem Schornstein errichtet, um anzuzeigen, daß es drinnen Menschen gab, die Verrichtungen nachgingen. Vor ihm lief die Straße flink über das flache Land und kurz verhaltend, wenn es galt, sachte einen Hügel zu erklimmen, der sie an einer Stelle erwartet hatte, an der hohes Gras wuchs und wo es graue Feldsteine und faulige, verkrüppelte Bäume gab. Alles Obrige wurde durch den Himmel besetzt gehalten, hell, undurchdringlich, unaussprechlich und unvergleichlich, mit einer lieblichen Insel aus Wolken, zwei Meter rechts von Mr. Jarvis' Plumpsklo verankert.

Die Szene war wirklich und unbestreitbar, aber unvereinbar mit den Reden des Sergeants. War die Annahme nicht ungeheuerlich, daß die kleinen Leute, die dort in weiter Ferne Torf gewannen, zum Teil Fahrräder waren? Mick sah ihn von der Seite an. Er hatte nun seinen torfartigen Tabak zusammengedrückt und zog eine Schachtel mit Streichhölzern hervor.

»Sind Sie sicher, was das Menschsein von Fahrrädern betrifft?« wollte Mick von ihm wissen. »Widerspricht das nicht der Doktrin von der Erbsünde? Oder ist die Mollykül-Theorie wirklich so gefährlich, wie Sie sagen?«

Der Sergeant zog wild entschlossen an seiner Pfeife, während sein Streichholz sprühte.

»Sie ist drei- bis viermal so gefährlich, wie sie sein könnte«, erwiderte er düster. »Frühmorgens denke ich oft, daß sie viermal so gefährlich ist, und, beim barmherzigen Gotte, wenn Sie hier ein paar Tage lang lebten und Ihrer Beobachtungs- und Betrachtungsgabe uneingeschränkt die Zügel schießen ließen, wüßten Sie, wie sicher die Gewißheit der Bestimmtheit ist.«

»Wachtmeister Pluck sah aber nicht wie ein Fahrrad aus«, sagte Mick. »Er hatte kein Hinterrad und nicht einmal eine Klingel am rechten Daumen.«

Der Sergeant betrachtete ihn mit einigem Mitleid.

»Sie können nicht erwarten, daß ihm eine Lenkstange aus dem Nacken wächst, aber ich habe gesehen, wie er versucht hat, Dinge zu tun, die noch genauer unbeschreiblich waren als das. Ist Ihnen je das merkwürdige Benehmen von Fahrrädern auf dem Lande aufgefallen, beziehungsweise das der Mehr-Mensch-als-Fahrräder?«

»Nein.«

»Es ist eine einheimische Katastrophe. Wenn ein Mann es erst mal soweit kommen läßt, werden Sie nicht viel sehen, denn er wird sich mit einem Ellenbogen gegen Wände lehnen oder sich beim Stehen mit einem Fuß auf dem Kantstein abstützen. So ein Mann ist ein unnützes Phänomen von großem Charme und großer Intensität und ein sehr gefährlicher Artikel.«

»Gefährlich für andere Menschen, meinen Sie?«

»Für sich und alle gefährlich. Ich kannte mal einen Mann namens Doyle. Er war einunddreißig Prozent.«

»Nun, das ist doch noch nichts Ernstes.«

Der Sergeant paffte fleißig, denn seine Pfeife war nun voll betriebsbereit.

»Vielleicht. Dafür können Sie sich bei mir bedanken. Es waren drei Brüder Doyle im Haus, und sie waren so verachtungswürdig arm, daß sie sich nicht jeder pro Kopf ein Fahrrad leisten konnten. Manche Menschen werden nie erfahren, welches Glück sie damit haben, daß sie ärmer sind als jeder von ihnen gegenseitig. Aber es gewann, verdammich, einer der Brüder bei einem Preisausschreiben der Zeitschrift *John Bull* zehn Pfund. Als ich präzisen Wind von dieser Botschaft bekam, wußte ich, daß ich schnelle Schritte einleiten mußte, damit es nicht zwei Fahrräder in der Familie gab, denn Sie werden verstehen, daß ich jeden Monat nur eine begrenzte Anzahl von Fahrrädern stehlen kann. Glücklicherweise kannte ich den Briefträger gut und nahm ihn ins Gebet, um den Scheck in meine Richtung abzulenken. Der Briefträger! Wie Hafergrütze: ständig in Bewegung!«

Die Erinnerung an diesen Mann des Öffentlichen Dienstes schien beim Sergeant ein wehmütiges, sardonisches Kichern hervorzurufen, das von verworrenen Gestikulationen seiner roten Hände begleitet wurde.

»Der Briefträger?« fragte Mick.

»Zweiundsiebzig Prozent«, sagte er leise.

»Großer Gott!«

»Eine Runde von neunundzwanzig Meilen jeden einzelnen Tag, und das vierzig Jahre lang, bei Hagel, Regen oder Schneefällen. Es bestand nur sehr wenig Hoffnung, seine Werte wieder unter fünfzig Prozent zu kriegen. Ich habe ihn dazu gebracht, den Scheck in einem privaten Nebenbüro einzulösen, und wir haben uns das Geld zum Wohl der Allgemeinheit väterlich geteilt.«

Seltsam: Mick hatte nicht das Gefühl, der Sergeant sei unehrlich gewesen; er war eher sentimental gewesen, und der Zustand des Briefträgers bedeutete, daß es sich gar nicht um eine moralische Problemstellung handelte.

Er fragte den Sergeant, wie sich das Fahrrad seinerseits von Tag zu Tag in einer Situation wie dieser verhalte.

»Das Verhalten eines Fahrrads mit einem sehr hohen Anteil homo sapiens«, erläuterte er, »ist sehr schlau und rundherum bemerkenswert. Man sieht nie, wie sie sich aus eigener Kraft bewegen, aber man trifft sie unerwartet an den unwahrscheinlichsten Orten an. Haben Sie je ein Fahrrad gesehen, in einer warmen Küche ans Büffet gelehnt, wenn es draußen gießt?«

»Ja.«

»Nicht übermäßig weit vom Herd entfernt?«

»Genau.«

»In Hörweite, nah genug, um die Gespräche der Familie zu verfolgen?«

»Vermutlich.«

»Nicht gerade tausend Meilen von den Essensvorräten entfernt?«

»Das ist mir nicht aufgefallen. Grundgütiger, Sie wollen damit doch nicht andeuten, daß diese Fahrräder essen?«

»Sie wurden nie dabei beobachtet; niemand hat sie je mit

einem Mundvoll Kümmelkuchen ertappt. Ich weiß nur, daß Nahrung verschwindet.«

»Was!«

»Ich habe mehr als einmal Krümel an den Vorderrädern dieser Herren bemerkt.«

Eher schwächlich winkte Mick der Kellnerin und bestellte ein weiteres Getränk. Dem Sergeant war es bitter ernst, daran gab es keinen Zweifel. Und dies war der Mann, der, wie Mick beschlossen hatte, ihm helfen sollte, das große Rätsel um den Heiligen Augustinus zu lösen. Er fühlte sich sonderbar niedergeschlagen.

»Niemand nimmt Notiz davon«, sagte der Sergeant sanft. »Tom glaubt, daß Pat dafür verantwortlich ist, wenn plötzlich Fressalien fehlen, und Pat glaubt, Tom sei die Ursache. Nur sehr wenige Menschen können sich ausmalen, was in so einem beängstigend unfraktionierten Haus vorgeht. Es gibt noch anderes…, aber darüber schweigt man besser.«

»Na, kommen Sie schon, Sergeant. Was gibt es noch?«

»Nun, ein Mann, der auf einem Damenfahrrad fährt. Das ist der Gipfel der schwefligen Unmoral; Hochwürden Gemeindepfarrer täte nur zu gut daran, so einem niedrigen Charakter zu verbieten, daß er auch nur soviel wie seine Nase in eine Kirche steckt.«

»Ja… So ein Lebenswandel ist unziemlich.«

»Gott stehe der Nation bei, die sich in solchen Angelegenheiten Schwäche leistet. Die Fahrräder würden das Wahlrecht verlangen, und sie würden sich um Sitz und Stimme im Landtag bewerben, um die Straßen noch schlechter zu machen, als sie ohnehin schon sind, um ihre hintersten Hintergedanken zu verwirklichen. Hingegen und andererseits ist ein gutes Fahrrad ein großartiger Kamerad, ein Freund, und es besitzt großen Zauber.«

»Trotz alledem bezweifle ich, daß ich je wieder dieses mein Fahrrad besteigen werde, das Sie draußen in Dalkey auf der Revierwache festhalten.«

Der Sergeant schüttelte leutselig den Kopf.

»Na, na, ein bißchen kann nicht schaden; es härtet ab

und versorgt Sie mit Eisen. Aber sicher ist auch, daß zu weites, zu häufiges und zu schnelles Gehen gleichwohl alles andere als gesund ist. Der Aufprall Ihrer Füße auf der Straße bewirkt, daß eine gewisse Menge Straße in Sie heraufdringt. Wenn ein Mensch stirbt, sagt man, er werde, begräbnistechnisch gesprochen, wieder zu Lehm, aber zu viele Fußmärsche stopfen Sie noch viel früher mit Lehm voll (oder beerdigen Sie Stück für Stück in der Landstraße) und bringen Sie dem Tod auf halbem Wege näher. Leicht ist es nicht, kleinsäuberlich zu entscheiden, welches die beste Art der Fortbewegung ist.«

Es entstand eine kleine Pause. Mick wollte schon erwähnen, wie intakt man bleiben konnte, wenn man sich auf Flugreisen beschränkte, entschied sich aber dagegen; der Sergeant hätte ihm sicherlich mit einem Hinweis auf die Kosten widersprochen. Mick bemerkte, daß sich das Gesicht des Sergeants umwölkt hatte und daß er in den Kopf seiner Pfeife starrte.

»Ich werde Ihnen vertraulich ein Geheimnis mitteilen«, sagte er mit leiser Stimme. »Mein eigener Großvater war dreiundachtzig, als wir ihn begruben. Er war fünf Jahre lang vor seinem Tode ein Pferd gewesen.«

»*Ein Pferd?*«

»Ein Pferd, und zwar in allem außer den äußerlichen Externalitäten, denn er hatte Jahre seines Lebens – viel zu viele, bei allen Pfeifern, als sicher und bekömmlich ist – im Sattel verbracht. Meist war er faul und verhielt sich ruhig, aber hin und wieder brach er in einen schnittigen Galopp aus und setzte in vollendeter Haltung über die Hecken. Haben Sie je einen Mann auf zwei Beinen galoppieren sehen?«

»Nein.«

»Nun, es heißt, das sei ein großartiger Anblick. Er sagte immer, er habe das Grand National gewonnen, als er noch bedeutend jünger gewesen sei, und er pflegte seine Familie mit Erzählungen über seine schwierigen Sprünge und deren unüberwindliche Höhe zu Tode zu ärgern.«

»Und der Großvater hat sich diesen Zustand durch zuviel Reiten zugezogen?«

»Sie haben es erfaßt. Mit seinem alten Hengst Dan war es genau umgekehrt. Er machte ständig Ärger, kam nachts ins Haus, nahm sich tagsüber Freiheiten mit jungen Mädchen heraus und beging so viele beklagenswerte Ordnungswidrigkeiten, daß man ihn schließlich erschießen mußte. Die *polis* zeigte damals nicht das spärlichste Verständnis. Sie sagte, sie werde das Pferd festnehmen und anklagen und dem Magistrat vorführen müssen, wenn es nicht umgebracht würde. Also hat die Familie das Pferd erschossen, aber wenn Sie mich fragen, war es mein Großvater, der erschossen, und das Pferd, das auf dem Friedhof von Cloncoonla beigesetzt wurde.«

Der Sergeant begann, über seine komplizierten Ahnen nachzusinnen, besaß aber die Geistesgegenwart, der Kellnerin mit seiner Pfeife zu winken und eine weitere Dosis der beruhigenden Arznei zu bestellen.

»Gewissermaßen«, überlegte Mick, »hatte Ihr Großvater es gar nicht so übel getroffen. Ich meine, ein Pferd ist wenigstens ein Geschöpf, ein Lebewesen, der Genosse des Menschen auf Erden, und es gilt überall als edles Tier. Wenn es sich dagegen um ein Schwein gehandelt hätte…«

Der Sergeant wandte sich um und strahlte ihn an, wobei er lange und zufrieden an seiner Pfeife paffte.

»Was Sie da sagen, kommt aus einem guten Herzen, und es ist gleichermaßen ernst wie dienlich. Das irische Volk hat eine große Schwäche für das Pferd. Als Tipperary Tim starb, der Droschkengaul, der das Grand National gewann, und das einzige Pferd aus dem ganzen Feld, das noch stehen konnte, hätte man Heiligen Gottes schwören können, es sei ein allgemein geliebter Erzbischof gewesen, der dort heimgegangen war, um seinen ewigen Lohn zu empfangen. Man sah starke Männer weinen.«

»Ja, und denken Sie an Orby, das großartige Pferd, das für Boss Croker das National gewonnen hat. Bis zum heutigen Tag ruht es in Sandyford.«

»Ach, ja. Und dann gab es noch Master McGrath, den Hund, der schneller war als der Wind. Von ihm steht eine Statue an einer Kreuzung in Tipp, woher die Mutter stammte.«

Beide kosteten mit Vergnügen ihre Verwandtschaft mit den höheren Tieren aus, obwohl Mick dort einen Schlußstrich zog, wo es galt, durch längere fleischliche Interkussion selbst eines zu werden.

»Nun, Sergeant, ich bin entzückt, daß wir wenigstens in einem Punkt einigermaßen übereinstimmen. Die menschliche Metamorphose vis-à-vis einem eisernen Fahrrad dagegen ist etwas ganz anderes. Und es geht dabei um mehr als den ungeheuerlichen Austausch von Gewebe und Metall.«

»Und das wäre?« fragte der Sergeant neugierig.

»Alle anständigen Iren sollten eine angemessene nationale Einstellung haben. Praktisch jedes Fahrrad, das man in Irland hat, wurde entweder in Birmingham oder in Coventry hergestellt.«

»Ich sehe intimst, worauf Sie hinauswollen. Ein Element des Verrats spielt mit hinein. Ganz richtig.«

Es schien, als sei ihm dieser Punkt bisher nicht bewußt geworden, und Finsternis sammelte sich in seinem Blick, als er im Innern diesen Punkt betrachtete, wobei er schwerfällig paffte und den Tabak in seinem Pfeifenkopf mit braungebeiztem Finger zusammendrückte.

»Je nun«, sagte er schließlich, »der Glaube und das Fahrrad sind als solche kein heiteres Thema, sondern sie stellen ein gigantisches gesellschaftliches Problem dar. In meinen jüngeren Jahren führte es zu einem Tod durch Erhängen.«

»Wirklich?«

»Allerdings. Ich war damals in Borrisokane stationiert, und dort war ein berühmter Mann namens McDadd. McDadd hielt den Landesrekord für die hundert Meilen mit Vollgummireifen. Ich brauche Ihnen nicht in aller Exaktitüde zu erzählen, was ihm der Vollgummireifen angetan hat. Wir mußten das Fahrrad hängen.«

»Das Fahrrad hängen?«

»McDadd hegte einen erstklassigen Groll gegen einen anderen Mann namens MacDonaghy, aber er rührte Mac-Donaghy nicht an. Er wußte, wie die Dinge standen, und versetzte MacDonaghys Fahrrad einen fürchterlichen Hieb mit dem Brecheisen. Danach kam es zu einem hastigen Handgemenge zwischen McDadd und MacDonaghy, und dieser – ein dunkelhaariger Mann mit Brille – lebte nicht mehr lange genug, um zu erfahren, wer gewonnen hatte.«

»War das nicht ein Fall von Totschlag?«

»Nicht für den Sergeant, den wir damals hatten. Er hielt es für übelsten Mord und außerdem noch für einen schlimmen Fall von Kriminalität. Lange Zeit konnten wir McDadd nicht finden oder mit Sicherheit bestimmen, wo er sich zum größten Teil seiner selbst aufhielt. Wir mußten sowohl sein Fahrrad als auch ihn festnehmen, und dann beobachteten wir beide eine Woche lang peinlich genau in geheimer Observierung, um zu sehen, wo sich die Mehrheit von McDadd befand und ob das Fahrrad meistenteils in McDadds Kehrseite pari passu und vice versa war, falls Sie meine Andeutung verstehen.«

»Ich glaube schon, aber ich sehe durchaus auch die Möglichkeit einer Anklageerhebung wegen Verschwörung.«

»Vielleicht, vielleicht auch nicht. Am Ende der Woche gab der Sergeant seinen Entschluß bekannt. Seine Lage war bis zur Extremität schwierig und schmerzlich, denn nach Dienstschluß war er innig mit McDadd befreundet. Er verurteilte das Fahrrad, und das Fahrrad wurde gehängt.«

Dies klang für Mick stark nach Schnellgericht, und offenbar war das Urteil ohne die Formalien eines ordentlichen Verfahrens gefällt und vollstreckt worden.

»Vielleicht lag auch der Strafbestand im Straßenzustand«, kommentierte er.

»Es waren rauhe Zeiten«, erwiderte der Sergeant und rauchte nachdenklich. »Aber danach gab es eine großartige Totenwache, und das Fahrrad wurde im selben Grab beigesetzt wie MacDonaghy. Haben Sie je einen fahrradförmigen Sarg gesehen?«

»Nein.«

»Es handelt sich da um ein sehr verzwicktes Werk höchster Schreinerkunst; man möchte sich wünschen, ein erstklassiger Handwerker zu sein, um bei der Lenkstange gute Arbeit zu leisten, von den Pedalen und der Rücktrittnabe ganz zu schweigen.«

»Ich zweifle nicht daran.«

»Ach, ja. Die Tage der Fahrradrennen mit Vollgummireifen waren traurige Tage für Irland.«

Der Sergeant verfiel wieder in Schweigen. Fast konnte man das sanfte Schwappen der Flut der Erinnerungen in seinem Kopf hören.

»Es gab auch tragödische Fälle, wenn auch von ganz anderer Art. Ich entsinne mich eines alten Mannes. Er war soweit kein schlechter Kerl, aber er bewegte sich so komisch und hatte so einen merkwürdigen Gang, daß er damit die Leute zur Raserei brachte. Er ging zum Beispiel einen sacht ansteigenden Hügel mit einer Geschwindigkeit von, sagen wir, einer halben Meile in der Stunde hinauf, zu anderen Zeiten aber rannte er wieder so schnell, daß man hätte schwören mögen, er habe bis zu fünfzehn Emm Peh Haa draufgehabt. Und das ist Tatsache, verdammt noch mal.«

»Hat jemand herausgefunden, was bei ihm nicht stimmte?«

»Ja. Ein sehr intelligenter, weit- und scharfsichtiger, unverstößlicher Mann hat es herausgefunden. Ich war es. Wissen Sie, was bei dem armen Hund nicht stimmte?«

»Nein. Was?«

»Er hatte einen heftigen Fall von Sturmey-Archer erwischt. Er war der erste im Land, der zu Beginn des Jahrhunderts mit der Dreigangnabe fuhr.«

»Ja, ich glaube, ich sehe die möglichen Komplikationen. Zum Beispiel haben doch, glaube ich, Rennräder eine Gabel mit Spezialfederung. Ja. Das ist alles sehr interessant. Aber... Ich habe jedenfalls versprochen, zeitig zu Hause zu sein, und ich werde uns noch ein letztes Glas bestellen.« Mick winkte der Kellnerin. (1964)

Egon Erwin Kisch
ELLIPTISCHE TRETMÜHLE

Zum zehnten Male, Jubiläum also, wütet im Sportpalast in der Potsdamer Straße das Sechstagerennen. Dreizehn Radrennfahrer, jeder zu einem Paar gehörend, begannen am Freitag um neun Uhr abends die Pedale zu treten, siebentausend Menschen nahmen ihre teuer bezahlten Plätze ein, und seither tobt Tag und Nacht das wahnwitzige Karussell. An siebenhundert Kilometer legen die Fahrer binnen vierundzwanzig Stunden zurück, man hofft, sie werden den Weltrekord drücken, jenen historischen Weltrekord, als in sechs nächtelosen Tagen von 1914 zu Berlin die Kleinigkeit von 4.260.960 Kilometer zurückgelegt wurde, worauf der Weltkrieg ausbrach.

Sechs Tage und sechs Nächte lang schauen die dreizehn Fahrer nicht nach rechts und nicht nach links, sondern nur nach vorn, sie streben vorwärts, aber sie sind immer auf dem gleichen Fleck, immer in dem Oval der Rennbahn, auf den Längsseiten oder auf den fast senkrecht aufsteigenden Kurven, unheimlich übereinander, manchmal an der Spitze des Schwarmes, manchmal an der Queue und manchmal – und dann brüllt das Publikum: ›Hipp, hipp!‹ – um einige Meter weiter; wenn aber einer eine Runde oder zwei voraus hat, ist er wieder dort, wo er war, er klebt wieder in dem Schwarm der dreizehn. So bleiben alle auf demselben Platz, während sie vorwärts hasten, während sie in rasanter Geschwindigkeit Strecken zurücklegen, die ebenso lang sind wie die Diagonalen Europas, wie von Konstantinopel nach London und von Madrid nach Moskau. Aber sie kriegen keinen Bosporus zu sehen und keinen Lloyd George, keinen Escorial und keinen Lenin, nichts von einem Harem und nichts von einer Lady, die auf der Rotten Row im Hyde Park reitet, und keine Carmen, die einen Don José verführt, und keine Sozialistin mit kurzem

schwarzem Haar und Marxens ›Lehre vom Mehrwert‹ im
Paletot. Sie bleiben auf derselben Stelle, im selben Rund,
bei denselben Menschen – ein todernstes, mörderisches
Ringelspiel.

Und wenn es zu Ende, die hundertvierundvierzigste
Stunde abgeläutet ist, dann hat der erste, der, dem Delirium
tremens nahe, lallend vom Rade sinkt, den Sieg erfochten,
ein Beispiel der Ertüchtigung.

Sechs Tage und sechs Nächte drücken dreizehn Paar
Beine auf die Pedale, das rechte Bein auf das rechte Pedal,
das linke Bein auf das linke Pedal, sind dreizehn Rücken
abwärts gebogen, während der Kopf ununterbrochen nickt,
einmal nach rechts, einmal nach links, je nachdem, welcher
Fuß gerade tritt, und dreizehn Paar Hände tun nichts als die
Lenkstange halten; manchmal holt ein Fahrer unter dem
Sitz eine Flasche Limonade hervor und führt sie an den
Mund, ohne mit dem Treten aufzuhören, rechts, links,
rechts, links. Ihre dreizehn Partner liegen inzwischen erschöpft in unterirdischen Boxen und werden massiert.
Sechs Tage und sechs Nächte. Draußen schleppen Austrä-
gerinnen die Morgenblätter aus der Expedition, fahren die
ersten Waggons der Straßenbahnen aus der Remise, Arbeiter gehen in die Fabriken, ein Ehemann gibt der jungen
Frau den Morgenkuß, ein Polizist löst den anderen an der
Straßenecke ab, ins Café kommen Gäste, jemand überlegt,
ob er heute die grau-schwarz gestreifte Krawatte umbinden
soll oder die braun gestrickte, der Dollar steigt, ein Verbrecher entschließt sich endlich zum Geständnis, eine Mutter
prügelt ihren Knaben, Schreibmaschinen klappern, Fabrik-
sirenen tuten die Mittagspause, im Deutschen Theater wird
ein Stück von Georg Kaiser gegeben, das beim Sechstagerennen spielt, der Kellner bringt das Beefsteak nicht, ein
Chef entläßt einen Angestellten, der vier Kinder hat, vor
der Kinokasse drängen sich hundert Menschen, ein Lebe-
greis verführt ein Mädchen, eine Dame läßt sich das Haar
färben, ein Schuljunge macht seine Rechenaufgaben, im
Reichstag gibt es Sturmszenen, in den Sälen der Philhar-

monie ein indisches Fest, in den Häusern sitzen Leute auf dem Klosett und lesen die Zeitung, jemand träumt, bloß mit Hemd und Unterhose bekleidet in einen Ballsaal geraten zu sein, ein Gymnasiast kann nicht schlafen, denn er wird morgen den pythagoreischen Lehrsatz nicht beweisen können, ein Arzt amputiert ein Bein, Menschen werden geboren und Menschen sterben, eine Knospe erblüht und eine Blüte verwelkt, ein Stern fällt und ein Fassadenkletterer steigt eine Hauswand hinauf, die Sonne leuchtet und Rekruten lernen schießen, es donnert und Bankdirektoren amtieren, im Zoologischen Garten werden Raubtiere gefüttert und eine Hochzeit findet statt, der Mond strahlt und die Botschafterkonferenz faßt Beschlüsse, ein Mühlenrad klappert und Unschuldige sitzen im Kerker, der Mensch ist gut und der Mensch ist schlecht – während die dreizehn, ihren Hintern auf ein sphärisches Dreieck aus Leder gepreßt, unausgesetzt rundherum fahren, unaufhörlich rundherum, immerfort mit kahlgeschorenem Kopf und behaarten Beinen nicken, rechts, links, rechts, links.

Gleichmäßig dreht sich die Erde, um von der Sonne Licht zu empfangen, gleichmäßig dreht sich der Mond, um der Erde Nachtlicht zu sein, gleichmäßig drehen sich die Räder, um Werte zu schaffen – nur der Mensch dreht sich sinnlos und unregelmäßig beschleunigt in seiner willkürlichen, vollkommen willkürlichen Ekliptik, um nichts, sechs Tage und sechs Nächte lang. Der Autor von Sonne, Erde, Mond und Mensch schaut aus seinem himmlischen Atelier herab auf das Glanzstück seines Œuvres, auf sein beabsichtigtes Selbstporträt, und stellt fest, daß der Mensch – so lange, wie die Herstellung des Weltalls dauerte – einhertritt auf der eignen Spur, rechts, links, rechts, links – Gott denkt, aber der Mensch lenkt, lenkt unaufhörlich im gleichen Rund, wurmwärts geneigt das Rückgrat und den Kopf, um so wütender angestrengt, je schwächer seine Kräfte werden, und am wütendsten am Geburtstage, dem sechsten der Schöpfung, da des Amokfahrers Organismus zu Ende ist und, hipp, hipp, der Endspurt beginnt. Das hat Poe nicht auszudenken vermocht: daß am Rand seines fürchterlichen Mahlstroms eine angenehm erregte Zuschauermenge steht, die die vernichtende Rotation mit Rufen anfeuert, mit hipp-hipp! Hier geschieht es, und hier erzeugen sich zweimal dreizehn Opfer den Mahlstrom selbst, auf dem sie in den Orkus fahren.

Ein Inquisitor, der solche Tortur, etwa »elliptische Tretmühle« benannt, ausgeheckt hätte, wäre im finstersten Mittelalter selbst aufs Rad geflochten worden – ach, auf welch ein altfränkisches, idyllisches Einrad! Aber im zwanzigsten Jahrhundert muß es Sechstagerennen geben. *Muß!* Denn das Volk verlangt es. Die Rennbahn mit den dreizehn strampelnden Trikots ist Manometerskala einer Menschheit, die mit Wünschen nach äußerlichen Sensationen geheizt ist, mit dem ekstatischen Willen zum Protest gegen Zweckhaftigkeit und Mechanisierung. Und dieser Protest erhebt sich mit der gleichen fanatischen Sinnlosigkeit wie der Erwerbsbetrieb, gegen den er gerichtet ist. Preise werden gestiftet, zum Beispiel zehn Dollar für die Ersten in den nächsten zehn Runden. Ein heiserer Mann mit dem Megaphon ruft es aus, sich mit unfreiwillig komischen, steifen Bewegungen nach allen Seiten drehend, und nennt den Namen des Mäzens, der fast immer ein Operettenkomponist, ein Likörstubenbesitzer oder ein Filmfabrikant ist oder jemand, auf dessen Ergreifung eine Prämie ausgesetzt werden sollte. Ein Pistolenschuß knallt, es beginnt der Kampf im Kampfe, hipp, hipp, die dreizehn sichtbar pochenden Herzen pochen noch sichtbarer, Beine treten noch schneller, rechts, links, rechts, links, Gebrüll des Publikums wird hypertrophisch, hipp, hipp, man glaubt in einem Pavillon für Tobsüchtige zu sein, ja beinahe in einem Parlament, der geschlossene Schwarm der Fahrer zerreißt. Ist es ein Unfall, wenn der Holländer Vermeer in der zweiten Nacht in steiler Parabel vom Rad saust, mitten ins Publikum? Nein: out. Ändert es etwas, daß Tietz liegenbleibt? Nein, es ändert nichts, wenn die Roulettkugel aus dem Spiel schnellt. Man nimmt eine andere. Wenn einer den Rekord bricht, so wirst du Beifall brüllen, wenn einer den Hals bricht – was geht's dich an? Hm, ein Zwischenfall. Oskar Tietz war Outsider vom Start an. Das Rennen dauert fort. Die lebenden Roulettbälle rollen. »Hipp, Huschke! Los, Adolf!« – »Gib ihm Saures!« – »Schiebung!!«

Von morgens bis mitternachts ist das Haus voll, und von mitternachts bis morgens ist der Betrieb noch toller. Eine Brücke überwölbt hoch die Rennbahn und führt in den Innenraum; die Brückenmaut beträgt zweihundert Mark pro Person. Im Innenraum sind zwei Bars mit Jazzbands, ein Glas Champagner kostet dreitausend Papiermark, eine Flasche zwanzigtausend Papiermark. Nackte Damen in Abendtoilette sitzen da, Verbrecher im Berufsanzug (Frack und Ballschuhe), Chauffeure, Neger, Ausländer, Offiziere und Juden. Man stiftet Preise. Wenn der Spurt vorbei ist, verwendet man die Aufmerksamkeit nicht mehr auf die Kurve, sondern auf die Nachbarin, die auch eine bildet. Sie lehnt sich in schöner Pose an die Barriere, die Kavaliere schauen ins Dekolleté, rechts, links, rechts, links. Das Sechstagerennen des Nachtlebens ist es. Im Parkett und auf den Tribünen drängt sich das werktätige Volk von Berlin, Deutschvölkische, Sozialdemokraten, rechts, links, rechts, links, alle Plätze des Sportpalastes sind seit vierzehn Tagen ausverkauft, Logen und Galerien lückenlos besetzt, rechts, links, rechts, links, Bezirke im Norden und Süden müssen entvölkert sein, Häuser leer stehen, oben und unten, rechts und links.

Und mehr als die Hälfte der Plätze sind von Besessenen besessen, die – die Statistik stellt es triumphierend fest – vom Start bis zum Finish der Fahrer in der hundertvierundvierzigsten Stunde ausharren. In Berliner Sportkreisen ist es bekannt, daß sogar die unglücklichen Ehen durch die Institution der Six Days gemildert sind. Der Pantoffelheld kann sechs Tage und sechs Nächte von daheim fortbleiben, unkontrolliert und ohne eine Gardinenpredigt fürchten zu müssen. Selbst der eifersüchtigste Gatte läßt seine Frau ein halbes Dutzend Tage und Nächte unbeargwöhnt und

57

unbewacht; sie kann gehen, wohin sie will, rechts, links, rechts, links, ruhig bei ihrem Freunde essen, trinken und schlafen, denn der Gatte ist mit Leib und Seele beim Sechstagerennen. Von dort rühren sich die Zuschauer nicht weg, ob sie nun Urlaub vom Chef erhalten oder sich im Geschäft krank gemeldet, ob sie ihren Laden zugesperrt oder die Abwicklung der Geschäfte den Angestellten überlassen haben, ob sie es versäumen, die Kunden zu besuchen, ob sie streiken oder ohnedies arbeitslos sind. Es gehört zur Ausnahme, daß ihr Vergnügen vorzeitig unterbrochen wird, wie zum Beispiel das des sportfreudigen Herrn Wilhelm Hahnke, aus dem Hause Nr. 139 der Schönhauser Straße. Am dritten Renntage verkündete nämlich der Sprecher durch das Megaphon, rechts, links, rechts, links, den siebentausend Zuschauern: »Herr Wilhelm Hahnke, Schönhauser Straße 139, soll nach Hause kommen, seine Frau ist gestorben!« (1925)

Diese blasenrädrigen Fahrräder sind diabolische Werkzeuge des Dämons der Finsternis. Teuflische Erfindungen sind's, den Fuß des Unbedachten zu fangen und die Nase des Einfältigen zu häuten. Nichts als Lug und Trug sind sie. Wer da glaubt, er hat eins in der Gewalt und die wilde Satansnatur besiegt, sieh da, den werfet es auf die Straße und reißet ein großes Loch in seine Hosen. Schaut nicht hin, wenn das Rad auf seinen Reifen durchbrennt, denn am Ende bocket es wie eine Schindmähre und schmerzet wie der Donner. Wer hat aufgeschlagene Knie? Wer hat eine blutige Nase? Jene, die mit dem Fahrrad herumtändeln!

Aus einer Sonntagspredigt in Baltimore 1896

F. W. Hinz
Wie ich Schleifenfahrer wurde

Es war im Juli 1904; ich hatte zur Zeit gerade ein Engagement in Kopenhagen, konnte aber bei den Rennen auf keinen grünen Zweig kommen, denn mich plagte der Rheumatismus ganz reglementswidrig. Der bekannte Berliner Fahrer Willy B. war zur Zeit auch dort, und wir nahmen unsere Mahlzeiten gemeinsam bei Bech Olsen, dem bekannten dänischen Ringkämpfer, jetzt Gastwirt, ein. Eines schönen Tages saßen wir nach beendigter Mahlzeit beim Kaffee, und ich beschäftigte mich gerade mit der Frage, ob es wohl möglich sei, einen Hundertmarkschein mit einem Rasiermesser der Länge nach aufzuschneiden und dann die obere und die untere Hälfte einzeln auszugeben, damit er länger reiche. Plötzlich ruft mein Vis-à-vis aus: »Nanu, olle Nusselkruke, wo kommst du denn her!« Ich fahre auf meinem Stuhl herum, und wen sehen meine Augen? Alfred Sch., den bekannten sächsischen Meisterfahrer.

Die ersten Begrüßungsworte waren überaus herzlich und seitens des Letztgekommenen reichlich mit dem üblichen »Ei Härcheses« durchsetzt. Im Laufe der Unterhaltung teilte uns dann unser gemeinsamer Freund aus dem klassischen Lande des Bliemchenkaffees mit, daß er im Zirkus Beketow den Todessprung ausführe. Unsere Hoffnung aber, noch einige Wochen seine angenehme Gesellschaft zu genießen, wurde getäuscht, denn sein Engagement war abgelaufen und er mußte sofort nach Schweden abreisen, um dort seine wagehalsige Produktion vorzuführen. Als neue Sensation hatte sich der Zirkus in Kopenhagen die offene Schleife verschrieben, und sowohl Material als auch Fahrer sowie ein ganzer Troß von Managern, Ingenieuren und Leuten, welche sich mit Geld an dem Unternehmen beteiligt hatten, waren schon eingetroffen. Die Zeit der

ersten Probefahrt des Mr. Danot, so nannte sich der Schleifenfahrer, war mittlerweile herangekommen und der ge-
mütliche Alfred, der das Theater »besähen« wollte, verabschiedete sich von uns, nachdem er uns das Versprechen
gegeben hatte, sich nach seinem Auftreten des Abends bei
»Wievel«, dem fashionablen Restaurant am Eingang zum
Tivoli, einzufinden und sich durch eine Flasche Sekt »ehr-
lich« zu machen.

Nach dem Nachmittags-Training machten B. und ich
eine kleine Promenade; und zwei bildschöne junge Damen,
denen wir nachgestiegen waren, machten uns durch ihr
Verschwinden im Postgebäude auf unseren Mangel an
Briefmarken aufmerksam. Um dem abzuhelfen, mußten
wir natürlich auch eintreten, und uns auf dem Fuße folgt
unser Todesfahrer, der uns gleich brühwarm erzählt, daß es
mit der »Schleefenfahrt« man sehr mies aussehe und ihm der
Junge überhaupt nicht recht koscher vorkäme, weil er zu
viele Flausen mache. Erst wäre ihm die Abfahrt zu niedrig
gewesen, und nachdem man sie um einen Meter höher
angelegt hatte, schien sie ihm wieder zu hoch. Der Direktor des Zirkus hätte schon mit Alfred Sch. Rücksprache
genommen und ihm eine sehr hohe tägliche Gage offeriert,
falls er die Fahrt ausführen wolle, aber er könne nicht
akzeptieren, da er seinen eigenen Engagements nachkommen müßte.

In Gedanken verloren, trat ich an den Schalter, kaufte
meine Marken, und als ich beim Bezahlen meine ziemlich
kleine Barschaft überblickte, hatte ich plötzlich eine Visi-
on. Ich sah mich auf der Abfahrt stehen, unter mir die
Schleife, um mich herum eine atemlose Menge, die
gespannt jede meiner Bewegungen verfolgte, und am Eingang zur Manege, dort wo ich nach meiner Fahrt landen
mußte, lag ein großer Haufen Gold und Kassenscheine
wüst durcheinander. Noch halb im Traum verließ ich mit
den anderen die Post und auf dem Wege zum Hotel sagte
ich schließlich zu B.: »Weißt Du, ich habe Lust, die Schleife zu fahren.« Die einzige Antwort war: »Du bist wohl

übergefahren.« Aber der einmal aufgetauchte Gedanke war nicht wieder zurückzudrängen, immer mehr gewann der Entschluß an Boden in meinem Kopf, und als wir uns am Abend bei Wievel trafen, war mein erstes Wort zu Sch.: »Fährt schon jemand die Schleife?« Auf seine verneinende Antwort machte ich ihn dann mit meinen Absichten bekannt und vom fortwährenden Widerspruch B.'s unterbrochen, kamen wir überein, sofort nach dem Zirkus zu gehen und wegen der Probefahrt und etwaigen Engagements zu unterhandeln.

Wir verabschiedeten uns für eine Viertelstunde von unserer kleinen Gesellschaft, und fünf Minuten später schon saßen wir im eifrigen Gespräch mit dem Manager des »Loop« im Zirkusrestaurant. Der Mann hatte schon geglaubt, unverrichteter Sache wieder abziehen zu müssen und war nun doppelt erfreut, jemand gefunden zu haben, der für ihn das Leben aufs Spiel setzen wollte. Es wurde vereinbart, daß die erste Fahrt noch am selben Abend nach Schluß der Vorstellung stattfinden sollte; als ich dann auch gleich einen Kontrakt abschließen wollte, riet mir mein Freund Alfred, den der Artistenaberglaube auch schon gepackt hatte, mit der Begründung davon ab, daß die Sache ja »sowieso« schief gehen könnte, mit unterschriebenem Kontrakt aber ganz sicher nicht zum guten Ende führen werde. Der Manager verließ uns, um die nötigen Anordnungen zum Aufbau der Apparate zu geben; wir beide kehrten zu unserem unterbrochenen Souper zurück, wo man mit gespannten Mienen nach dem Resultat unserer Unterhaltung fragte. Kaum hatte ich meinen Bericht beendet, als auch schon B. auf mich einsprach, wie auf einen kranken Schimmel, und mit allen ihm zu Gebote stehenden Überredungskünsten mich von meinem »verrückten« Vorhaben abzubringen suchte. Ich setzte jedoch allen Bekehrungsversuchen eine stoische Ruhe entgegen, und als er endlich einsah, daß ich nicht zu bekehren sei, versprach er mir hoch und heilig, keine zehn Pferde würden imstande sein, ihn nach dem Zirkus zu bringen, um sich anzu-

sehen, wie ich mir den Hals bräche. Und dabei blieb es denn auch vorläufig.

Die Unterhaltung drehte sich jetzt ausschließlich um allerhand Wagestücke. Ein jeder von den Anwesenden war schon in schwierigen Situationen gewesen und gab nun zum besten, auf welche Weise ihn entweder seine eigene Unerschrockenheit und Geistesgegenwart oder die launische Dame auf der rollenden Kugel aus der drohenden Gefahr gerettet hatte. Man pries den Mut und die Kühnheit des bekannten Berliner Schleifenfahrers, der sich durch seinen Wagemut ein Vermögen erworben haben soll, und

regte sich auf über die Gefährlichkeit der Rennen mit
Motorschrittmachern. Kurz und gut, die Stimmung erlebte allmählich einen vollständigen Umschlag, und meine
bevorstehende Todesfahrt hatte in den Köpfen der Anwesenden schon ein bedeutend rosigeres Ansehen bekommen.
Nur mich selbst befiel ein komisches Gefühl, eine Art ner-
vöser Aufregung, wie ich sie manchmal vor einem Rennen
hatte, nur stärker, intensiver. Ich habe einmal in einer
Schlachtenschilderung gelesen, daß selbst im Feuer ergrau-
te Krieger vor dem Beginn des Kampfes von einer gewissen Unruhe gepackt werden, welche sich in den Worten
Luft macht: »Ach, wenn es doch schon los ginge!« und ich
glaube, man könnte meine Empfindungen von damals
nicht besser beschreiben, als jene Worte es ausdrücken. Ich
drängte zum Aufbruch, und nachdem wir bezahlt und noch
eine Zigarette angezündet hatten, traten wir aus dem heißen Speisesaal ins Freie, wo die angenehm kühle Nachtluft
unsere aufgeregten Nerven wohlig erfrischte.

Die Verabschiedung ging mit allerhand Glück- und
Segenswünschen vor sich, und Alfred Sch. und ich begaben
uns in Begleitung einer feschen Berliner Soubrette, welche
in Kopenhagen engagiert war, nach dem Zirkus, wo eben
die letzten Vorbereitungen beendet wurden. Die Zirkus-
artisten waren von dem bevorstehenden Ereignis in Kenntnis gesetzt worden und hielten sich nun im Restaurant auf,
der Dinge harrend, die da kommen sollten. Verschiedene
Herren wandten sich mit aufmunternden Worten an mich,
und die anwesenden Damen vom Ballett bekundeten ihr
Interesse, indem sie ihre schönen Augen mehr oder minder
wohlgefällig auf mir ruhen ließen. Mein lieber Freund Sch.,
dem ich es einzig und allein zu verdanken habe, daß ich
nicht schon am ersten Tage schweren Schaden nahm,
machte sich jetzt daran, die ganze Bahn aufs sorgfältigste zu
untersuchen und auf seine Anordnung wurden dann noch
verschiedene Änderungen vorgenommen. Inzwischen
stellte ich den Sattel und die Lenkstange der Maschine, die
beiläufig gesagt 85 Pfund wog, für mich zurecht und dann

ging's ans Umziehen. Was man mir alles auf den Körper hängte, weiß ich wirklich nicht mehr, nur so viel ist sicher: ich war ungefähr ebenso breit wie lang und selbst im kältesten Winter hat mich später der Gedanke an meinen damaligen Anzug schwitzen gemacht.

Die Maschine war inzwischen »nach oben« gebracht worden, und der Ablasser saß schon auf dem schmalen Brett, welches man für ihn dort angebracht hatte, und ließ die Füße lustig herunterbaumeln. Trotz des Ernstes der Situation mußte ich doch darüber lachen. Von allen Seiten regnete es gute Ratschläge, aber mein Mentor schnitt allen das Wort ab und sagte: »Nu hört aber gefälligst uff, Ihr verkeilt 'm ja bloß den Kopp!«, gab mir dann den Strick, an welchem ich mich halten mußte, um die steile Abfahrt hinaufzugehen, in die Hand und schob mich vorwärts, indem er mir ins Ohr flüsterte: »Ogen uff, Mund zu und die Gurasche nich verlieren.«

Beim ersten Schritt schon hatte ich die Empfindung: jetzt gibt's kein Zurück mehr, aber es kam mir gleich darauf wieder unsinnig vor, daß ich einen solchen Gedanken überhaupt hatte, denn ich wollte ja gar nicht zurück, für mich gab es doch nur ein »Vorwärts«. Ich glaube aber, diese plötzliche Angstempfindung ist in der menschlichen Natur begründet und selbst der waghalsigste und mutigste Mensch wird sich eines kleinen Schauers nicht erwehren können, wenn ihn der Gedanke des eventuellen unheilvollen Endes seines Unternehmens beschleicht. Wenn mir also jemand erzählen sollte, er kenne keine Furcht, so werde ich ihm sagen: das könne wohl stimmen aber sicher wisse er, was Beunruhigung ist, und beide Begriffe decken sich vollkommen; Angst klingt nur nicht so schön wie Beunruhigung. –

Die schwankenden schmalen Bretter erhöhten das Gefühl der Sicherheit in mir auch nicht besonders, aber ich schritt tapfer und infolge des dicken Anzuges schwitzend, weiter, ohne hinter noch neben mich zu schauen, nur den Gipfel der Abfahrt mit dem Rad und dem jungen Mann mit den baumelnden Beinen fest ins Auge fassend. Ich entsinne mich noch, daran gedacht zu haben, was wohl mit den Beinen geschehen würde im Moment des Ablassens, aber da war ich auch schon angelangt. Meine ganze Aufmerksamkeit nahm jetzt das Umdrehen meiner unförmigen Persönlichkeit in Anspruch; ich hatte ungefähr dasselbe Gefühl, als ob man von mir verlangte, auf einer Turmspitze Cancan zu tanzen. Endlich war das schwierige Werk vollbracht, und ich versuchte nun, ein Bein über die neben mir stehende Maschine zu heben, um in den Sattel zu kommen, immer von der geheimen Angst, schon vorher herunterzufallen, geschüttelt; aber schließlich glückte der Versuch, und ich stand nun mit beiden Füßen auf den bekannten kleinen Holzstufen, die sich auf jeder Schleifenabfahrt befinden, die Maschine unter mir.

Ich war also zum Abfahren fertig. Von unten herauf scholl ein gedämpftes Flüstern, dem Alfred aber durch ein energisches »Pst!« ein Ende machte, mich zugleich fragend, ob ich bereit sei. Der entscheidende Moment war also gekommen, und da ich tatsächlich nicht wußte, ob noch irgend etwas nicht in Ordnung war, so antwortete ich auf gut Glück »allright«; meinem Ablasser allerdings sagte ich, er solle mich vorläufig noch recht fest halten und erst dann loslassen, wenn ich ihm ausdrücklich gesagt hätte: »Fertig – los«.

Noch einmal ließ ich meinen Blick nach unten schweifen. Ich sah den verödeten Zirkus mit seinen leeren Sitzreihen, ungefähr 30 Menschen, die kein Auge von mir ließen und jede meiner Bewegungen mit gespannter Aufmerksamkeit verfolgten und vor mir die schräg abschießende Bahn, welche sich am Ende steil nach oben und dann rückwärts wölbte, um schließlich ganz aufzuhören.

Und dann kam das »Nichts«, eine 6 Meter lange gähnende Kluft, die ich mit dem Kopf nach unten durchspringen mußte, damit ich auf die breite Auslaufbahn kommen konnte. Trotz aller Willensstärke krampfte sich mein Herz zusammen, und ich mußte ein paarmal tief Atem holen, um

65

nicht zu ersticken; mir wurde auf einmal heiß, erdrückend heiß. Doch schon im nächsten Augenblick fror mich, daß mir die Knie zitterten, und diesem Umstande habe ich es zum Teil mit zu verdanken, daß ich aus meinem hypnoseähnlichen Zustand erwachte, denn um nicht von meinem luftigen Standpunkt abzustürzen, mußte ich meine Beine nach hinten durchdrücken, und mit dem Bewußtsein der Gefahr war auch meine ganze Geistesgegenwart zurückgekehrt. Dies alles spielte sich natürlich viel schneller in meinem Gehirn ab, als ich es hier schildern konnte, denn zwischen dem Augenblick, als ich »allright« sagte, und der eigentlichen Abfahrt lagen höchstens 12 Sekunden. Man sagt ja, daß Leuten, welche von einer großen Höhe herabstürzen, in 2 bis 3 Sekunden das ganze vergangene Leben an dem geistigen Auge vorüberzieht. Ich fragte also der Sicherheit halber den jungen Mann hinter mir, ob alles in Ordnung sei, und als er bejahte, rückte ich meine Kopfschutzkappe, die mir nicht recht paßte, zurecht, faßte dann die Lenkstange fest und gab das verabredete Abfahrtszeichen.

Jetzt gab es aber wirklich kein Zurück mehr, meine Füße verließen den festen Boden, ich schwankte bedenklich hin und her, fand mich aber bald zurecht und nun ging es erst langsam, mit jedem Zentimeter aber schneller bergab, bis schließlich die Geschwindigkeit selbst mir, der ich doch als Schrittmacher schon über 80 km in der Stunde gewöhnt war, zu groß wurde und, – ich muß es gestehen, – meine Gehirntätigkeit teilweise lähmte. Dabei weiß ich jetzt, daß die Schnelligkeit kaum mehr als 50 km in der Stunde beträgt, aber die Hauptursache ihrer lähmenden Wirkung ist die Tatsache, daß sie sich auf die verhältnismäßig kurze Strecke von 12 Metern (denn länger war meine Abfahrtsbahn nicht) von der vollkommenen Ruhe bis auf die vorgenannte Kilometerzahl verändert. Meine Empfindung beim Hinunterfahren war genau dieselbe, wie ich sie bei meiner ersten Seekrankheit hatte; der Magen schien mir an dünnen Gummifäden zu hängen, und ich hatte das Gefühl, als ob er mir immer um einige Meter voraus wäre. Ich war die ganze Zeit über beschäftigt, mit meinen Füßen auf die Pedale zu kommen; es wollte mir aber nicht gelingen, denn das Rad war mir vollkommen unbekannt und zum Hinsehen hatte ich keine Zeit, so ließ ich denn kurz entschlossen meine Beine herunterhängen. Die Fahrt schien mir immer rasender zu werden, und plötzlich, wie um das Unglück vollständig zu machen, wurde es vor meinen Augen stockdunkel: Meine Kappe, die, wie schon erwähnt, für mich zu groß war, war durch die schräge Lage meines Körpers über mein Gesicht gefallen.

In einer tausendstel Sekunde war mir das Gefahrvolle meiner Situation klar, und mich durchrieselte es kalt; mir war, als ob sich tausend giftige Schlangen um meinen Körper ringelten; aber ich gab mich noch nicht auf. Fester noch packte ich die Lenkstange, damit sie sich um keinen Millimeter rücken konnte, immer noch von der grundfalschen Idee eingenommen, daß die offene Schleife ebenso wie die geschlossene, wenn richtig konstruiert, eine teilweise automatische Sache sei, und der Möglichkeit des Sehens beraubt, strengte ich mein Gehör und Gefühl aufs äußerste an, um ungefähr zu wissen, wo ich war. Soviel ich berechnen konnte, mußte ich jetzt ungefähr am Ende der Abfahrt sein, und schon spürte ich, wie mit einem Male meine Körperlage sich veränderte, und an dem dumpfen Rollen und Knacken der Bretter wußte ich, daß ich immer noch die Bahn unter mir hatte. Plötzlich gab es einen Ruck, und jedes Geräusch hörte auf; ich flog jetzt durch die Luft immer noch bei vollem Bewußtsein, dann gab es einen furchtbaren Schlag, ich hörte Krachen und Splittern von Brettern und dann wurde ich ohnmächtig.

Doch kaum zwei Sekunden dauerte dieser Zustand, ich öffnete meine Augen, von denen die verhängnisvolle Kappe sich wieder verschoben hatte, und sah nun von allen Seiten Leute herbeieilen, um mir zu helfen, allen voran mein lieber Alfred. Man half mir, mich von der Maschine, die auf mich gefallen war, zu befreien und dann schleppte

67

ich mich, auf meinen Freund gestützt, zur Manegenbrüstung, um dort, noch halb ohnmächtig, niederzusinken. Ich war bei dem Sturz auf den Rücken gefallen und rang nun unter entsetzlichen Schmerzen nach Atem, von der schrecklichen Angst gepeinigt, ersticken zu müssen. Inzwischen hatte man Cognac geholt und nachdem mir davon eingeflößt worden war, erholte ich mich recht schnell. Äußerlichen Schaden hatte ich fast gar nicht davongetragen, meine Schienbeine waren zwar arg zerschunden, ebenso der Rücken, und am Kopf hatte ich eine große Beule, aber solche Kleinigkeiten achtet man nicht, wenn man Rennfahrer gewesen ist.

Ich stand auf, erbat mir eine Zigarette und – gab den Auftrag, die Maschine wieder herzurichten und nach oben zu schaffen, denn es hatte mich plötzlich der unbezähmbare Wunsch gepackt, meinen eben mißglückten Versuch sofort zu wiederholen. Einstimmiges Bravo lohnte meine Worte, und das Gesicht des Managers, welches eben noch so lang war wie der Tag vor Johanni, hellte sich mit einem Male wieder auf. Zu meiner Genugtuung stimmte auch mein Freund Sch. meinem Entschluß bei und in weniger als fünf Minuten stand ich zum zweiten Male zur Abfahrt bereit.

Diesmal waren es ganz andere Gefühle, die mich durchdrangen. Ein halsstarriger Trotz hatte mich gepackt; ich wollte der Schleife, diesem Aufbau von Holz und Eisen, meine Meisterschaft beweisen, denn sie kam mir vor wie ein lebendes Wesen, welches im ersten Gange des Duells mit mir die Oberhand behalten und mich dadurch um so mehr gegen sich erbittert hatte. Auch die rohe Naturgewalt, die Zentrifugalkraft, wollte ich meinem Willen gefügig machen und beseelt von diesem Kampfesmut freute ich mich schon auf das Hinuntersausen. Von meiner Kappe hatte ich kein hinderndes Eingreifen mehr zu befürchten, denn man hatte sie mir mit Bindfaden festgebunden und auch mit dem Rade hatte ich mich durch einige Versuche vertraut gemacht; ich wußte also, diesmal lag alles an mir, und zu mir selbst hatte ich Vertrauen.

Zum zweiten Male also rief ich »los«, setzte dann meine Füße auf die Pedale, und genau dem schwarzen Strich folgend, ging's hinunter, dann wieder hinauf, bis ich plötzlich anstatt der Fahrbahn die Zirkusdecke unter mir sah! Ich sah mich auf der anderen Seite ankommen, konnte aber mein Rad nicht mehr ausrichten und stürzte krachend zu Boden. Diesmal jedoch war ich nicht besinnungslos, nur leisteten der einen Beule am Kopf jetzt zwei neue Gesellschaft, so daß mein Hut nachher zu klein war, als ich ihn aufsetzen wollte, und ein Finger der rechten Hand, an dem das Fleisch ziemlich gründlich auseinandergequetscht war, blutete stark. Gerade hierbei bewährte sich der so vielfach angezweifelte praktische Sinn der Frauen auf das eklatanteste; während nämlich vier Männer davonstürzten, um Verbandstoff zu besorgen, preßte mir die eingangs erwähnte Soubrette den Finger tüchtig aus und wickelte dann eines ihrer überaus zierlichen Taschentücher herum. Als die Vertreter des starken Geschlechts endlich etwas aufgetrieben hatten, war ich schon nahezu umgekleidet, denn ich hatte infolge der Fingerverletzung die weiteren Versuche am selben Abend einstweilen aufgegeben.

Nachdem ich meine Toilette beendet hatte, ging ich dann in Begleitung meiner Freunde nach Hause, den viel zu klein gewordenen Hut auf meinem unförmigen Kopfe balancierend. Allerhand Gedanken liefen in meinem Gehirn durcheinander; kein Wunder, hatte ich doch in einer Stunde mehr erlebt wie mancher in einem ganzen Jahr. Mein Freund Alfred hatte durch meine Stürze alles Zutrauen zu der Sache verloren und riet mir eindringlich von weiteren Versuchen ab. Schließlich versprach ich ihm auf Wort, seinem Ratschlag zu folgen. Mit zerschlagenen Gliedern und brummendem Schädel legte ich mich endlich zu Bett. Willy B., mit dem ich ein Zimmer bewohnte, hatte mich bei meiner Ankunft in seiner trockenen Weise mit den Worten: »Na, da bist du ja, hast viel Schwein gehabt, daß du überhaupt noch da bist« bewillkommnet und sich dann zum Weiterschlafen umgedreht.

Am nächsten Morgen schon gereute mich mein Versprechen, und gleich nach dem Frühstück machte ich mich auf den Weg zu Alfred Sch., der nachmittags um 4 Uhr per Schiff nach Schweden fahren wollte, und bat ihn dringend, mir mein Wort zurückzugeben. Er hielt mir noch einmal vor, daß von allen Leuten, die dort waren, niemand auch nur das geringste von dem Aufbau der Schleife verstünde, daß der ganze Apparat, die Maschine mit inbegriffen, schon auf dem letzten Loche pfeife, aber alles nützte nichts, und schließlich entband er mich von meinem Versprechen. Sofort ging ich zum Manager und kündigte ihm an, daß ich am Abend wieder zu probieren beabsichtige, was ihn natürlich sehr freute, und ihm Anlaß gab, mir allerhand Schmeicheleien über meinen Mut zu sagen.

Der Tag verging mir viel zu langsam, und den Abend verbrachte ich im Zirkus, der ein ausgezeichnetes Programm aufwies. Nach Schluß der Vorstellung wurde dann die Schleife wieder aufgestellt, und ich fuhr zweimal mit bedeutend besserem Erfolg wie am vorhergehenden Tage. Bei der letzten Fahrt – notabene, jede von ihnen endete in einem Sturz – hatten sich die Pedale so sehr verbogen, daß an einen dritten Versuch nicht mehr zu denken war, und da ich Lust hatte, am nächsten Vormittag noch einmal zu probieren, wurde alles stehengelassen, nur die Maschine zur Reparatur weggegeben.

Ich war aber an diesem Abend recht zufrieden mit mir, denn beim letzten Versuch wäre ich beinahe glücklich durchgekommen, nur hatte ich ein wenig zu sehr links gehalten bei der Ausfahrt und war dadurch gegen die Auffahrt gesaust und dann natürlich umgefallen. Aber von der Probe am nächsten Morgen versprach ich mir Besseres, ja ich hoffte bestimmt, die Fahrt korrekt zu beendigen.

Als ich am nächsten Vormittag mit B., den ich mit vieler Mühe zum Mitkommen überredet hatte, den Zirkus betrat, wurde ich einigen Journalisten vorgestellt, welche man eingeladen hatte, da man schon von dem glücklichen Ausgang des kommenden Experimentes überzeugt war.

Der erste Versuch mißlang an derselben Stelle wie der letzte des vorhergehenden Abends, und ich befahl, die Maschine wieder nach oben zu schaffen, als mir plötzlich auffiel, daß die Lenkstange schief war. Bei dem Versuch, sie auszurichten, merkte ich, daß sie überhaupt nicht festgeschraubt war, und ich erteilte dem Ablasser (diesmal ein neuer) einen tüchtigen Rüffel und trug ihm gleichzeitig auf, die Schraube festzuziehen; als ich dann wieder versuchte, war es noch die alte Geschichte, und ich ließ mir einen Schlüssel geben, um selbst alles in Ordnung zu bringen. Allein ich mußte mein Vorhaben bald aufgeben, denn infolge meines dicken Anzuges konnte ich mich kaum rühren. Nachdem noch verschiedene Herren ihre Kunst versucht hatten, zog ich noch einmal an der Lenkstange und war diesmal, wohl vom Wunsche gedrängt, den Leuten keinen unnützen Weg gemacht zu haben, etwas zu schwach und redete mir ein, sie brauchte überhaupt nicht allzu fest zu sitzen. Und das sollte mein Verderben werden.

Die Maschine wurde wieder auf die Abfahrt gebracht und gleich darauf ging's wieder hinunter in sausender Fahrt. Plötzlich bekam ich bei der Auffahrt einen Stoß, und das Rad gehorchte nicht mehr meinem Willen, denn die Lenkstange war völlig locker geworden. Ich fuhr in der Höhe von ca. 4 Metern rechts aus der Schleife heraus und dann senkrecht nach oben. Zu meinem Glück stieß ich mit der Maschine an einen der elektrischen Leitungsdrähte, welche die großen Bogenlampen verbinden, und mein Körper wurde dadurch so gedreht, daß ich mit den Füßen zuerst auf dem Boden ankam. Das Gefühl kurz nach dem Aufschlag war etwas unangenehm, aber nicht sehr schmerzhaft. Die ärztliche Untersuchung ergab dann, daß ich das rechte Bein am Knöchel gebrochen, zwei Sehnen zerrissen und außerdem noch etwas vom Knöchel abgesplittert hatte.

Dieses unangenehme Ereignis setzte natürlich den weiteren Versuchen vorläufig ein Ziel, und nachdem ich fünf Wochen im Bette gelegen hatte, ohne mich zu rühren, fing ich dann wieder an, auf Krücken gestützt herumzuhumpeln. – Ende September fing ich dann zum zweiten Male mit den Versuchen an und nach zirka einem Monat ging alles »glatt« vonstatten. (1905)

Die ernsteren Nachteile der Maschine sind vor allem: erstens die Gefahren des Umschlagens, die manchen Arm, manches Bein, manche Rippe und in Folge dieser Verletzungen auch ein paar Leben kosteten... zweitens, daß die... Lungen gar sehr in Gefahr sind, bei anhaltendem oder angestrengtem Gebrauche derselben angegriffen zu werden und zu leiden. Mehrere Bekannte mußten daher auf Geheiß ihres Arztes den Gebrauch der Draisine aufgeben.

Johann Gottfried Dingler (?) im Polytechnischen Journal, Stuttgart 1821

Jacques Faizant
Natürlich schmeisst man sie in die Gracht!*

Manchmal, wenn mein Chefredakteur es satt hat, mich den lieben langen Tag in seinem Büro übers Radfahren sprechen zu hören, schickt er mich irgendwohin auf Reportage. Je weiter weg, desto besser, seiner Ansicht nach, und ich weiß, daß er heimlich davon träumt, ich wäre ständiger Korrespondent unserer Zeitung auf den Galapagosinseln. Aber wie es um die Finanzen der Zeitungen nun einmal bestellt ist, werde ich öfter nach Pontoise als nach Rio de Janeiro geschickt. Letztes Mal allerdings bin ich bis nach Amsterdam gekommen.

Die Idee, muß ich sagen, hatte meine vollste Zustimmung. Es ging darum, einige aus dem Leben gegriffene Artikel über Holland als Radfahrnation zu schreiben; und ein Volk zu interviewen, das, wie jeder weiß, aus dem Rad sein liebstes Fortbewegungsmittel gemacht hat – davon versprach ich mir tausend Wonnen.

Die niederländische Tourismuszentrale empfing mich höchst liebenswürdig. Ich wurde einem herzlichen jungen Mann anvertraut, der mit mir den ganzen Tag im Regen spazierenging, mir die Grachten, die Brücken, Häfen, Plätze, die Denkmäler und die Damen in den Schaufenstern zeigte, sich angenehm mit mir unterhielt, mich zu Bier und Salzheringen einlud…, der sich aber von einer Zurückhaltung zeigte, die an Stummheit grenzte, sobald ich das Fahrradthema anschnitt.

Er sei nicht direkt Radfahrer, sagte er mit einem Anflug von Verlegenheit, aber ab dem nächsten Tag würde mir statt seiner eine junge Hosteß zur Verfügung stehen, eine leidenschaftliche Radlerin, die ohne jeden Zweifel alle meine Fragen aufs kenntnisreichste beantworten könnte.

Am nächsten Tag bekam ich, wie versprochen, meine Radlerhosteß und war begeistert. Sie war eine entzückende Person mit grünen Augen, die den Vornamen Maya trug.

Da es ebenso stark wie am Vortag regnete, hielt Maya es sofort für das allerbeste, erst einmal die Plätze, Denkmäler, Brücken, Häfen und Grachten anzusehen. Ich erklärte ihr höflich, daß ich all dies bereits gestern unter vergleichbaren Luftfeuchtigkeitsbedingungen gesehen hätte und daß das Ziel meiner Reise vor allem sei, mir Informationen über das Amsterdamer Fahrrad zu beschaffen.

Maya wirkte so überrascht, daß ich schon befürchtete, mich unklar ausgedrückt zu haben (wir sprachen englisch), und noch einmal von vorne anfing.

»Ich habe sehr gut verstanden«, sagte sie, »aber was soll ich Ihnen dazu schon sagen? Fahrräder sind doch kein Gesprächsthema.«

»Man hat mir gesagt, daß Sie radfahren.«

»Natürlich fahre ich Rad. Alle Welt fährt Rad. Haben Sie noch nie ein Fahrrad gesehen?«

»Wer? Ich? Doch!«

»Also bitte: ein Fahrrad ist ein Fahrrad. Haben Sie das Rijksmuseum gesehen?«

Wir gingen – im Regen – das Rijksmuseum besichtigen, ebenso übrigens das Tropenmuseum und das Stedelijk Museum. Maya, fröhlich und liebenswürdig, präsentierte mir ihre Stadt mit berechtigtem Stolz und zeigte auch nicht allzuviel Erstaunen, wenn ich stehenblieb, um Fahrräder zu betrachten.

Ich kam recht schnell darauf, daß sich die 600 000 Radfahrer in dieser Einmillionenstadt einen feuchten Staub um ihre Fahrräder scheren. Die meiste Zeit lassen sie sie im Regen verrosten, in geradezu unglaublicher Weise aufeinandergetürmt; sie pflegen sie nicht, bewachen sie nicht – und wenn sie zu kaputt sind, werfen sie sie in die Grachten oder lassen sie einfach auf der Straße stehen.

»Natürlich schmeißt man sie in die Gracht!« sagte Maya. »Was soll man denn sonst damit machen?«

Alle halbe Jahre baggert die Polizei die Grachten aus und

zieht ganze Girlanden von Fahrrädern heraus, die an Pedalen und Lenkstangen ineinanderhängen und von Wasser und Schlamm triefen. Ebenso durchkämmt sie ein- oder zweimal im Jahr die Stadt mit Lastwagen und sammelt einige Tonnen verirrte und von den Besitzern ausrangierte Fahrräder ein.

Mir scheint es schwierig, einen Unterschied zwischen den ausrangierten Fahrrädern und den anderen zu machen, wenn man den beklagenswerten Zustand in Betracht zieht, in dem sich die nicht-ausrangierten befinden. Ich nehme an, daß die holländische Polizei von Kindesbeinen an geschult sein muß, die Spreu vom Weizen zu trennen.

Auf dem Amsterdamer Flohmarkt kostet ein startklares Fahrrad sechsunddreißig neue Francs.

»Mehr ist es nicht wert«, sagt Maya. »Gehen wir die Oude Kerk anschauen.«

Man muß einräumen, daß die Amsterdamer Fahrräder nicht gerade zu Bewunderung Anlaß geben. Nirgends habe ich eine feine, blitzblank herausgeputzte Maschine gesehen, wie es sie in Frankreich und Italien gibt. Die holländischen Räder sind schwarz, schwer, solide, seriös, schmucklos und mit einem imposanten hohen Lenker versehen. Manche haben anstelle des Sattels eine seltsames gepolstertes Brötchen, und die Amsterdamer fahren darauf in majestätischer Haltung, aufrecht und würdig wie die Prinzen, in dichten Scharen, während die raren Automobilisten mit einem matten Lächeln der Entschuldigung in der Gosse dahinrollen.

Maya ringt sich endlich dazu durch zuzugeben, daß sie manchmal, am Sonntag, mit einer Freundin spazierenradelt.

»Aber mit welcher Art Fahrrad, Maya? Haben Sie eine Gangschaltung? Einen Rennlenker?«

»Einen was? Ah! Wie die Rennfahrer, meinen Sie? Nein, ich habe ein normales Fahrrad wie diese hier. Ich weiß nicht, ob ich die Gänge wechseln kann. Wenn ich darüber nachdenke, glaube ich, eher nicht. Kommen Sie, gehen wir ins Neue Rathaus.«

Nach dem neuen und dem alten Rathaus bringt mich Maya, die Gefälligkeit selbst, zum Sitz der größten Tageszeitung Amsterdams, wo wir den Sportredakteur treffen. Die Verständigung wird noch komplizierter, weil er weder englisch noch französisch spricht. Er ist sehr freundlich und willig, mir jedweden Gefallen zu tun, doch sieht er nicht so recht, worauf ich hinauswill. Ein Verein für Radtouristik? Nein. Vielleicht in Den Haag. Man müßte beim Automobilclub in Den Haag fragen.

»Mijnheer will Fahrräder sehen«, sagt Maya.

Die beiden wechseln Blicke. Ganz offensichtlich bedauert er das Fräulein mit den schönen grünen Augen, daß es dazu verdammt ist, den ganzen Tag im Regen herumzuirren – in Begleitung von Mijnheer, der ihm einigermaßen exzentrisch vorkommt.

Wir verabschieden uns von dem netten Kollegen und gehen die Nieuwe Kerk betrachten. Zu Mittag essen wir dicke Steaks, dann weiß Maya nicht mehr so recht, was mit mir anfangen, und schleppt mich zu den Diamantschleifern.

Wie immer sehr liebenswürdig, teilt mir ein Herr im weißen Kittel alles über Diamantschliffe mit und zeigt mir auf einem schwarzen Samtkissen Steine aller Größen, vielleicht mit der heimlichen Hoffnung, ich könnte Maya in einem Anfall von Midlifecrisis ein Kilo davon schenken. Ich tue nichts dergleichen. Wir gehen wieder und sehen uns ein bißchen die Grachten an, weil es zufällig nicht mehr regnet und die Grachten ja einen ganz anderen Anblick bieten, wenn es nicht regnet.

Um einen radsportlichen Dialog in die Wege zu leiten, versuche ich Maya von unserer letzten Distanzfahrt Paris–Santiago de Compostela zu erzählen. Dies ist für gewöhnlich so ein Thema, bei dem zwei überzeugte Radfreaks nicht mehr zu stoppen sind. Aber Maya sagt:

»Wie interessant! Haben Sie schon das Rembrandthaus besichtigt?«

Wir sehen uns das Rembrandthaus an und auch das Puppentheater, drehen eine Runde am Hafen und vor der Brauerei Heineken. Maya, der langsam die Sehenswürdigkeiten ausgehen, setzt all ihre grauen Zellen in Bewegung. Ich sehe Panik in ihr aufsteigen, als ihr klar wird, daß die einzige Touristenattraktion, die sie mir noch nicht gezeigt hat, die käuflichen Damen in ihren großen Schaufenstern sind. Aber die habe ich gestern schon gesehen.

»Maya, würden Sie nicht mal gern eine lange Reise mit dem Fahrrad machen?«

»O Himmel!« sagt Maya, »das wäre um einiges zu beschwerlich. Außerhalb von Holland gibt es ja auch Steigungen!«

Es soll beileibe niemand denken, wir muffelten in trübseligem Schweigen nebeneinander her. Wir plaudern. Maya, lebhaft und lustig, erzählt mir von den Dreharbeiten eines Films, bei denen sie zugegen war, außerdem von ihrem Leben in den Kolonien. Wir sprechen von diesem und jenem, und ich für meinen Teil verbringe sehr angenehme, wenn auch naßkalte Stunden. Aber vom Radfahren ist immer nur dann kurz die Rede, wenn ich das Thema selbst wieder ankurble.

»Also, Maya, das Fahrrad, was ist das für Sie?«

»Ein Werkzeug. Wenn eins kaputt ist, nimmt man ein anderes.«

Man muß sich wohl ins Unvermeidliche schicken: Die Holländer stehen zu ihren Fahrrädern so vernünftig wie die Franzosen zu ihren Schuhen. Die Dinger sind praktisch, unverzichtbar und nützlich, aber es ist nichts Aufregendes dabei; und vor allem versteht keiner, welches Interesse jemand haben kann, einen Bericht darüber zu schreiben.

Maya begleitet mich zum Bahnhof. Höflich sagt sie: »Kommen Sie uns wieder besuchen!«

Ich warte darauf, daß sie hinzufügt: »Mit dem Fahrrad«, aber sie sagt lediglich: »Bei schönem Wetter!«

In Paris überfliegt der Chefredakteur meinen Artikel und sieht sehr zufrieden drein: »Gut so! Das Rembrandthaus, das Tropenmuseum, das alte Rathaus ... Endlich haben Sie mal etwas anderes zu erzählen gewußt als Ihre ewigen Fahrradgeschichten!« (1968)

Mir passiert da etwas Merkwürdiges. Ich brauche nur ein Hindernis zu sehen und schon fühle ich mich unwiderstehlich angezogen, bis ich schließlich daran aufpralle. Das ereignet sich vor allem mit einer dicken Dame, die genau wie ich das Radfahren lernen möchte. Sie trägt einen Hut mit Federschmuck, und ich brauche nur diese Federn im Wind flattern zu sehen, und schon fühle ich, wie mein Fahrrad unwiderruflich auf sie zurollt. Woraufhin sie schrille Schreie ausstößt und zu fliehen versucht, aber vergebens. Wenn es mir nicht gelingt, noch rechtzeitig abzuspringen, kann ich ihr nicht ausweichen und werfe sie um. Das ist mir mehr als einmal passiert. Daher bemühe ich mich jetzt, nur zu Stunden, wo ich sie nicht anzutreffen hoffe, in die Sporthalle zu gehen... Und ich frage mich, ob es nicht ein schicksalhaftes Gesetz ist, daß gerade die Dinge, die wir zu meiden suchen, jene sind, die uns am meisten anziehen.

Der 68jährige Leo N. Tolstoi 1896

Giovannino Guareschi
DON CAMILLO UND DAS FAHRRAD*

Man kann nicht verstehen, daß es auf dem Erdenfleck zwischen dem großen Fluß und der großen Straße eine Zeit gegeben haben sollte, in der das Fahrrad unbekannt war. Tatsächlich fahren in der Bassa alle Rad, von den Achtzigjährigen bis zu den Fünfjährigen. Die Buben haben eine besondere Fahrweise; sie plagen sich mit ihren Beinen mitten im Dreieck des Rahmens, und das Rad fährt ganz schief, aber es fährt. Die alten Bauern fahren meist auf Damenrädern, während die alten Gutsbesitzer mit ihren Dickbäuchen die alten »Triumph«-Räder mit hohem Rahmen benützen und mit Hilfe einer kleinen Fußraste, die an der Verlängerung der Hinterachse wie eine Schraubenmutter befestigt ist, in den Sattel steigen.

Man muß wirklich lachen, wenn man die Fahrräder der Städter sieht, diese funkelnden Dinger aus besonderen Metallen, mit elektrischer Beleuchtung, Gangschaltungen, patentierten Werkzeugtaschen, Kettenschutzdeckeln, Kilometerzählern und anderen derartigen Dummheiten. Das sind keine Fahrräder, sondern Spielzeuge zur Unterhaltung der Beine. Das wirkliche Fahrrad muß wenigsten dreißig Kilo wiegen. Der Lack muß bis auf kleine Spuren abgekratzt sein. Ein richtiges Fahrrad hat unbedingt nur ein einziges Pedal. Vom anderen Pedal darf nur die Achse übrig sein, die von den Schuhsohlen so abgeschliffen wird, daß sie phantastisch glänzt, und die das einzige glänzende Ding am ganzen Apparat sein darf.

Die Lenkstange, natürlich ohne Handgriffe, darf nicht idiotisch rechtwinklig zur idealen Radfläche stehen, sondern muß um wenigstens zwölf Grad nach links oder rechts verstellt sein. Das wirkliche Fahrrad hat keinen hinteren Kotflügel; es hat nur den vorderen, an dessen unterem Ende ein gehöriges Stück von einem Autoreifen pendeln soll, womöglich aus rotem Gummi, um das Anspritzen zu verhindern.

Es kann auch den hinteren Kotflügel haben, wenn dem Radfahrer der Kotstreifen lästig fällt, der sich sonst bei Regen auf seinem Rücken bildet. In diesem Fall muß aber der Kotflügel seitwärts teilweise so verbogen sein, daß er dem Radfahrer das amerikanische Bremsen erlaubt, das darin besteht, daß man mit dem Hosenboden das Hinterrad blockiert.

Das richtige Fahrrad, das die Straßen der Bassa bevölkert, hat nämlich keine Bremsen, und seine Reifen müssen so abgenützt sein, daß man ihre Löcher mit Manschetten aus alten Pneus schließen muß, wodurch jeder Reifen jene Verdickungen erhält, die dann dem Rad eine geistvoll aufrüttelnde Bewegung anzunehmen erlauben. Dann erst wird das Fahrrad ein wesentlicher Bestandteil der Landschaft und erweckt nicht den leisesten Gedanken, es könnte nur zur Schaustellung dienen, wie die Rennmodelle von Fahrrädern, die im Vergleich zu den richtigen Rädern ungefähr das sind, was die billigen kleinen Tänzerinnen im Vergleich zu den braven und handfesten Hausfrauen sind. Ein Städter wird das nie verstehen, denn er ist in Gefühlssachen wie ein Ochse vor dem Scheunentor. Diese nennen dann die ganz gewöhnlichen Kühe Melkkühe, weil sie wahrscheinlich der Meinung sind, es wäre nicht höflich genug, eine Kuh einfach Kuh zu nennen. Und sie nennen Toilette oder Water-Closet den Abort, halten ihn aber im Hause, während man ihn in der Bassa Abort nennt, alle ihn aber weit vom Haus entfernt, am anderen Hofende haben. Dieses »Water« im Raum neben deinem Schlafzimmer wäre der Fortschritt, während der Abort, weit von der Stätte, wo du lebst, Kultur ist. Das heißt: eine weniger bequeme und weniger elegante, dafür aber saubere Angelegenheit.

In der Bassa ist das Fahrrad notwendig wie die Schuhe, mehr sogar als die Schuhe, weil einer, der keine Schuhe, aber ein Fahrrad hat, ruhig radfahren kann, während einer, der Schuhe, aber kein Fahrrad hat, zu Fuß gehen muß.

Vielleicht wird jemand dazu bemerken, daß dies auch in der Stadt geschehen kann; in der Stadt ist das jedoch infolge der Straßenbahnen und der anderen öffentlichen Verkehrsmittel eine andere Sache, während auf den Straßen der Bassa keine Schienen und keine elektrischen Oberleitungen, sondern lediglich – im Staub eingegraben – die geraden Spuren der Fahrräder, der zweirädrigen Karren und der Motorräder zu sehen sind, nur hie und da von schwachen, gewundenen Spuren unterbrochen, welche die Schlangen hinterlassen, wenn sie von einem Straßengraben zum anderen hinüberwechseln.

Don Camillo hatte niemals in seinem Leben Handel getrieben, es sei denn, daß man Handel nennen will, wenn man ein Kilo Fleisch oder zwei Zigarren mit der dazugehörigen Schachtel von »Blitzzündern« kauft, wie man sie in der Bassa nennt, die aber tatsächlich jene bösartigen Schwefelzünder sind, die nur brennen, wenn man sie am Hosenboden oder an der Schuhsohle reibt.

Don Camillo hatte niemals Handel getrieben, der Handel gefiel ihm aber als Schauspiel; und so bestieg er am Samstag nach Sonnenaufgang sein Fahrrad und begab sich nach Villa, um sich den Markt anzuschauen.

Er interessiert sich sehr für das Vieh, landwirtschaftliche Maschinen, Kunstdünger und Schädlingsbekämpfungsmittel. Und wenn er hie und da ein Päckchen Schwefel oder Kupfersulfat für seine vier Weinreben kaufte, die er hinter dem Pfarrhof hatte, dann war er außerordentlich befriedigt und fühlte sich wenigstens ebensosehr als Landwirt wie Bidazzi, der Herr über sechshundert Morgen Land war. Außerdem gab es auf dem Markt so viele Stände und Unterhaltungen und jene Atmosphäre der Fröhlichkeit und der Fülle, die zur Hebung der Moral beiträgt.

Don Camillo nützte also den schönen Tag aus, bestieg an diesem Samstag sein Fahrrad und trat fröhlich die zwölf Kilometer bis Villa herunter. Der Markt war toll, es gab soviel Leute wie noch nie, und Don Camillo unterhielt

sich mehr, als wenn er auf der Mailänder Messe gewesen wäre.

Gegen halb zwölf löste er sein Fahrrad von der Aufbewahrung aus, zog es an der Lenkstange durch das Gemenge hinter sich und strebte der kleinen Straße zu, nach der das freie Gelände beginnt.

Da schob der Teufel seinen glatten Schwanz dazwischen. Als Don Camillo an einem Laden vorbeiging, erinnerte er sich, daß er irgendeine Kleinigkeit kaufen müßte, lehnte sein Fahrrad an die Wand, ging hinein, und als er herauskam, war das Fahrrad weg.

Don Camillo war eine übergroße Maschine aus Knochen und Muskeln; von der Fußsohle bis zum Scheitel war er groß wie ein Mann auf einem Hocker, während er vom Scheitel bis zum Fuß wenigstens noch eine Spanne größer war; das heißt, daß ihn die anderen in einer gewissen Art sahen, während er sich selbst anders sah, weil der Mut Don Camillos ausgerechnet eine Spanne größer war als seine Gestalt. Auch wenn ein Jagdgewehr vor seinen Augen losging, verlor er nicht eine Spur von seiner Fassung. Stolperte er aber über einen Stein oder spielte man ihm einen Streich, dann war er imstande, die Fassung zu verlieren, und es konnten ihm ob der Demütigung Tränen in die Augen kommen.

In solchen Augenblicken empfand er eine Art Mitleid mit sich selbst, und seine Seele wurde von Traurigkeit erfüllt.

Er machte keine Szene.

Er begnügte sich damit, einen Alten, der vor dem Laden stand, gleichgültig zu fragen, ob er jemanden auf einem Damenrad mit grünem Schutznetz gesehen hätte. Als dieser antwortete, er könne sich nicht erinnern, jemand gesehen zu haben, tippte er an den Hutrand und ging fort.

Er ging am Gendarmerieposten vorbei, dachte aber nicht einmal daran, einzutreten. Die Tatsache, daß man einem armen Priester mit fünfundzwanzig Lire in der Tasche sein Fahrrad gestohlen hatte, war eine moralische Angelegenheit und daher eine Sache, die man mit den gewöhnlichen Dingen des Lebens nicht vermengen darf. Die Reichen sind es, die sogleich eine Anzeige erstatten, wenn man sie bestohlen hat; für sie ist das nämlich eine reine Geldangelegenheit, während es für die Armen eine Beleidigung ist, wenn ihnen ein Diebstahl widerfährt, genauso, wie wenn ein Schurke einem Einbeinigen absichtlich den Fuß stellt oder ihm das Holzbein bricht.

Don Camillo zog den Hut ins Gesicht und wandte sich

heimwärts. Sobald er einen Karren hinter sich hörte, verließ er die Straße und versteckte sich, aus Angst, man könnte ihn auffordern, das Fuhrwerk zu besteigen. Er wollte zu Fuß gehen, es paßte ihm nicht in den Kram, mit jemand sprechen zu müssen. Vor allem wollte er nun die zwölf Kilometer mit den Füßen abklappern, sozusagen um die Schuld des Gauners zu vergrößern, der an ihm einen so gemeinen Diebstahl begangen hatte, aus Lust, sich noch mehr gekränkt fühlen zu können. So ging er eine Stunde, ohne stehenzubleiben, allein wie ein Hund auf der Straße in praller Sonne und Staub, das Herz voll Mitleid mit diesem unglücklichen Don Camillo, mit dem er sich wie mit jemand anderem beschäftigte.

Er ging eine Stunde ohne stehenzubleiben auf der einsamen Straße. Als er zur Einbiegung einer zweitrangigen Straße kam, setzte er sich auf die Brüstung einer kleinen Ziegelbrücke, und siehe, dort lehnte sein Fahrrad.

Es war wirklich sein Fahrrad, er kannte jeden Zoll an ihm, ein Irrtum war ausgeschlossen.

Er schaute sich um, niemand war zu sehen.

Er berührte das Fahrrad; mit dem Fingernagel klopfte er auf die Lenkstange; es war aus Eisen, es war keine Illusion.

Wieder schaute er sich um; kein lebendiges Wesen. Das nächste Haus war wenigstens einen Kilometer entfernt. Die Hecken waren noch nackt und blattlos.

Er beugte sich über die Brüstung. Da saß ein Mann im ausgetrockneten Graben.

Der Mann schaute hinauf und machte eine Kopfbewegung, als ob er sagen wollte: »Na, und?«

»Das ist mein Fahrrad«, stotterte Don Camillo.

»Welches Fahrrad?«

»Dieses, das hier an der Brücke lehnt.«

»Schon gut«, bemerkte der Mann. »Wenn ein Fahrrad an der Brücke lehnt und das Fahrrad Ihnen gehört, was geht das mich an?«

Don Camillo war verwirrt.

»Ich fragte nur«, erklärte er. »Ich wollte nicht fehlgehen.«

»Sind Sie sicher, daß es Ihnen gehört?«

»Gewiß! Vor einer Stunde hat man es mir in Villa gestohlen, als ich in einem Laden war. Ich versteh nicht, wie es hierherkommt.«

Der Mann lachte.

»Es wird des Wartens müde geworden sein und ist davongelaufen.«

Don Camillo breitete die Arme aus.

»Als Priester werden Sie wohl imstande sein, ein Geheimnis bei sich zu behalten?« erkundigte sich der Mann.

»Gewiß.«

»Gut, dann sage ich Ihnen, daß das Fahrrad hier ist, weil ich es hergebracht habe.«

Don Camillo machte große Augen.

»Haben Sie es irgendwo gefunden?«

»Ja, ich habe es vor dem Laden gefunden, in den Sie hineingegangen waren, und da habe ich es weggenommen.«

Don Camillo stutzte einen Augenblick.

»War das ein Scherz?«

»Reden wir keine Dummheiten!« protestierte der Mann beleidigt. »Was stellen Sie sich vor? Ich sollte in meinem Alter noch herumlaufen und solche Scherze machen? Ich hatte es in allem Ernst weggenommen. Dann habe ich es mir überlegt und bin Ihnen nachgefahren. Ich bin Ihnen bis zwei Kilometer vor dieser Stelle gefolgt, dann nahm ich die Abkürzung über die untere Straße, kam hierher und stellte es Ihnen vor die Nase.«

Don Camillo setzte sich auf den Brückenrand und blickte auf den Mann, der im Graben saß.

»Warum haben Sie das Fahrrad genommen, wenn es nicht Ihnen gehört?«

»Jeder hat sein Geschäft. Sie arbeiten in der Seelenbranche und ich in Fahrrädern.«

»Hast du schon immer diesen Beruf ausgeübt?«

»Nein, erst seit zwei oder drei Monaten. Ich besuche Kirchweihfeste und Märkte und arbeite mit ruhigem Gewissen, weil alle diese Bauern zu Hause große Korbflaschen vollgestopft mit Tausendern haben. Heute früh wollte mir nichts gelingen, und so habe ich schließlich Ihr Fahrrad genommen. Von weitem habe ich dann gesehen, wie Sie aus dem Laden kamen und sich ohne ein Wort auf den Weg machten. Dann haben mich Gewissensbisse gepackt, und ich bin Ihnen nachgefahren. Eigentlich kann ich gar nicht begreifen, wie das zugegangen ist; Tatsache ist, daß ich Ihnen nachfahren mußte. Warum haben Sie sich immer versteckt, wenn ein Karren in die Nähe kam? Wußten Sie, daß ich dahinter war?«

»Nein.«

»Ich war aber dahinter! Wenn Sie einen Karren bestiegen hätten, wäre ich zurückgefahren. Sie sind aber weiter zu Fuß gegangen, und so habe ich tun müssen, was ich getan habe.«

Don Camillo schüttelte den Kopf.

»Und wohin gehst du jetzt?«

»Zurück nach Villa, vielleicht gelingt mir eine andere Sache.«

»Ein anderes Fahrrad?«

»Natürlich.«

»Dann nimm dieses.«

Der Mann blickte auf.

»Hochwürden, nicht einmal, wenn es aus Gold wäre! Ich spüre, ich würde es mein ganzes Leben auf dem Gewissen haben. Es würde mir die Karriere verderben. Halte dich weit von den Pfaffen!«

Don Camillo fragte ihn, ob er schon gegessen habe. Der andere verneinte.

»Dann komm zu mir essen.«

Ein Karren näherte sich, es war Brelli.

»Auf, auf, du Gauner! Nimm das Fahrrad und folge mir. Ich steige auf den Karren.« Er hielt Brelli an und ließ sich mitnehmen; ihn schmerze ein Bein, sagte er.

Der Mann verließ den Graben und kam auf die Straße zurück. Er war außer sich vor Wut, schmiß den Hut auf den

Boden, sagte eine Menge böser Worte an die Adresse vieler Heiliger und bestieg dann das Fahrrad.

Der Tisch war schon seit zehn Minuten gedeckt, als Don Camillo den Mann mit dem Fahrrad den Pfarrhof betreten sah.

»Du mußt dich damit zufriedengeben«, sagte Don Camillo. »Es gibt nur Brot, Wurst und ein Stück Käse und etwas Wein.«

»Keine Sorge, Hochwürden«, antwortete der Mann. »Ich habe schon daran gedacht«, und legte ein Huhn auf den Tisch.

»Es ist gerade über die Straße gelaufen«, erklärte der Mann. »Ohne es zu wollen, bin ich ihm mit dem Fahrrad über den Hals gefahren. Es tat mir leid, es so im Todeskampf auf der Straße liegenzulassen, und ich habe seine Schmerzen abgekürzt. Hochwürden, schauen Sie mich nicht so an. Wenn Sie es richtig braten lassen, wird Ihnen Gott bestimmt verzeihen.«

Don Camillo ließ es braten und holte eine Flasche vom Besten. Nach einigen Stunden wollte sich der Mann verabschieden und schien sehr besorgt.

»Jetzt«, sagte er, »ist es ein Kreuz, in das Fahrradgeschäft wieder zurückzukehren. Sie haben mir die Zuversicht geraubt.«

»Hast du Familie?«

»Nein, ich bin ledig.«

»Gut, ich nehme dich als Küster. Der frühere ist vor zwei Tagen weggegangen.«

»Aber ich kann nicht Glocken läuten.«

»Ein Mann, der Fahrräder stehlen kann, lernt es schnell.«

Der Mann schüttelte den Kopf und breitete die Arme aus.

»Verflucht seien Sie und der Tag, an dem ich Ihnen begegnet bin!« murmelte er. Und blieb und wurde Küster.
(1953)

Amalie Rother
WIE WIR IN BERLIN ANFINGEN*

Seit Frauen anfingen, sich unserm schönen Sport zuzuwenden, begann auch die Presse sich mit dem Damenfahren zu beschäftigen. Gut gemeint war wohl das meiste, was wir zu hören bekamen, aber vielfach so ohne jede Kenntnis der Damenradelei selbst und mit so vollkommener Unwissenheit über die einschlägigen Verhältnisse geschrieben, daß die guten Lehren auf die Radlerinnen oft einen ganz andern, vom Verfasser kaum beabsichtigten Eindruck machten. Versuchte man in der Fachpresse zu erwidern, so wurde man entweder gar nicht, oder bis zur Entstellung gekürzt abgedruckt oder bekam wenigstens einige mitleidige Bemerkungen mit auf den Weg. In der nächsten Nummer schlug einen dann die angegriffene hochweise Sportsautorität ganz mäuseleintot. Wollte man gar replizieren, so war die Sache »genügend erörtert«.

Das ist ja jetzt anders geworden, seit wir eigene tüchtige Organe für den Damenfahrsport besitzen. Ob es mir gelingen wird, dem reichen Stoff die rechte Form zu geben, muß ich abwarten. Eins darf ich aber den Lesern versichern: Jedes Wort der Arbeit beruht auf eigener Erfahrung und Selbsterlebtem. Radfahrerlatein ist mir verhaßt, Quellen, die ich mißverstehen könnte, habe ich nicht. Wo ich mir erlaube, einen Rat zu erteilen, hat sich das empfohlene Verfahren wenigstens für mich als praktisch erwiesen.

Die Teilnahme der Frauen an den meisten Sports ist neueren Datums. Nur den Reitsport trieben sie seit alters her. Die Reiterei hat auch nie für »unweiblich« gegolten. Aber alle anderen Sports, Turnen, Jagd, Schwimmen, Rudern, Schlittschuhlaufen blieben lange der Frau verschlossen. Nur langsam und zögernd wagten einzelne kühne Pionierinnen der allgemeinen Mißbilligung Trotz zu bieten und unbekümmert um alles Altweibergezeter zu tun, was sie für gut und richtig erkannt hatten. Meist hat es eine Reihe von Jahren gedauert, bis ein Sport eine ausreichende Zahl von Anhängerinnen fand, um als eingeführt zu erscheinen. Hier unterscheidet sich der Radfahrsport wesentlich von allen anderen Sports.

Es sind lange Jahre seit dem Auftreten des ersten Boneshakers vergangen, bis von einer wirklichen Verbreitung des Radfahrsports die Rede sein konnte. Sowie aber eine praktische Maschine, das Pneumatikniederrad, hergestellt war, stand der Radfahrsport fast mit einem Schlage auf der jetzigen Höhe. Dies trifft auch für das Radfahren der Frauen zu. Das Hochrad war naturgemäß der Frau so gut wie ganz verschlossen. Es ist von Frauen, abgesehen von Artistinnen, nur in ganz vereinzelten Fällen bestiegen worden. In München sollen Anfangs der 80er Jahre die Damen einzelner eifriger Radfahrer als Knaben verkleidet Hochrad gefahren sein. Namen habe ich nicht erfahren können. Diese Damen sind jedenfalls die ersten deutschen Fahrerinnen gewesen. In Amerika ist das Hochrad etwas mehr von Damen benutzt worden, praktische Erfolge sind auch dort nicht damit erzielt worden. Das »alte stolze Hochrad« war und blieb nun einmal ein gar zu unpraktisches Ding. Es war dem Tode geweiht, sobald ein brauchbares Niederrad hergestellt war. Solange behalfen sich die vereinzelten Damen, die durchaus radfahren wollten, mit dem Dreirade.

In Berlin dürften meine Freundin Frl. Clara Beyer und ich die ersten Damen gewesen sein, die sich dem entsetzten Volke auf dem Rade zeigten, und zwar auf Dreirad. Das war 1890. Wir ließen uns zunächst die Räder nach auswärts bringen und radelten auf stillen Waldchausseen, von den vereinzelten Passanten teils mit tugendhaftem Entsetzen, teils mit Hohngelächter und Bemerkungen unzweideutigster Art begrüßt. Dann wagten wir es, in frühester Morgendämmerung die Stadt zu durchfahren und endlich wurde auch eines schönen Nachmittags vom Blücherplatz aus gestartet. Sofort sammelten sich Hunderte von Menschen, eine Herde von Straßenjungen schickte sich zum Mitrennen an, Bemerkungen liebenswürdigster Art fielen in Haufen, kurz, die Sache war das reinste Spießrutenlaufen, so daß man sich immer wieder fragte, ob das Radfahren denn wirklich alle die Scheußlichkeiten aufwöge, denen man ausgesetzt war. Eigentümlich war dabei, daß am rüdesten und gemeinsten sich nicht die unterste Volksklasse benahm, sondern der Pöbel in Glacéhandschuhen und zur Schande meiner Landsmänninnen muß ich das leider sagen, Frauen, die ihrem Äußeren nach den besseren Ständen angehörten. »Pfui, wie gemein!« war ungefähr das Mildeste, was man von »schönen« Lippen zu hören bekam.

Ich habe eine Zeitlang die gehörten Redeblüten gesammelt. Leider ist mir die Aufzeichnung verlorengegangen. Neben ganz unflätigen Schimpfworten waren es meist praktische Ratschläge, wie wir wirtschaftlich unsere Zeit an Stelle des Radfahrens besser anwenden sollten. Das Komischste leistete eine alte Dame in Berlin W. Sie stand auf dem Bürgersteig und sah mich ankommen. Ihr Gesicht zeigte ein derartiges starres Entsetzen, daß ich unwillkürlich in langsamstes Tempo fiel und sie mir genau ansah. Während ich ganz langsam bei ihr vorbeifuhr, platzten ihr plötzlich die Worte heraus: »Das ist ja gar nicht möglich!« Und es war nicht nur möglich, es war sogar Tatsache. Heute wird sie sich wohl daran gewöhnt haben.

Auch abgesehen von den sympathischen Straßenkundgebungen hatte die Radfahrerin gesellschaftlich mit einem geradezu fanatischen Hasse zu kämpfen. Alles Verweisen auf Reiterinnen, Schlittschuhläuferinnen half nichts, Radfahren war und blieb »unweiblich«. Einen vernünftigen Grund, warum, konnte natürlich niemand angeben. Alles das war wohl geeignet, einem manch liebes Mal die Tränen in die Augen zu treiben. Aber dann, wenn man endlich draußen angelangt war und unter dem grünen Laubdach auf schöner Chaussee dahinflog, wenn die Brust sich weitete und das Herz höher schlug, dann schwor man sich wieder: Und wenn es noch neunmal toller käme, ewige Treue dem Radfahrsport! Ähnlich ist es den Radfahrerinnen wohl überall im deutschen Vaterlande ergangen, ich habe wenigstens noch nicht gehört, daß irgendwo die erste Radfahrerin mit großem Wohlwollen aufgenommen worden wäre.

Auf den Gedanken, die Kleidung der Maschine entsprechend zu ändern, das heißt in Hosen zu fahren, wären damals selbst die Kühnsten unter uns nicht geraten. Auf das Dreirad setzte man sich, weil es zur Not das Fahren im Kleide gestattete. Daß der Rover erheblich leichter und bequemer fahrbar war, sahen wir ja, aber er war uns verschlossen, weil wir ihn nicht im Kleide fahren konnten. Da wurde endlich das Damenrad konstruiert, eine Maschine, die durch Weglassung der oberen Querstange aus dem Rahmen das Fahren im Kleide gestattete. 1892 gesellte sich als dritte Berliner Fahrerin Frau Ida Caspari zu uns, und das Zweiradfahren wurde begonnen. Ich bin gewiß heute keine Freundin des ebenso häßlichen wie unpraktischen Damenrades, aber das steht fest: Ohne diese Maschine hätte das Damenfahren nie den jetzigen Aufschwung genommen, die besseren Kreise hätten sich viel schwerer zum Fahren entschlossen. Das besserte sich natürlich in dem Maße, in dem die Zahl der Fahrerinnen zunahm.

Einen ganz erheblichen Fortschritt brachte hier das erste Damenrennen im September 1893, dadurch daß zum ersten Male einem großen, zum guten Teil sportverständigen Publikum Gelegenheit geboten wurde, eine Reihe guter Fahrerinnen nebeneinander in geschmackvollen Anzügen die Maschine meistern zu sehen. Das wirkte natürlich ganz anders, als wenn man irgendwo eine einzelne Frau vom Gejohl des Pöbels verfolgt daherkommen sah. Jedenfalls war für den sportverständigen Teil des Publikums nun das Eis gebrochen. Die Radfahrer achteten uns als gleichberechtigte Kameraden und der Aufschwung begann, wenn auch zunächst noch langsam. In schnelleres Tempo geriet die Bewegung 1895, bis endlich 1896 der volle Sieg errungen war. Jetzt dürften nur noch ganz vereinzelte alte Perückenstöcke es wagen, die Radfahrerin als »unweibliches« Wesen zu bezeichnen. Im Grunewald sieht man manchmal mehr Fahrerinnen wie Fahrer.

Und das ist ganz natürlich, denn abgesehen von dem hohen Genuß, den das Fahren an sich, die schnelle, nur dem Fliegen zu vergleichende Bewegung, der Aufenthalt in der freien Gottesnatur bieten, ist der segensreiche Einfluß des Radfahrens auf Körper und Geist der Frau ganz unverkennbar. Besonders wir Großstädterinnen sind ja an sich schon mehr oder minder zum Stubenhocken verurteilt, mögen wir nun unsern Wirkungskreis als Hausfrau haben oder mögen wir einsam im Erwerbsleben stehen. Wie manche Frau lechzt nach der frischen Luft; zur Not kann sie sich ja auch täglich eine oder ein paar Stunden abmüßigen. Aber wie nun ins Freie kommen? Selbst die Equipage der alleralleroberesten Zehntausend ist nicht immer disponibel, wir equipagenlosen Frauen haben entweder stundenlange Fußwanderungen oder kostspielige, vielfach sehr unangenehme Fahrten in der überfüllten Stadtbahn, im Omnibus usw. vor uns, ehe wir draußen sind. Da unterlassen wir manchmal den Ausflug lieber ganz.

Wie anders steht da die Radfahrerin. Die Maschine ist stets gebrauchsfertig, in einer Viertel- oder Halbenstunde sind wir draußen. Ist die Zeit kurz zugemessen, so ist man ebenso schnell wieder zu Haus. Kein versäumter Zug, keine überfüllte Pferdebahn, kein Droschkenmangel mehr! Frei und unabhängig von allem andern kann man auf die Minute bestimmen, wann und wo man sein will. Das alles ist mehr der geistige Genuß des Radfahrens. Aber auch rein körperlich fühlen wir seine segensreiche Einwirkung. Welcher Kopfschmerz, welche Migräne vermag es, einer schönen Fahrt stand zu halten? Wie mundet uns das einfachste Mahl im bescheidenen Dorfwirtshause, wenn wir eine tüchtige Strecke hinter uns gebracht haben! Der Körper härtet sich ab, eine einigermaßen in Training befindliche Fahrerin kennt keine Erkältung oder sonstige weibliche Beschwerden.

Was wir am Radfahren haben, spüren wir so recht,

wenn wir es eine Zeitlang aussetzen müssen. Durch das gewöhnliche »schlechte Wetter« läßt sich ja die passionierte Fahrerin nicht zurückhalten. Scheint die Sonne, ist's gut, regnet's, ist's schließlich auch gut. Eine gewisse Wurstigkeit gegen schlechtes Wetter ist unbedingtes Erfordernis für die Tourenfahrerin. Man fährt ja natürlich weniger, bleibt auch mal zu Hause, wenn's gar zu toll aussieht, aber man setzt nicht ganz und gar aus. Eine schlechte Radlerin, die ihrem Rade einen Winterschlaf gestattet, wie ihn Igel und Murmeltier halten! Aber manchmal gibt's doch besonders im Winter Zeiten, wo das Fahren unmöglich ist. Und das empfindet man sofort körperlich und geistig schwer. So lange Eisbahn ist, ersetzt ja der Schlittschuh einigermaßen das Rad.

Aber wenn auch der versagt, kommt für die luftgewohnte Lunge, die bewegungsgewohnten Glieder eine schwere Zeit. Die junge Welt stürzt sich dann mit um so größerer Begeisterung in den Tanz. Wer aber schon Töchter hat, die selbst radfahren, für den ist das auch nichts rechtes mehr. Und selbst wenn – Tanzen und Radfahren, Ballsaal und freie Gottesnatur, welch himmelweiter Unterschied! Wie gut das Radfahren jeder von uns bekommt, zeigt schon die Tatsache, daß noch keine Radlerin es freiwillig wieder aufgegeben hat. Hier rede ich natürlich nur von solchen, die es bis zur Beherrschung des Rades gebracht haben, nicht von denen, die den Unterricht begonnen und wegen allzugroßer Ungeschicklichkeit oder auch – Trägheit – wieder ausgesetzt haben. Die sind nie Radlerinnen gewesen.

Die fertige Radlerin, die den Radfahrsport wieder aufgibt, ist ganz gewiß dazu gezwungen worden. Mir sind nur solche Fälle bekannt, in denen Fahrerinnen ohne oder gar gegen den Rat des Arztes das Fahren begonnen, forciert und dadurch bestehende Übel verschlimmert hatten. Daß wir hier noch bedeutend vorsichtiger sein müssen wie die Herren, versteht sich von selbst. Aber einen guten Rat will ich hier den angehenden Sportsjüngerinnen geben: Fragt in Radfahrangelegenheiten um ärztlichen Rat nur einen Arzt, der selbst Radfahrer ist. Selbst der allergeheimste Herr Medizinalrat, und wenn er von medizinischer Weisheit trieft, – das Radfahren und dessen Wirkungen kann er nur beurteilen, wenn er selbst Radfahrer ist. Welche Urteile der nicht radfahrende Arzt (übrigens wohl eine aussterbende Menschenklasse) unter Umständen losläßt, ist schier unglaublich. Hat doch vor noch gar nicht langer Zeit eine unserer größten Berliner Autoritäten Radfahren und Treppensteigen auf die gleiche Stufe gestellt.

Also: Fahren darf nur der, dem sein Gesundheitszustand das gestattet. Das ist aber auch die einzige Grenze. Weiter erkenne ich keine an, weder nach unten noch nach oben. Hier von der Grenze nach oben. Ältere Damen sind bis jetzt wenig auf dem Rade zu sehen. Ja, warum? Je älter man wird, je schwerfälliger stellt man sich natürlich beim Lernen an. Ich merke das leider an mir selbst. Ich bin gute Dauerfahrerin und unter allen Umständen Herrin meiner Maschine. Aber schon leichte Kunstfahrübungen, die ein junges Mädchen bequem nachmacht, bereiten mir unübersteigliche Schwierigkeiten. Daß also eine ältere Dame längere Zeit zum Lernen braucht wie ein junges Mädchen, versteht sich von selbst. Sie wird um so mehr bedacht sein müssen, einen tüchtigen Lehrer zu finden, dann geht's schon. Was allerdings unter der Firma Radfahrlehrer in der Welt herumläuft, ist oft wunderbar! Kann sie erst fahren, so bekommt es der alten Dame so gut wie der jungen. Das weiße Haar braucht niemanden zu hindern. Als die ersten weißhaarigen alten Herren auf dem Rade erschienen, sah man sich auch erstaunt nach ihnen um. Jetzt findet man das selbstverständlich. Und so kommt es mit uns auch. Hier im Grunewald ist schon jetzt eine der beliebtesten Erscheinungen eine Gruppe von drei Fahrerinnen, zwei Damen und einem kleinen Mädchen, Großmutter, Mutter und Kind. Und die alte Dame fährt trotz des Schnees auf ihrem Haupte so bravourös, daß sie manche viel jüngere in den Schatten stellt. Gewiß, für eine ältere Dame ist der Entschluß, aufs Rad zu steigen, noch schwerer wie für eine junge. In der Zukunft, wie ich sie mir denke, werden die alten Damen nicht mehr nötig haben, das Fahren zu erlernen, denn sie werden als Radfahrerinnen alt werden. Schon ich, die ich doch erst mit 25 Jahren das Fahren angefangen habe, kann mir nicht denken, daß ich je dem Rade entsagen könnte. Und die Kinder, die jetzt auf dem Rade groß werden, die noch ganz anders mit der Maschine verwachsen wie wir, die werden sie erst recht als ein unentbehrliches Werkzeug, fast als einen Teil ihres Leibes betrachten und sich nimmermehr von ihr trennen mögen.

Die Schülerin wende sich vor allen Dingen nur an einen erprobten Lehrer. Selbst ein guter Fahrer kann noch lange nicht unterrichten. Der ehrenwerte Stand der Fahrradhändler, die ja zugleich die geborenen Radfahrlehrer sind, wird mehr und mehr von allerhand zweifelhaften Existenzen überflutet. So mancher radfahrende junge Kaufmann, der Gelegenheit hat, viel mit Radfahrern zusammenzukommen, verkauft zunächst unter der Hand ein paar Maschinen, natürlich möglichst billigen Schund möglichst teuer. Er verdient dabei bequem ein hübsches Geld, manchmal in einem Tage mehr, wie sonst in einem Monat hinter dem Heringsfaß oder auf dem Kontorbock. Gelingt ihm das Geschäft öfter, so ist der Pfuschhändler fertig. Natürlich muß er nun auch unterrichten, und er unterrichtet los und wie! Die paar Dutzend blauen Flecke, die die Schülerin bei ihm mehr einheimst wie bei sachgemäßem Unterricht, sind noch nicht das Schlimmste. Balancieren lernt man zur Not auch ohne Lehrer. Aber treten! Ist ein schwerfälliger, plumper Tritt erst angewöhnt, so ist er sehr schwer wieder loszuwerden, er strengt gewaltig an und sieht – und darauf müssen wir doch noch mehr sehen wie die Herren – ganz abscheulich aus. Zum Unterrichten gehört meisterhafte Beherrschung des Rades und große Körperkraft und Ausdauer. Wer nicht von der fahrenden Maschine aus den Schüler führen kann, wird nicht viel leisten. (…)

So, nun wären die Anfangsgründe überwunden! Die

Schülerin kann auf- und absteigen, sie fährt, wenn auch noch mit etlichen Schwankungen, geradeaus, sogar das böse Umkehren ist schon einige Male ganz glatt gegangen. Es geht aus der Lehrbahn oder der abgelegenen Straße hinaus auf die Landstraße, die erste Spazierfahrt beginnt. O weh, da kommt uns ein Wagen entgegen. Ein entsetzliches Angstgefühl packt uns, der Schweiß bricht aus, die schlimmste Anfängerkrankheit, das »Wagenfieber«, ist da. Wehe dem, der jetzt dem Angstgefühl nachgibt und von der Maschine springt. Hat er das einmal getan, so wiederholt er es unfehlbar, bei jedem neuen Wagen wird die Angst größer, das Wagenfieber nimmt beängstigende Dimensionen an. Da hilft alles nichts, mutig drauf los auf das böse Hindernis. Der Lehrer ist neben dir, wenn die Schwankungen allzu stark werden, packt seine starke Hand zu und hält dich im Gleichgewicht. Und – da ist der schreckliche Wagen auch schon vorbei, beim nächsten geht's schon besser, nach acht Tagen fleißiger Übung will man kaum noch eingestehen, daß man jemals Wagenfieber gehabt hat.

Ein anderes Hindernis: der erste Berg. Du bist vielleicht schon etwas müde, aber eben ging es doch noch ganz gut! Plötzlich will die Maschine durchaus nicht mehr, sie kommt dir zentnerschwer vor, trotzdem die Chaussee ganz eben aussieht. Sie sieht aber nur eben aus, in Wirklichkeit geht es bergauf. Hier heißt es nun genau die goldene Mittelstraße halten. Mit aller Gewalt eine Steigung forcieren wollen, die die zu Gebote stehenden Kräfte nicht mehr nehmen mögen, führt besonders für die Anfängerin leicht zur Überanstrengung, ermattet nicht nur vorzeitig, sondern kann ernsthaft schädlich werden. Aber ebensowenig darf man sofort abspringen, wenn die Maschine einmal etwas kräftigeren Tritt verlangt. Wer das tut, lernt nie Berge fahren. Man darf ohne Furcht vor Überanstrengung bergauf fahren, so lange man kein Herzschlagen verspürt und noch bequem den Mund geschlossen halten kann. Gerade hier tut ständige Übung ungeheuer viel. Allerdings verlernt sich auch nichts so schnell wieder wie das Bergfahren.

Ähnlich steht es mit dem Schnellfahren. Das blitzschnelle Dahinfliegen durch eigene Kraft bietet ja besonders der Anfängerin einen wunderbaren, fast zauberischen Reiz. Wer von uns hätte sich nicht schon gefreut, wenn es ihm gelang, einige gemächlich dahintrollende Sportskameraden »abzusägen« (zu überholen) und dann vergebliche Versuche derselben, der schneidigen Fahrerin zu folgen, abzuschütteln. Aber auch hier geht's manchmal wie beim forcierten Bergfahren; einige Kilometer lang dauert die schneidige Fahrt, dann kommen Herzklopfen und Atemnot und die Sache ist alle. Die vorher Abgeschüttelten fahren mit maliziösem Lächeln vorbei. (…)

Wie sich die Dame auf dem Rade zu benehmen hat? Ein Thema, welches die Gelehrten der Fachpresse, besonders der männlichen, mit Vorliebe behandeln. Die guten Ratschläge fallen hageldicht. Ich meine: Wer das nicht von selbst weiß, der wird es auch aus Zeitungen und Büchern nicht lernen. Wer Erziehung hat, wird sie auch auf dem Rade zu zeigen wissen. Wer keine hat, der nehme sich ein Beispiel an dem, der welche hat. Das ist der einzige gute Rat, den man ihm geben kann. Albertis Komplimentierbuch, der gute Ton in allen Lebenslagen und ähnliche Werke sind mir immer sehr komisch vorgekommen; ein Komplimentierbuch für Radlerinnen halte ich für mindestens ebenso überflüssig wie gedachte Literaturwerke. (…)

Wir kommen zur Toilettenfrage, also auch zu dem immer noch heiß umstrittenen Schlachtruf: hie Rock, hie Hose! Was sollen wir tragen? Die Antwort will ich gleich vorweg geben: Beides, und zwar jedes zu seiner Zeit. Bei unserm Sport noch viel mehr, wie bei andern Sports, Reiten, Rudern, Bergsteigen, vom Schwimmen ganz abgesehen, ist praktische Kleidung durchaus erforderlich. Läßt sich praktische Brauchbarkeit und Schönheit vereinigen, gut, dann wird kein vernünftiger Mensch das Häßliche wählen. Hat man aber nur die Wahl zwischen einem praktischen, aber unansehnlichen und einem prächtigen, chiquen, aber unpraktischen Kostüm, so wird man keinen Augenblick in Zweifel sein, welches den Vorzug verdient.

Das erste, was unbedingt in die Rumpelkammer muß, ist das Korsett. Tiefes, lebhaftes Atmen, wie es das Radfahren verlangt, kann nur geschehen bei voller Ausdehnung des Brustkorbes. Wie soll der unglückliche Brustkorb sich weiten, wenn er in einem Stahlpanzer steckt! Hierüber brauche ich weiter kein Wort zu verlieren, in der Verurteilung dieses höllischen Marterinstruments sind ja die vernünftigen Frauen, Radfahrerinnen wie Nichtradfahrerinnen, sämtlich einig. Es gibt eine ganze Reihe verständiger Ersatzmittel für das Korsett; Büstenhalter, Pariser Gürtel und andere Konstruktionen gewähren dem Oberkörper, der unter gewissen Verhältnissen eines Halts bedarf, einen solchen, ohne ihn einzuschnüren.

Am freiesten und wohlsten fühlt man sich ja allerdings mit ganz unbeengtem Oberkörper. Bei mir persönlich macht es sogar einen ganz bedeutenden Unterschied in der Leistungsfähigkeit, ob ich ganz ungezwungen oder mit wenn auch noch so losem Büstenhalter fahre. In der Mode machen wir leider so vieles den Französinnen nach, das wir besser in Paris ließen. Glücklicherweise haben wir aber den sonst so liebenswürdigen französischen Fahrerinnen das Fahren im Korsett nicht nachgemacht. In dieser Richtung schafft die Pariserin das Unglaubliche. Sie verzichtet unbedingt nicht auf das Korsett. Die natürliche Folge ist, daß sie nicht viel leistet. Touren, die jede Durchschnittsfahrerin bei uns macht, erscheinen ihr schon ungeheuer. Jetzt soll hierin allerdings eine Änderung eingetreten sein, hauptsächlich infolge des vielgeschmähten Rennfahrens der Damen. Als die Fahrerinnen sahen, daß in praktischem Anzuge sich ganz andere Leistungen erzielen ließen, als Mlle. Lisette selbst Michaël eine Zeitlang standhielt, änderten doch wenigstens alle Rennfahrerinnen das Kostüm. Endlich: die eingepreßte Wespentaille verletzt schon beim Straßenkostüm ein schönheitsgewohntes Auge, um wieviel mehr erst auf dem Rade!

Abgesehen hiervon braucht die Bekleidung des Oberkörpers sich kaum vom Straßenkostüm zu unterscheiden. Einfach und bequem ist die Hauptsache, der Eindruck des Aufgeputzten wirkt auf dem Rade geradezu abstoßend. Selbstverständlich kommt es hier darauf an, was in dem Kostüm geleistet werden soll. Wer auf eine große Tour geht, wird sich anders kleiden, als wer eine Spazierfahrt im Tiergarten machen will. Immer aber wird die lose Blousenform der festen Miedertaille vorzuziehen sein.

Die Kopfbedeckung mag jeder nach Belieben wählen, große, breitkrempige Hüte verbietet natürlich der Wind. Auch wird so leicht niemand mit Blumenbeeten und Vogelkäfigen auf dem Hute erscheinen. Am kleidsamsten ist wohl der Matrosenhut (canotier), der im Sommer von Stroh, im Winter von Wachstuch getragen werden kann. Für eine größere Tour ist die Mütze mit nicht allzu kleinem, nach unten gebogenem, ja nicht waagerechtem Schirm empfehlenswert. Die Mütze hat allerdings die Schattenseite, daß sie, besonders in etwas unzivilisierten Gegenden, sehr auffällt. Ich führe deshalb auf der Tour im Gepäck immer ein leichtes Filzhütchen mit. Für Fahrten in großer Hitze ist die Idealkopfbedeckung der Tropenhelm. Er läßt nach allen Seiten kühlenden Luftzug über den Kopf streichen, schützt Augen und Nacken und dämpft den vielfach Augenschmerzen, manchmal sogar Augenerkrankungen bereitenden grellen Reflex der Sonne von der hellen Landstraße wohltuend ab. In Deutschland fällt ja der Tropenhelm auf dem Kopfe einer Frau ganz gewaltig auf, in Italien, wo notabene die meisten Fahrerinnen, denen man begegnet, Engländerinnen sind, haben ihn die immer praktischen englischen Touristinnen eingeführt. Die Damen tragen den Tropenhelm in einem kleineren Format, wie ich es in Berlin und auch in München vergebens gesucht habe. (...)

Den Strumpf wählt man natürlich der Saison gemäß stärker oder leichter. Die Farbe ist wieder rein Geschmackssache. Die lebhaften Farben in schottischen Dessins zum

Kostüm passend, sehen besonders für junge Mädchen recht hübsch aus, ich finde indes, daß der schwarze Strumpf immer am besten und vornehmsten aussieht. Jedenfalls hat er das Gute, daß er zu jedem Kostüm paßt. Allzu lebhafte gefärbte Strümpfe verführen leicht zu Übertreibungen auch im sonstigen Kostüm. Und das männliche Radfahrergigerl ist schon keine sehr sympathische Erscheinung, ins weibliche übersetzt ist es widerlich. (...)

Und nun zum Palladium der Radfahrerin, der Hose resp. dem Rock. Auf die erfahrene Radfahrerin wirkt das Gezänk »ob Rock, ob Hose« geradezu komisch. Es kommt einem ungefähr so vor, als ob plötzlich unter den Herren ein Zank ausbräche, ob Wasserstiefel oder Lackschuh vorzuziehen sei. Der Wasserstiefel für die Entenjagd, der Lackschuh für den Ballsaal. Man kann ja in Wasserstiefeln zur Not auch tanzen und in Lackschuhen zur Not auch ins Wasser gehen, beides bekommt aber wohl niemandem sonderlich gut. Nun, ebenso ist es auch mit der Hosenfrage bestellt. Ich hoffe, das soll sich aus nachstehendem ergeben.

Die Tätigkeit der Radfahrerin besteht hauptsächlich in einer ziemlich energischen Auf- und Abbewegung jedes einzelnen Beines. Ist der eine Fuß oben, so ist der andere unten. Der größte Höhenunterschied zwischen beiden Fußsohlen ist so groß, wie beide Tretkurbeln zusammen lang sind, also ca. 35-40 cm. Weder beim Bergsteigen noch beim Reiten, noch bei irgend einem andern Sport mit alleiniger Ausnahme des Schwimmens ist die Frau gezwungen, derart energische Bewegungen der Beine zu bewirken. Bei jedem andern Sport versteht es sich auch ganz von selbst, daß die Kleidung möglichst dem Zwecke angepaßt wird. Wer hat schon je die Lawn-Tennis-Spielerin im langen Schleppkleide gesehen? Hier, wo lediglich ein möglichst freies und bequemes Ausschreiten erfordert wird, genügt ja allerdings eine angemessene Verkürzung des Kleides vollkommen.

Wunderlicherweise hatte nun das Radfahren der Frauen mit einem derart zähen, fest eingewurzelten Vorurteil zu kämpfen, wie es bis jetzt keinem andern Damensport entgegengetreten war. Deshalb ist auch so lange Zeit vergangen, bis unser Geschlecht anfing, sich des Rades zu bemächtigen. Wie ich schon oben ausführte, wäre nicht eine Maschine erfunden worden, die das Fahren im langen Rock gestattete, so wären wir nie dahin gekommen, wo wir heute stehen. Und die Frauen, die zuerst im langen Kleide das Rad bestiegen, verdienen unsern Dank, denn sie haben bewiesen: man kann den Radfahrsport betreiben, ohne seiner weiblichen Würde in den Augen selbst der strengsten Kritiker auch nur das Geringste zu vergeben. Ob es allerdings dem Schönheitssinn entsprach, wenn unter dem langen Kleide ein Fuß nach dem andern sich hervorstreckte und wieder verschwand, wenn bei Gegenwind sich durch Hochfliegen der Kleider manchmal recht sonderbare Bilder zeigten, das will ich dahingestellt sein lassen.

Als nun das Tourenfahren begann, als sich herausstellte, daß das Rad ungeheure Strecken zurücklegte in Zeiten, die gar nicht so viel hinter denen der Eisenbahn zurückblieben, wollten die Frauen natürlich auch hieran teilnehmen. Und nun zeigte sich, daß selbst die besten unter uns im Kleide keine irgendwie erhebliche Leistung vollbringen konnten. Selbstverständlich! Denn die Beibehaltung des Kleides zwang zur Benutzung der Damenmaschine. Diese ist als Notbehelf unentbehrlich gewesen, um überhaupt: die Frau erst aufs Rad zu führen. Aber als Sportwerkzeug ist sie gänzlich unzulänglich. Soll sie nicht dem Zusammenbrechen bei jeder nur einigermaßen ernsthaften Anstrengung ausgesetzt sein, so muß sie sehr schwer sein, die Fahrerin also ein überflüssiges totes Gewicht mit sich schleppen.

Der schlimmste Feind des Radfahrers ist der Wind. Ob wir dem Winde einen oder zwei Quadratmeter Fläche bieten, ist selbstverständlich kein kleiner Unterschied. Und mindestens auf der Hälfte aller gefahrenen Strecken haben wir doch mit Gegenwind zu kämpfen. Bei schärferem Tempo hat man natürlich, wenn man nicht gerade mit starkem Rückenwind fährt, immer das Gefühl des Gegenwindes. Das ist schon an sich sehr lästig, und welche Fahrerin im Rocke hätte nicht bereits auf der Tour die männlichen Begleiter um ihr bequemes Kostüm beneidet. Der lange Rock hat daneben auch seine sehr gefährliche Seite. Jeder weiß, welche bösen Stürze ein plötzliches Anhalten der Pedalbewegung z. B. durch Aufschlagen auf einen übersehenen Prellstein verursacht. Trägt man aber das Kleid so lang, daß es die Füße wirklich bedeckt, so bedarf es nur eines leichten seitlichen Windstosses, und das dem Winde zugekehrte Pedal verfängt sich im Kleide. Der Sturz ist unausbleiblich, man kann sehr froh sein, wenn man mit einigen blauen Flecken davonkommt.

Es kann aber auch schlimmer kommen. In Bergländern, besonders in den Hochalpen, führen die meist ziemlich schmalen Wege häufig direkt am Abgrunde entlang. Die Kutscher denken natürlich gar nicht daran, dem Radfahrer Platz zu machen, sie bleiben an der sicheren Berglehne, gleichviel, ob man ihnen entgegenkommt oder neben ihnen vorfahren muß. Will man also nicht absitzen und beiseite treten oder im Leichenwagentempo dem voranbummelnden Kutscher folgen und dessen Staub schlucken, so muß man auf der Seite des Abgrundes bei ihm vorbei. Hakt hier das Pedal ins Kleid, so kostet es den Hals oder mindestens einige Knochen und die Maschine. Denn entweder stürzt man in den Abgrund oder in den Wagen hinein. Man stirbt ja dann allerdings in dem stolzen Bewußtsein, dem Kleide Treue bis zum Tode bewahrt zu haben, und das mag auch etwas wert sein.

Ich bin leider nicht so romantisch veranlagt und lobe mir auf der Tour meine Hose. Die Radfahrerin ist überhaupt meist ein ziemlich praktisch denkendes Wesen. Und das halte ich für keinen Fehler. Beim Dreirad ist die Gefahr ja nicht so groß, da reißt entweder das Kleid beim Verfangen des Pedals oder die Maschine steht still. Angenehm ist das natürlich auch nicht. Je mehr man das Kleid verkürzt, desto geringer wird aber die Gefahr des Verfangens der Pedale. Um sie ganz zu beseitigen, muß das Kleid allerdings so kurz

werden, daß die Pedale es überhaupt nicht mehr berühren, also ungefähr nur bis zum Knie reichen. Und ob das schöner oder dezenter aussieht als die Hose, möchte doch sehr zweifelhaft sein. Daß man unter dem Kleide, sei es nun lang oder kurz, nicht die gewöhnliche Frauenhose, sondern nur ein nach unten festgeschlossenes Beinkleid tragen kann, versteht sich von selbst.

Die Hose allein, ohne Rock, war schon früher von vereinzelten Damen getragen worden, die sich mit dem Hochrad befaßten. Nach dem Aufkommen des Niederrades lag es nahe, ein Kleidungsstück zu konstruieren, welches einigermaßen das Ansehen des Rockes hatte und zugleich die Vorteile der Hose bot. Amerika und England begannen, dann folgten Frankreich und Dänemark, endlich auch wir. Daß das Prinzip der Hose ein durchaus vernünftiges ist, dürften selbst deren erbitterte Gegner kaum bestreiten. Die Frau hat genau ebenso viel Beine, wie der Mann, sie bedient sich derselben, besonders beim Radfahren, in genau derselben Weise, sollte also doch eigentlich darauf bedacht sein, sie ebenso praktisch zu bekleiden, d. h. jedem Bein seine eigene Hülle zu geben, statt beide in eine zu stecken. Ist doch noch niemand darauf gekommen, beide Arme in ein Futteral zu stecken. Es ist nicht Sitte! Richtig! Aber warum sollte es nicht Sitte werden?

»Es sieht unweiblich, unschön und ungraziös aus.« Das ist das Hauptargument der Gegner. Ist denn das wirklich wahr? Viele Millionen von Frauen tragen die Hose schon seit Jahrtausenden, die Türkinnen, Perserinnen und andere Völker des Orients. Ich bin dort noch nicht gewesen und die vornehmen Orientalinnen, die manchmal nach Europa kommen, legen leider sofort Pariser Tracht an. Eine wirkliche Orientalin in Hose habe ich also noch nie gesehen, abgesehen von denen in Kairo auf der Berliner Gewerbeausstellung. Die waren allerdings wenig graziös. Ob sie im Schleppkleide graziöser gewesen wären? Aber im Bilde habe ich sie gesehen und lebendig verkörpert auf der Bühne. Wer hat z. B. unsere reizende Sportskameradin Frau

Sorma schon einmal eine vornehme Orientalin verkörpern gesehen und sie ungraziös gefunden? Mit dem Einwande ist es also auch nichts.

Die enge Bloomerhose der amerikanischen Emanzipationistinnen hatte wenig Aussicht, je Gnade vor den Augen des Publikums zu finden. Man vermählte sie deshalb mit dem sehr weiten bauschigen Dienstbeinkleide der französischen Zuaven, und die moderne Radfahrerinnenhose war geschaffen. So erklärte mir 1894 der liebenswürdige Herr Bouët, der Rayonchef der Abteilung für Radfahrerinnen-Kostüme im Pariser Louvre. Die Hose wurde früher noch bedeutend weiter und länger getragen wie jetzt und war, wenn man sich zu Fuße befand, kaum vom Rocke zu unterscheiden. Sie beanspruchte aber eine Menge überflüssigen Stoff, blähte im Winde unangenehm und bot nicht viel weniger Widerstandsfläche wie der Rock. Auch blieb man beim Auf- und Absitzen häufig mit den Falten am Sattel hängen. Sie wurde deshalb naturgemäß verengert und verkürzt. Die praktischste Tracht für die Tour ist eine Hose, nur wenig weiter, wie die moderne Herrenpluderhose. Natürlich geht man mit der nicht etwa am Ankunftsorte spazieren, sondern zieht hübsch den auf der Lenkstange mitgeführten Rock darüber. Das dauert bei mir höchstens eine Minute. Leider gibt es ja auch, Gott sei Dank nur wenige Radfahrerinnen, die radfahren, nur um Hosen zu tragen. Die mögen es anders machen, für die schreibe ich nicht. (...)

Eine Fahrt, die zu Hause beginnt und zu Hause endet, kann gewiß eine tüchtige Leistung sein und der Glücklichen, die ein Tourenbuch führt (jetzt bedaure ich manchmal, daß ich es nie getan habe), die Eintragung einer schönen Anzahl von Kilometern gestatten. Anders steht es natürlich, wenn man auf längere Zeit sein Heim verlassen will. Da ist zunächst eins vonnöten, ohne das sich ein genußreiches Tourenfahren unbedingt nicht denken läßt, das ist eine gewisse Bedürfnislosigkeit. Wir essen wohl alle lieber gut wie mittelmäßig oder gar schlecht, und schlafen lieber in einem guten Bette, wie auf manchmal etwas fragwürdigen Lagerstätten, wer sich aber durch derartiges kleines Ungemach die Laune verderben läßt, der ist für die Radtour nicht geschaffen. Er mag sich vom Bahnzug oder Postwagen von einem Hotel »ersten Ranges« ins andere schleppen lassen.

Ich beabsichtigte, in diesem Abschnitt eine vergleichende Zusammenstellung des Damentourenfahrens auch der Nachbarländer zu bringen, auf meine Erkundigungen habe ich indes erfahren, daß Tourenfahren, wie wir es verstehen, bis jetzt nur von deutschen Frauen gepflegt wird. Der liebenswürdige Herr Walther vom Pariser »Cycle« gab mir eine interessante Ausführung über die Gründe des Nichttourenfahrens der Französinnen, die ich im Auszuge wiedergeben will, weil sie auch auf manche deutsche Verhältnisse paßt.

Hauptsächlich sei schuld die Erziehung der französischen Frau zur Unselbständigkeit. Die Dame der höheren Gesellschaft steckt im Kloster, bis sie ehereif ist. Dann wird der Gatte für sie gesucht und sofort die Ehe geschlossen. Als Mädchen hat sie also keine Zeit zu fahren, als Frau treten sofort eine Menge gesellschaftlicher Verpflichtungen an sie heran, die eine längere Abwesenheit, wie die Tour sie verlangt, gar nicht gestatten. Man hat auch in Frankreich noch nicht vergessen, daß die ersten Fahrerinnen, die sich öffentlich zeigten, nicht immer ganz zweifellos waren, wie überhaupt Damen der hohen Aristokratie sich erst seit wenigen Jahren auf dem Rade öffentlich zeigen. Das war bei uns glücklicherweise umgekehrt. Hier hat sich die Demimonde erst seit kurzer Zeit des Rades bemächtigt. Dann aber, fährt Herr Walther fort, wird die Französin nie zu bewegen sein, sich irgendwie in derangiertem Zustand zu zeigen. Und das sei doch auf der Tour unvermeidlich. Nun, dies ist ja unter gewissen Umständen natürlich unvermeidlich. Aber dafür befindet sich ja auf der Lenkstange der zweite Anzug, eine halbe Stunde nach der Ankunft kann man sehr wohl wieder präsentabel sein. Auch duldet der Gatte nicht, daß die Frau – sich den Teint ruiniert. Und endlich der Hauptgrund: Die Französin verzichtet auch für die Reise nie auf ihr Toilettenkabinett. Dessen gesamten Inhalt schleppt sie unbedingt überall mit hin. Das geht natürlich unterwegs nicht an. Also: Haupterfordernis ist die Bedürfnislosigkeit. (...)

Trotzdem hat der vielgeschmähte Alkohol unter Umständen auch seine guten Seiten. Von all den vielgepriesenen Stärkungsmitteln, Kola usw., habe ich nie eine erhebliche Wirkung verspürt. Dagegen ist ein Schluck vom allerbesten Cognac oder Rum von geradezu zauberhafter Wirkung bei äußerster Ermüdung und Abspannung. Lange hält diese Wirkung natürlich nicht an, es ist aber auch genug, wenn man durch sie an ein sonst vielleicht nicht erreichtes Ziel kommt. (...) (1897)

Wenn irgend etwas den deutschen Charakter ändern kann, so ist es die deutsche Frau. Sie selbst ist dabei, sich sehr rasch zu verändern – fortschrittlich zu werden, wie wir sagen. Noch vor zehn Jahren hätte keine Frau, die ihren guten Ruf hütet und noch auf einen Ehemann hofft, ein Fahrrad bestiegen: Heute sausen sie zu Tausenden durch die Lande. Die alten Leute schütteln die Köpfe über sie; aber die jungen Männer, stelle ich fest, holen sie ein und fahren an ihrer Seite.

Jerome K. Jerome 1899 (Three Men on Four Wheels)

Simone de Beauvoir
ICH HATTE DEN TOD BERÜHRT*

Es war nicht weiter schwierig, ohne Gepäck, die Hände in der Tasche, die Demarkationslinie zu passieren. Sartre meinte, wir sollten unseren Urlaub in der freien Zone verbringen. Er könnte dann seine Entlassung in die Wege leiten. Vor allem aber wollte er einen Kontakt zwischen ›Socialisme et Liberté‹ und bestimmten Leuten in der anderen Zone herstellen. Lise schenkte ihm ein unredlich erworbenes Fahrrad, und er brachte es nicht übers Herz, es abzulehnen, denn dem Eigentümer wollte sie es auf keinen Fall zurückgeben.

Bost lieh uns ein Zelt und die nötige Ausrüstung. Der Paketverkehr zwischen den Zonen war erlaubt. Wir schickten Räder und Gepäck an einen Priester in Roanne, der acht Tage nach Sartres Entlassung zu Fuß geflohen war. Wir nahmen Fahrkarten nach Montceau-les-Mines. Man hatte uns die Adresse eines Cafés gegeben, wo wir einen »Grenzlotsen« finden sollten.

Der Lotse sei vor einigen Tagen verhaftet worden, sagte uns der Wirt; aber sicher könnten wir uns mit jemand anders einigen. Wir blieben den ganzen Nachmittag im Café, sahen zu, wie die Leute kamen und gingen, und hatten dabei das angenehme Gefühl, ein Abenteuer zu erleben. Gegen Abend setzte sich eine schwarzgekleidete, ungefähr vierzigjährige Frau an unseren Tisch. Für eine angemessene Entschädigung wollte sie uns heute nacht über die Felder führen. Wir riskierten nicht viel, aber für sie stand mehr auf dem Spiel; daher sah sie sich vor. Wir folgten ihr schweigend über Wiesen, durch Wälder, die nach der Frische der Nacht dufteten. Sie zerriß sich die Strümpfe an den Stacheldrahtsperren und brummelte dauernd vor sich hin. Von Zeit zu Zeit winkte sie uns, stehenzubleiben und uns nicht zu rühren. Plötzlich sagte sie uns, wir hätten die Grenzlinie überschritten, und wir liefen den Abhang hinab auf ein Dorf zu. Das Wirtshaus war voller »Grenzgänger«. Wir schliefen auf Matratzen in einem Zimmer, in dem bereits sechs Personen lagen; ein Baby brüllte. Aber was für eine Freude am nächsten Morgen, als wir bis zur Ankunft des Zuges nach Roanne auf der Straße herumschlenderten. Weil ich ein Verbot übertreten hatte, glaubte ich, die Freiheit wiedererobert zu haben.

In Roanne lasen wir in einem Café die Zeitungen der anderen Zone. Sie waren kaum besser als die unsrigen. Wir holten unser Gepäck beim Abbé P. ab. Er war nicht zu Hause. Ich brauchte lange, bis ich alles auf den Rädern verstaut hatte. Die Räder machten mir große Sorge. Es war fast unmöglich, neue Reifen zu beschaffen. Unsere waren zusammengeflickt und hatten bizarre Schwellungen; die Schläuche waren kaum besser. Als wir eben aus der Stadt heraus waren, hatte Sartres Vorderrad einen Plattfuß. Ich verstehe nicht, wie ich mich auf ein derartiges Abenteuer einlassen konnte, ohne zu wissen, wie man ein Rad flickt; aber es war nicht zu leugnen, ich konnte es nicht. Zum Glück fand sich ein Mechaniker, der mir die Kunst beibrachte, einen Reifen abzunehmen und Flicken aufzusetzen. Wir fuhren wieder los. Seit Jahren hatte Sartre keine so lange Radtour mehr gemacht, und nach vierzig Kilometern ging es ihm sehr übel. Wir übernachteten in einem Hotel. Am nächsten Morgen fuhr er ganz wacker dahin, und wir schlugen das Zelt auf einer großen Wiese vor den Toren Mâcons auf. Auch das ging mühsam, denn wir waren beide nicht besonders geschickt. Nach einigen Tagen jedoch bauten wir das Zelt im Handumdrehen auf und ab. Meist kampierten wir in der Nähe eines Dorfes oder einer Stadt, denn Sartre war am Ende dieser ländlichen Tage ganz begierig, sich wieder am Dunst der Kneipen zu laben. In Bourg meldete er sich zur Entlassung. Der Offizier stutzte, als er sein frisiertes Soldbuch sah: »Sie hätten Ihr Soldbuch nicht fälschen dürfen.« – »Sondern? Hätte ich in Deutschland bleiben sollen?« fragte Sartre. – »Ein Soldbuch, damit scherzt man nicht«, sagte der Offizier. – »Sollte ich Kriegsgefangener bleiben?« wiederholte Sartre. Der Offizier zuckte die Achseln; er wagte nicht auszusprechen, was er dachte; aber seine Miene sagte deutlich: »Warum nicht?« Immerhin stellte er Sartre die Entlassungspapiere aus.

Wir spazierten auf den roten Hügeln Lyons umher. In den Kinos liefen amerikanische Filme. Wir stürzten uns darauf. Wir fuhren durch Saint-Étienne, wo Sartre mir das ehemalige Haus seiner Eltern zeigte, und dann hinab nach Le Puy. Sartre machte viel lieber Radtouren als Fußwanderungen, deren Monotonie ihn langweilte. Beim Radfahren wechseln das Tempo und die Beanspruchung der Muskeln. Es machte ihm Spaß, bergauf zu sprinten. Ich pustete, weit abgeschlagen, hinterher. Auf ebenen Strecken radelte er so sorglos dahin, daß er ein paarmal im Straßengraben landete. »Ich dachte an etwas anderes«, sagte er dann. Wie ich liebte er die Fröhlichkeit der Abfahrten. Auch veränderte die Landschaft sich viel schneller als beim Wandern. Gerne tauschte ich dies neue Vergnügen gegen meine frühere Leidenschaft ein.

Aber für mich lag der große Unterschied zu den früheren Reisen vor allem in dem Wandel, den ich selbst durchgemacht hatte. Ich jagte nicht mehr besessen hinter einem schizophrenen Traumbild her, ich fühlte mich herrlich frei. Es war wunderbar, neben Sartre friedlich auf diesen Cevennenstraßen dahinzuradeln. Ich habe solche Angst gehabt, alles zu verlieren – seine Gegenwart und alles, was mich glücklich machte! In gewissem Sinn hatte ich auch alles verloren; und dann war mir alles wiedergegeben worden. Jetzt sah ich in jeder meiner Freuden nicht mehr eine Selbstverständlichkeit, sondern ein Geschenk. Lebhafter als in Paris empfand ich diese sorglose Distanziertheit, von der ich bereits gesprochen habe. Ein kleiner Zwischenfall brachte mir den Beweis. Bei unserer Ankunft in Le Puy ging Sartres Vorderreifen endgültig die Luft aus. Wenn wir keinen Ersatz fanden, mußten wir auf die kaum begonnene Fahrt verzichten. Sartre machte sich auf die Suche quer durch die

Stadt, und ich hütete unser Gepäck auf der Terrasse eines Cafés. Früher hätte mich der Gedanke, die Reise könnte jäh gegen meinen Willen enden, mit Wut erfüllt. Jetzt wartete ich lächelnd. Dennoch sprang mein Herz vor Freude, als ich Sartre auf einem Rad herankommen sah, dessen glänzend orangefarbener Vorderreifen fast neu schien. Er wußte selbst nicht, was den Fahrradmechaniker bewogen hatte, ihm den Mantel abzutreten. Wir waren für einige hundert Kilometer gerüstet.

Sartre hatte von Cavaillès die Adresse eines ehemaligen Studienkollegen von der École Normale erhalten, eines Résistance-Kämpfers namens Kahn. Auf engen, gewundenen Wegen kamen wir zu einem Dorf, das inmitten von Kastanienwäldern lag. Kahn verbrachte dort seine Ferien mit einer ruhigen, einnehmenden Frau und fröhlichen Kindern. Sie beherbergten ein braunbezopftes, blauäugiges Mädchen, die Tochter von Cavaillès. In einer großen Küche mit roten Fliesen nahmen wir eine schmackhafte Mahlzeit ein, dazu große Teller voll Heidelbeeren als Nachtisch. Auf dem Moos im Wald führten Sartre und Kahn eine lange Unterhaltung. Ich hörte ihnen zu, aber bei diesem Sonnenlicht, in der Nähe dieses glücklichen Hauses fiel es schwer, an die Realität der Aktion und ihrer Gefahren zu glauben. Das Lachen der Kinder, der Duft der wilden Beeren, die freundschaftliche Atmosphäre dieses Tages ließen alle Drohungen unwirklich erscheinen. Nein, trotz der Lehre aus den beiden letzten Jahren konnte ich mir nicht vorstellen, daß Kahn bald für immer von den Seinen gehen müsse, daß man den Vater des braunhaarigen Mädchens eines Morgens an die Wand stellen und erschießen würde.

Einen ganzen Tag lang, vom Oberlauf der Ardèche bis zum Rhônetal, berauschte mich die Metamorphose der Landschaft. Das Blau des Himmels wurde lichter, der Boden trockener, der Geruch des Farns ertrank im Duft des Lavendels, die Erde nahm glühende Farben an: Ocker, Rot, Violett. Die ersten Zypressen tauchten auf, die ersten Ölbäume. Mein Leben lang empfand ich die gleiche, tiefe

Erregung, wenn ich aus dem gebirgigen Herzen eines Landes zum Mittelmeerbecken kam. Auch Sartre war für die Schönheit dieser Abfahrt empfänglich. Nur unser Aufenthalt in Largentière warf einen Schatten auf diesen Tag. Ich kannte und liebte die kleine Stadt an der Grenze zwischen Mittel- und Südfrankreich. Aber die ›Légion‹ feierte ein Fest. Ein lärmender Haufen junger und alter Männer mit kokarden- und bändergeschmückten Baskenmützen auf dem Schädel trank und randalierte auf den blau-weiß-roten Straßen. Durst und Müdigkeit zwangen uns zur Rast; eine absurde Neugier ließ uns einen Augenblick verweilen.

Wir kampierten vor Montélimar. Wenn Sartre sich morgens aufs Rad schwang, dann schlief er mit offenen Augen immer noch so fest, daß er regelrecht über die Lenkstange schoß. Auf den Straßen des Tricastin verlieh der Wind uns Flügel. Man fuhr bergauf, fast ohne zu treten. Auf Nebenwegen fuhren wir nach Arles hinunter, dann nach Marseille.

In Marseille fanden wir billige, aber sehr hübsche Zimmer, die auf den Vieux Port hinausgingen. Bewegt machten wir wieder die einstigen Spaziergänge, aus der Zeit, da die Welt in Frieden gelebt hatte, aus der Zeit, da der Krieg drohte. Die Kinos auf der Cannebière spielten amerikanische Filme, und manche öffneten schon um zehn Uhr früh. Es kam vor, daß wir an einem Tag drei Vorstellungen besuchten. In *Victoire sur la mort* sahen wir Edward Robinson, James Cagney und Bette Davis. Es war wie eine Begegnung mit alten, sehr lieben Freunden. Wir sahen uns wahllos alles an, ganz der Freude hingegeben, Bilder aus Amerika zu betrachten. Die Vergangenheit ergriff wieder von uns Besitz.

Sartre traf in Marseille Daniel Mayer und sprach mit ihm über ›Socialisme et Liberté‹. Könnte er unserer Gruppe einige Richtlinien geben, Aufgaben vorschlagen? Daniel Mayer sagte, wir sollten Léon Blum einen Gratulationsbrief zu seinem Geburtstag schreiben. Sartre verließ ihn enttäuscht.

Das Essen war im Süden viel schlechter als in Paris oder

in Mittelfrankreich. Die Grundlage jeder Mahlzeit waren Tomaten, und Sartre, der sie verabscheute, hatte Versorgungsschwierigkeiten. Bei unserer Ankunft in Porquerolles waren alle Restaurants geschlossen. Wir verzehrten ein Mittagessen aus Trauben, Brot und Wein. Ich machte einen Spaziergang auf der »Route du Grand-Langoustier«, Sartre blieb im Café, um zu arbeiten. Er hatte ein Atriden-Drama in Angriff genommen. Beinah jedes neue Werk formte sich bei ihm zunächst in mythischer Gestalt, und ich dachte, er werde Elektra, Orest und ihre Sippe wohl bald aus seinem Stück hinauswerfen.

Sartre hatte auch André Gide auf seine Liste gesetzt und neben seinen Namen eine unleserliche Adresse gekritzelt: Caloris? Valoris? Wahrscheinlich Vallauris. Wir fuhren hin, an der Mittelmeerküste entlang – eine herrliche Fahrt. Wir gingen zum Rathaus und fragten nach der Adresse André Gides. »Monsieur Gide, der Fotograf?« erkundigte sich der Beamte. Einen anderen kannte er nicht. Ich studierte wieder die unleserliche Adresse, ich suchte auf der Karte nach einem ähnlich lautenden Ort, und mir ging ein Licht auf: Cabris. Wir keuchten unter sengender Glut die schmale, steile Straße hinauf, und von oben sahen wir, wie die Olivenhaine terrassenförmig zum Blau des Meeres abfielen, mit der gleichen, ein wenig feierlichen Anmut wie zwischen Delphi und Itea. Wir aßen unter den Weinranken einer Schenke. Dann ging Sartre zum Hause Gides und läutete. Die Tür öffnete sich, und mit einem Schock des Erstaunens sah er Gides Gesicht, das jedoch auf dem Körper eines Mädchens saß. Es war Catharine Gide, und sie erklärte Sartre, daß ihr Vater von Cabris nach Grasse übersiedelt sei. Wir fuhren dorthin zurück, und bei unserer Ankunft ging einem meiner Reifen die Luft aus. In der Nähe eines Brunnens machte ich mich an die Reparatur. Gerade als Sartre zu Gides Hotel fahren wollte, sah er ihn vor sich gehen, und als er sich auf gleicher Höhe mit ihm befand, bremste er heftig mit dem Fuß auf dem Randstein; es hörte sich an wie zerreißender Stoff. »Na, na«, sagte Gide und machte eine beschwichtigende Handbewegung. Sie gingen in ein Café. Sartre erzählte mir, Gide habe mißtrauisch die anderen Gäste beobachtet und dreimal den Platz gewechselt. Er sehe nicht recht, was man unternehmen könne. »Ich werde mit Herbard sprechen«, hatte er mit einer vagen Geste gesagt. »Herbard, vielleicht...« Sartre teilte ihm mit, daß er für den nächsten Tag eine Verabredung mit Malraux habe. »Nun«, sagte Gide beim Abschied, »ich wünsche Ihnen einen *guten* Malraux.«

Malraux empfing Sartre in einer schönen Villa in Saint-Jean-Cap-Ferrat, wo er mit Josette Clotis lebte. Zu Mittag gab es ein auf amerikanische Art gegrilltes Hühnchen mit reichen Beilagen. Malraux hörte Sartre höflich an, meinte aber, daß man im Augenblick keine wirkungsvolle Aktion starten könne; die russischen Tanks, die amerikanischen Flugzeuge müßten den Krieg gewinnen.

Von Nizza aus fuhren wir die Alpenstraße über den Col d'Allos zurück. An einem schönen sonnigen Morgen machten wir uns auf den Weg nach Grenoble zu Colette Audry. Wir aßen auf einem Paß, und ich trank Weißwein, nicht viel, aber bei dieser Hitze stieg er mir trotzdem zu Kopf. Wir brausten das Gefälle hinab; Sartre war mir ungefähr zwanzig Meter voraus. Plötzlich kamen mir zwei Radfahrer entgegen, die sich gleich mir in der Mitte der Fahrbahn hielten, vielleicht sogar ein wenig links. Um an ihnen vorbeizukommen, scherte ich nach der freien Seite aus, während sie beflissen rechts heranfuhren. Wir kamen direkt aufeinander zu. Meine Bremsen sprachen kaum an, halten konnte ich nicht. Ich wich noch weiter nach links aus und kam auf dem Kies des Straßenrandes ins Schleudern, einige Zentimeter vom Abgrund. Wie ein Blitz zuckte es mir durch den Kopf: »Natürlich! Man weicht rechts aus!« und dann: »Das ist also der Tod!« Und ich starb. Als ich die Augen wieder öffnete, stand ich aufrecht. Sartre hatte mich an einem Arm untergefaßt; ich erkannte ihn, aber in meinem Kopf war Nacht. Wir gingen zurück bis zu einem Haus, wo man mir ein Glas Schnaps gab. Jemand wusch mir das Gesicht, während Sartre ins Dorf radelte, um einen Arzt zu holen. Der wollte jedoch nicht kommen. Als Sartre zurückkam, war ich wieder einigermaßen bei mir. Ich erinnerte mich, wir waren auf Reisen, wir wollten Colette Audry besuchen. Sartre schlug vor, wieder auf die Räder zu steigen. Wir hätten nur noch fünfzehn Kilometer zu fahren, und es gehe bergab. Aber ich hatte den Eindruck, daß alle Zellen meines Körpers gegeneinanderstießen, ich konnte nicht einmal daran denken, wieder auf den Sattel zu steigen. Wir fuhren mit einer kleinen Zahnradbahn. Die Leute um mich glotzten mich erschreckt an. Als ich an Colette Audrys Tür läutete, stieß sie einen kleinen Schrei aus, ohne mich zu erkennen. Ich schaute in einen Spiegel. Ich hatte einen Zahn verloren, ein Auge war geschlossen, mein Gesicht auf das Doppelte angeschwollen und die Haut abgeschürft. Es war mir unmöglich, eine Traube zwischen die geschwollenen Lippen zu schieben. Ich legte mich ohne Abendessen schlafen und hatte kaum noch Hoffnung, daß mein Gesicht je wieder normal würde.

Am Morgen sah ich genauso scheußlich aus wie am vergangenen Abend. Ich hatte den Mut, mich wieder aufs Rad zu setzen. Es war Sonntag, und die Straße nach Chambéry wimmelte von Radfahrern. Die meisten pfiffen, wenn sie an mir vorbeifuhren, oder sie lachten schallend. An den folgenden Tagen richteten sich immer alle Blicke auf mich, wenn ich einen Laden betrat. Eine Frau fragte mich angstvoll: »Ein… ein Unfall?« Noch lange danach bedauerte ich, ihr nicht geantwortet zu haben: Nein ich bin so zur Welt gekommen. Eines Nachmittags war ich Sartre vorausgefahren, und wartete an einer Straßenkreuzung auf ihn. Ein Mann, der auch dort stand, schüttete sich schier aus vor Lachen und rief mir zu: »Und du wartest noch auf ihn, so wie der dich zugerichtet hat!«

Auf den Straßen des Jura kündigte sich der Herbst an. Als wir am Morgen das Hotel verließen, hüllte ein weißer Dunst das Land ein, aus dem bereits ein Geruch nach welkem Laub aufstieg. Allmählich zerriß die Sonne den Dunst, er zerfaserte, die Wärme durchdrang uns, ich fühlte das Glück der Kindertage auf meiner Haut. Eines Abends machte sich Sartre an einem Wirtshaustisch wieder an sein Stück. Nein, er verzichtete nicht auf die Atriden; er hatte herausgefunden, wie er ihre Geschichte verwenden konnte, um die moralische Ordnung anzugreifen, um nein zu sagen zu den Schuldgefühlen, die Vichy und Deutschland uns oktroyieren wollten, um von der Freiheit zu sprechen. Bei der Niederschrift des ersten Aktes ließ er sich von der Stadt auf Santorin inspirieren, die damals einen so schauerlichen ersten Eindruck auf uns gemacht hatte: Emborio, seine blinden Mauern, die sengende Sonne.

Colette hatte uns ein Dorf in der Nähe von Châlons genannt, wo man leicht »hinüber« kam. Ich weiß nicht mehr, wie viele wir am Morgen waren, die offensichtlich in der gleichen Absicht die Hauptstraße auf und ab gingen. Am Nachmittag fanden wir uns zu zwanzig, alle auf Fahrrädern, um einen Grenzlotsen versammelt. Ich erkannte ein Paar, das ich oft im »Flore« gesehen hatte: ein schöner, blonder junger Mann mit flaumigem goldenem Bart und ein hübsches, ebenfalls blondes Mädchen, eine Tschechin. Auf schmalen Pfaden quer durch den Wald gelangten wir zu einer stacheldrahtgesäumten Straße. Wir krochen unter dem Draht durch und zerstreuten uns so schnell wie möglich. Ich nehme an, daß die deutschen Wachtposten mit den Lotsen unter einer Decke steckten, denn unser Führer hatte keinerlei Vorsichtsmaßnahmen getroffen.

Ich fand Burgund sehr schön mit seinen herbstlich bunt gefärbten Weinbergen. Wir hatten keinen Sou mehr in der Tasche. Der Hunger zwackte uns bis Auxerre, wo eine Geldanweisung auf uns wartete. Kaum hatten wir sie eingelöst, stürzten wir in ein Restaurant. Wir mußten froh sein, einen Teller Spinat zu bekommen. Wir fuhren mit der Bahn nach Paris zurück.

Ich hatte glückliche Wochen verlebt. Und ich hatte eine Erfahrung gemacht, die noch Jahre in mir nachwirken sollte: ich hatte den Tod berührt. Angesichts des Schreckens, den er mir stets eingeflößt hatte, bedeutete es sehr viel für mich, ihn aus solcher Nähe gesehen zu haben. Ich sagte mir: Ich hätte nicht mehr aufwachen können, und plötzlich erschien das Sterben unfaßlich leicht. Ich habe dabei an mir erfahren, was ich früher bei Lukrez gelesen hatte, was ich bereits wußte: der Tod ist genaugenommen nichts. Ist man tot, kann man den Tod nicht erleiden. Ich glaubte mich endgültig von meinen Ängsten befreit. (1960)

Ich habe viele Pianos an jung verheiratete Paare verkauft. Manchmal haben sie es auf Raten gekauft. Oft hatten sie genug gespart, um es auf die Hand zu bezahlen. Das war eine gute Einnahmequelle für den Pianoverkäufer. Und was ist jetzt, nachdem das Fahrrad in die Volksgunst kam? Nun, die jungen Leute, die sonst auf ein Piano sparten, sparen für zwei Fahrräder. Zwei Fahrräder können zum Preis eines Pianos angeschafft werden.
Leserbrief eines Klavierhändlers 1895 im Minneapolis Tribune

Jerome K. Jerome
DIE NEUE FRAU*

Ich traf Moore am Dienstag auf der Pall-Mall und fragte ihn, wie es seiner Frau gehe. Er äußerte, er wisse das nicht, er habe sie seit zehn Tagen nicht mehr gesehen.

»Meine Güte!« sagte ich, »und Sie waren doch wie die Turteltäubchen miteinander. Ist denn nichts mehr zu machen?«

»Nichts!« ächzte er. Ich ging ein Stück Wegs mit ihm und überlegte, was ich ihm raten sollte.

»Wissen Sie, wo sie jetzt ist?«, fragte ich.

»Ich bin mir nicht sicher«, antwortete er, »aber ich nehme an« – hier zog er seine Uhr hervor und betrachtete sie; es war fünf Minuten nach elf – »ich nehme an, daß sie im Battersea-Park ist.«

»Das ist nicht weit von hier«, sagte ich, »warum gehen Sie nicht hin und holen sie zurück?«

»Das würde nichts nützen«, argumentierte er, »sie würde nicht mitkommen.«

Ich schaute ihn scharf an. Allmählich begann ich zu befürchten, daß er nicht alle Tassen im Schrank hätte. Sein bleiches, aber gefaßtes Gesicht widerlegte jedoch meinen Verdacht, also redete ich ihm freundlich zu.

»Warum gehen Sie nicht hin«, drängte ich, »und sehen zu, was sich machen läßt? Schließlich sind Sie erst achtzehn Monate verheiratet. Sie kann doch nicht ganz aufgehört haben, sich um Sie zu kümmern.«

»Hab's schon versucht«, antwortete er, »ich bin ihr meilenweit nachgegangen. Verlangen Sie das nicht noch einmal von mir; ich halte es nicht aus.«

Die *Neue* Frau ist schwer zu ergründen. Man muß auf alles gefaßt sein. Ich könnte ja verstehen, daß sie nach ein paar Monaten Heiratsflitter einem liebend Ehegatten davongelaufen wäre, aber warum ausgerechnet in den Battersea-Park! Als Zuflucht für eine enttäuschte Frau schien dies nicht der geeignete Ort zu sein. Langsam machte mich der Vorfall neugierig.

»Was hat sie dort gemacht?« fragte ich.

Die ganze Erscheinung des Mannes war von Emotionen aufgewühlt. »Sie ist da«, antwortete er heiser, »mit einem Mann namens McGunnis. Sie bewegen sich langsam hin und zurück, mit den Armen um die Hüfte gelegt. In Momenten tiefer Gefühle schlingt sie ihre Arme um seinen Hals und ruft ihm vor allen Leuten zu, er solle sie nicht verlassen. Dann umfängt er sie mit seinen Armen und tröstet sie mit sanften, beruhigenden Worten.«

Wir waren vor dem Reform-Club angelangt. Moore suchte an der Stuck-Balustrade Halt.

»Und es ist gar nicht immer McGunnis«, sprach er weiter, »montags und freitags ist es ein Mann namens Stendall. Er ist verheiratet und hat acht Kinder; doch ihr ist alles recht. Diese Sache unterminiert das Frauenbild der Nation.«

Ich begann die Angelegenheit zu verstehen; Moore betrachtet das Leben von der ernsten Seite.

»Ach was«, sagte ich, »Sie müssen damit fertig werden; alle tun es.«

»Ich weiß, daß es alle tun«, antwortete er wütend, »wird es dadurch etwa besser? Tante Jane tut's auch – kennen Sie Tante Jane?«

Ich bejahte. Aber ich muß gestehen, daß es mich überraschte, daß seine Tante Jane es tat. Sie ist eine massive ältere Dame mit ausgesprochen puritanischen Ansichten. Sie ist eigentlich nicht die Person, von der ich mir vorstellen könnte, daß sie da mitmacht.

»Sie geht spätabends mit einem Kerl namens Hockey aus«, sagte Moore. »Sie könnte seine Mutter sein. Sie suchen sich die allerdunkelsten Wege aus. Natürlich haben sie eine Lampe mit, aber die hat nur eine halbe Kerzenstärke, und alles Licht strahlt von ihnen weg. Es ist unmöglich zu erkennen, was dahinter vorgeht. Ich finde das schändlich!«

Ich bugsierte ihn in den Club und bestellte ihm einen Brandy mit Soda. Er vertraute mir an, daß er seit vierzehn Tagen vier Paar Hosen vermisse.

»Sie tragen sie unter ihren Röcken«, erklärte er; »aber das ist nur zur Übung. Sie werden sich meiner Worte erinnern, es wird kommen der Tag, an dem sie sie öffentlich tragen. Ich sage Ihnen, diese Sache geht gegen die Religion.« Er zog seinen Stuhl näher heran und flüsterte mir ins Ohr –

»Können Sie sich Tante Jane in Knickerbockern vorstellen?«

»Sie hat kaum die Figur dazu«, antwortete ich.

»Kaum!« schrie er. »Was denken Sie wohl, was sie noch alles vorhat? Sie trägt die bereits zu Hause, um sich daran zu gewöhnen, und wenn die Vorsehung nicht gnädig dazwischenfährt und sie klammheimlich in einer stillen Straße abmurkst – worauf ich noch gewisse Hoffnungen hege – werden Sie sie darin im Hyde-Park fahren sehen!«

Ich versuchte, ihn scherzhaft zu einer leichteren Sicht der Dinge zu bekehren, doch ohne Erfolg. Draußen vor der Treppe des Clubs stand ein Damenfahrrad an einem Pfosten aufgebockt. Ich ließ ihn davor stehen, während er es leise streichelte. Seine Gesicht sprach Bände, und das Fahrrad – es handelte sich um ein armseliges Ding – wirkte auf mich irgendwie beschämt.

Am nächsten Mittag traf ich Klein-Rogers von *The Standard* mit einem blauen Auge. Da die Kricketsaison noch nicht begonnen hatte, fühlte ich mich berechtigt, nach einer Erklärung zu fragen.

»Ich habe dieser Frau das Radfahren beigebracht«, sagte er.

»Aber wieso traf sie Dich dabei am Auge?« fragte ich; »Du führtest doch nur Gutes im Schilde, nicht wahr?«

»Sie tat es mit dem Fahrrad«, sagte er.

»Ja, es sieht schlimm aus«, antwortete ich, »wirst Du sie verklagen?«

»Aber nein«, antwortete er gütig, »es war ein echter Unfall. Es war in Wirklichkeit mein Fehler. Ich fiel hin, und sie fuhr über mich weg.«

»Scheint eine richtige Könnerin zu sein«, sagte ich.

»Ja wirklich«, stimmte er ein, »sie macht nette Fortschritte. Sie ist bald fertig.«

»Na, wenn mal du nicht vorher fertig bist«, setzte ich ihm zu, »scheint ja eine gefährliche Dienstleistung zu sein«.

»Ja, es ist eine kitzlige Arbeit,« stimmte er zu, »aber ich werde vorsichtiger. Die große Kunst ist es,« so erklärte er, »dazusein, wenn man willkommen ist, und nicht dazusein, wenn man unerwünscht ist – verstehst Du?«

Ich sagte, ich denke ja, und verließ ihn.

Offenbar lernt jede Frau in London, Fahrrad zu fahren. Die Straßen und Parks hallen von den Schreien wieder: »Ich fahr, ich fahr, halten Sie mich fest!« – »Sie sind in Sicherheit, ich hab Sie.« – »Oh, lassen Sie mich nicht los, ich kann nicht.« – »Doch, Sie können, auf den Randstein achten. Nicht auf die Füße schauen, Sie können nicht fallen.« – »Meine Güte, was ist passiert?« – »Alles in Ordnung.« – »Da sind Sie ja, zum Glück!« – »Och, machen Sie sich nichts draus, Sie werden sich dran gewöhnen. Springen Sie auf.«

Unter die Frauen mengen sich viele mittelalterliche und ältere Herren, kurzatmig, doch mit den besten Absichten. Nach Umfragen, die ich angestellt habe, kann eine Person das Fahrrad im Mittel innerhalb sechs Monaten erlernen, vorausgesetzt, daß kein Tag ausgelassen wird. Die Lektionen dauern etwa eine halbe Stunde, und das Honorar beläuft sich von einer halben Krone bis zu fünf Schillingen. Tatsächlich habe ich ernsthaft vor, Literatur und Journalismus aufzugeben und Radfahrlehrer zu werden. Ich kalkuliere, daß ich über Schul- und Trinkgelder – und man berichtet mir, daß gutaussehende junge Männer mit angenehmen Manieren und Flirt-Begabung den Löwenanteil durch Trinkgelder einnehmen – und den Verleih von fünf-Pfund-teuren Maschinen zu drei Schilling die Stunde an den englischen Adel mir ein Einkommen von dreißig- bis vierzigtausend im Jahr sichern kann. Mit dem Arm um die

Hüfte eines hübschen Mädchens durch einen Park spazierenzulaufen, dürfte meine natürliche Berufung sein. Das Geschäft wäre weniger aufreibend als meine gegenwärtige Anstellung. Das einzige, was ich vermissen würde, wäre die Kritik. Wenn ich das nächste Mal schreibe, werde ich meinen Brief vermutlich mit dem Absender »Radfahrschule von Heute« oder vom Büro des »Müßiggänger-Fahrradklubs für junge Damen« versehen.

Zu unserer Zeit, als ich radfahren lernte, wurden höchstens drei Lektionen für einen Möchtegern-Radler als notwendig erachtet. Das Fahrrad – eine gedrückt wirkende Maschine, verliehen für Sixpence die erste Stunde und Threepence jede folgende – wurde im Triumph aus seinem Schuppen geführt. Man krabbelte hinauf und dann – Tom auf der einen Seite und Dick auf der anderen – schoben sie einen sanft zum Gipfel des Hügels hinan. Unsere Lehrer versicherten uns keineswegs, daß sie nicht loslassen würden, daß sie uns gegen alle Gefahren aufrecht halten oder uns sicher halten würden. Sie sagten –

»Jetzt geben wir Dir einen Schubs, also paß auf«, und das taten sie dann und den Hang runter raste man und schrie »Ich schlag Dir den Schädel ein, Tommy Steggles, wenn ich Dich kriege.« oder »Na warte, Dickey Jones, das wirst Du bereuen.« Aber die einzige Antwort, die wir erhielten, war ein schnell verklingendes Gelächter, unterlegt mit ermutigenden Zurufen wie »Macht los, ihr Beine! Habt ihr etwas Heftpflaster dabei?«

Am Fuß des Hügels lag Gras, auf das ein Herr vergleichsweise leicht und komfortabel fallen konnte, und in einiger Entfernung ein einsamer Haufen Steine. Man könnte sich vorstellen, daß es für einen unerfahrenen Fahrer einigermaßen schwierig war, direkt zu diesen Steinen zu gelangen. Doch in einigen von denen müssen sich Magnete befunden haben, oder es muß zwischen ihnen und dem Fahrrad eine geheime Absprache gegeben haben. Im ersten Augenblick sah es so aus, als ob der Fahrer an ihnen vorbeikommen könnte. Doch die Steine riefen ihm dann zu: »Hierher, bitte, Du mußt herkommen. Besser, Du bringst es hinter Dich.« Und dann mit einer raschen und gekonnten Wendung raste er gewöhnlich mitten in sie hinein.

Aber, wie gesagt, am dritten Morgen konnte er fahren.(1895)

Shaw und ich hatten einen Fahrradunfall, der – so war meine erste Befürchtung – seine Karriere vorzeitig beenden hätte können. Er war noch dabei, fahren zu lernen, und fuhr mit solcher Gewalt in meine Maschine, daß er durch die Luft geschleudert wurde und sechs Meter entfernt auf dem Rücken landete. Doch er rappelte sich vollkommen unverletzt auf und fuhr weiter, während mein Fahrrad verbogen war, so daß ich mit dem Zug heimfahren mußte. Es handelte sich um einen Bummelzug, und bei jedem Halt kam Shaw auf den Bahnsteig, steckte seinen Kopf ins Abteil herein und lästerte. Ich vermute, daß er den ganzen Vorfall für den Beweis der Vorteile des Vegetarismus hielt.
  Bertrand Russell 1956 in ›Portraits from Memory‹

T. Maxwell Witham
WIE ICH IN DEN 1860ERN DEN KNOCHEN-SCHÜTTLER MEISTERTE

Ungefähr um das Jahr 1866 schrieb mir ein Vetter, der in Paris lebte, von einem wunderbaren neuen Veloziped und versuchte, es mir zu erklären; aber ich konnte die Maschine nicht verstehen und dachte, er würde phantasieren, indem er schrieb, daß sie aus zwei Rädern, eins hinter dem andern, bestünde und daß der Fahrer auf einem Sattel säße, der an einer Feder oberhalb der beiden Räder befestigt sei, und dabei die Maschine antreibe, indem er mit den Füßen Kurbeln herumwirbele, die am Vorderrad angebracht seien. Ich fragte mich, wie irgend jemand auf einer derartigen Maschine seine Positur beibehalten könne, und tilgte den Gedanken als völlig absurd aus meinem Gedächtnis.

Geraume Zeit später, etwa 1868, traf ich einen Freund auf dem Weg zu Charles Spencers Gymnasium in der Old Street, St. Luke's, London. Er wollte ein neues Veloziped anschauen, das kürzlich aus Paris gekommen sei und das in der Turnhalle ausprobiert werde. Und welch komischer Anblick bot sich uns! Etwa ein halbes Dutzend Männer lernte fahren – offensichtlich bestand der Vorgang darin, entweder ineinander zu fahren oder in einen unentwirrbaren Haufen von Armen, Beinen und Rädern zu kollabieren oder schnurstracks gegen die Wand zu rumpeln. Einige, die schon ein paar Yards weit fahren konnten, lernten das Aufsteigen, und da die frühen Velozipede keine Fußraste besaßen, wurde dies erreicht, indem man die Handgriffe packte, neben der Maschine herrannte und sich auf den Sattel schwang. Zumindest war dies das Ziel, aber die Furchtsamen gaben sich nicht genügend Schwung, und wenn sie nicht mit den Knien gegen die Feder stießen und zu Fall kamen, so landeten sie nicht etwa auf dem Sattel, sondern weiter hinten auf der Feder, auf der ja der Sattel befestigt war. Die Kühnen sprangen zu heftig und landeten vor dem Sattel auf der Feder oder gar auf dem Lenker selbst. Die Glücklichen, die auf dem Sattel landeten, tasteten hektisch nach den Pedalen, auf die zu kommen ihnen meist nicht gelang, und fielen seitlich um – mit einem entsetzlichen Poltern.

Ja, diese Turnhalle war ein höchst amüsanter Platz für Zuschauer. Ich nahm dort jeden Tag teil, durchlief dasselbe Procedere wie die andern und nach einer Woche konnte ich – wenn auch mit blauen Flecken übersät und wund an jedem Gelenk – hin und wider im Sattel landen und durch den Raum schlingern. Dies reichte, meinen Ehrgeiz zu wecken, und sogleich schrieb ich meinem Vetter nach Paris, er solle mir eine Michaux-Maschine zusenden. Die traf auch richtig ein, ganz Herrlichkeit und Leichtigkeit (sie wog nur etwa sechzig Kilogramm!). Ich packte sie aus und nahm sie zum Ausprobieren auf die Straße, entschied mich aber, sie ein Stück zu schieben, bis ich an eine leicht abschüssige Stelle kam, wo das Aufsteigen leichter vonstatten gehen sollte. Die außerordentliche Erscheinung der Maschine, dergleichen man nie zuvor gesehen hatte, zog eine Gruppe kleiner Jungen an, nach deren übereinstimmender Ansicht ich ein Beamter zur Straßenvermessung war, aber als ich meinen Abhang gefunden, nach dem Sprung glücklich im Sattel gelandet und dann die ganze Straße bergab geschlingert war, entrang sich meiner Gefolgschaft ein Schrei der Bewunderung.

Die Art, wie ich die Lenkergriffe hielt, im Verein mit den schrecklichen Stößen, die ich von dem Eisenreifen auf dem schlechterhaltenen Makadam der Edgware Road erhielt – so ganz anders als meine bisherige Erfahrung auf einem parkettierten Boden, lähmte meine Arme, und nach einer halben Meile mußte ich anhalten und mich erholen. Ich hatte einem Freund gesagt, daß ich durch die Mautstelle fahren würde, die damals in der Edgware Road gegenüber der Einfahrt in den West End Lane existierte, und wenig später kam er dort an und fragte den Mauteinnehmer:

»Haben Sie einen Herrn, der eine komisch-aussehende Maschine fuhr, durch das Tor gehen sehen?«

»Ja«, antwortete er, »ein Herr, der anscheinend auf zwei Halbkronenstücken ritt, ging vor einer halben Stunde durch das Tor.« – »Haben Sie für diese Maschine irgendeine Maut berechnet?« – »Nein, hab ich nicht, denn sie hatte kein Blut in den Adern«.

Wochenlang kämpfte ich mich durch, erwarb jeden Tag neue Fertigkeiten und hielt die Lenkergriffe weniger fest – tatsächlich konnte ich auf einer ebenen Straße bald fahren, ohne überhaupt die Lenkergriffe zu halten, doch die Erschütterungen und Stöße waren entsetzlich, und meine gewohnte Fahrt nach Barnet und zurück erschöpfte mich total. Es gab noch mehr Enthusiasten für die neue Maschine, überwiegend Schlittschuhklub-Mitglieder, und wir vereinten uns zu einem der ersten – wenn nicht gar dem ersten – Amateur-Veloziped-Klub. So wenige waren die Radmänner in jenen Tagen, daß ich angesichts einer Spur auf der Barnet Road anhand des Ausmaßes an Schlingern erkennen konnte, zu wem sie gehörte.

Ein Mitarbeiter der Firma Smith, Parfrey & Co., Pimlico Wheel Works, hatte Kenntnis von meiner Radbegeisterung und erzählte mir, daß der junge Herr Parfrey auf sein Veloziped einen Gummireif montiert hatte, und ich ging, es mir anzuschauen. Sein Aussehen schreckte mich ab. Der Gummireif war eineinhalb Zoll dick und mit Messingschellen befestigt. Vor Jahren hatte Parfrey ein Patent auf diese Reifen für Invalidenfahrstühle genommen, doch sie waren zu teuer, und das Patent wurde fallengelassen. Der Reif hatte eine mittige Bohrung, durch die ein Drahtring vom gleichen Durchmesser wie das Rad lief, doch der Vollgummi selbst war etwa einen Fuß länger als der Drahtring. Diese Extralänge wurde auf dem Draht zusammengeschoben, der dann zusammengehängt wurde, wodurch der Vollgummi beträchtlich zusammengestaucht und somit äußerst elastisch und widerstandsfähig gegen Einschnitte durch Steine usw. wurde.

Herr Parfrey forderte mich auf, die Maschine zu besteigen und zu fahren. Das tat ich und fühlte mich wie im siebten Himmel. Ich fuhr sanft und geräuschlos über den Makadam der Buckingham Palace Road, und bei der Rückkehr zu den Werken nach einer halben Meile Fahrt war meine erste Frage, wie lange es dauern würde, meine Maschine mit ähnlichen Reifen umzurüsten. Eine Woche später ging ich nach Pimlico und fuhr meine Maschine mit den neuen Reifen nach Hause. Ich erinnere mich, daß ich an einer Biegung herabfiel, wo die Straße ölig war und der Gummireif seitwärts glitt, lernte jedoch das Ausrutschen zu vermeiden, indem ich die Maschine aufrecht hielt. Zu Hause angekommen machte ich meine gewohnte Tour nach Barnet und zurück. Statt mich erledigt zu fühlen, kam ich diesmal so frisch wie bei der Abfahrt zurück, und dies forderte mich heraus, einen kurzen steilen Hang von der Finchley Road zum Belsize Park hinaufzufahren, der mich früher immer besiegt hatte, doch jetzt schaffte ich ihn zu meiner Freude mit Leichtigkeit.

Zu dieser Zeit hatten zwei Mitglieder des Amateur-Veloziped-Klubs, Dr. King und Herr Custance, Vorkehrungen getroffen, ihre Velozipede nach Edinburgh aufzugeben und auf ihnen dann nach Hause zu fahren. Vor lauter neu errungenem Wissen über den fabelhaften neuen Reif überredete ich sie zu kommen und meine Maschine auszuprobieren, worauf sie ihre Reise aufschoben, bis Herr Parfrey ihre Maschinen mit Vollgummireifen versehen hatte. Sie waren vermutlich die ersten Menschen, die von Edinburgh nach London radelten, und hatten viel Spaß, denn ihre leise laufenden Maschinen erregten das größte Interesse und Erstaunen.

In jenen Tagen war für den Velozipedisten das größte Ärgernis der Schlagbaum. Maut wurde zwar gewöhnlich nicht verlangt, aber der hochmütige Mauteinnehmer weigerte sich häufig, den Schlagbaum anzuheben, so daß man absteigen und ihn selbst anheben mußte – was weder der Selbstachtung noch der guten Laune zuträglich war. Und dann mußte man immer wieder auf der Hut sein, wenn man Pferden begegnete. Die Pferdehalter sahen die Velocipedisten als ihre Feinde an, die kein Recht hatten, die Straße zu benutzen, und wenn ein Pferd scheute, was gewöhnlich der Fall war, wurde der Velozipedist mit den unflätigsten Ausdrücken beschimpft. Welch einen Wandel hat die Zeit bewirkt! Für jedes Pferd und Fuhrwerk, das ich letzten Sonntag sah, begegnete ich fünfzig Radfahrern! (1896)

Ring Lardners Wöchentlicher Brief
EIN KÖNIGREICH FÜR EIN PFERD,
ABER EIN FAHRRAD WÄRE RING LIEBER*

An den Chefredakteur:

Diese Woche gab es eine große Diskussion in der ganzen Nachbarschaft, die von den Eltern eines Jungen losgetreten wurde, weil sie sich überlegten, ob sie ihm zum Geburtstag ein Pferd oder ein Fahrrad schenken sollten, nachdem dies die 2 Artikel waren, die er als Wunsch genannt hatte, aber die Eltern sich nicht beides zu schenken leisten konnten. Sie befragten nun alle Eltern der Umgebung, wovon es anscheinend eine große Anzahl gibt, und die Meinungen verteilten sich in etwa gleichmäßig, wobei die meisten Mütter sich zugunsten des Pferds erklärten und die meisten Väter das Fahrrad wählten. Dies beweist, was ich schon immer behauptet habe: Mädchen bleiben Mädchen.

Die von den Pferdefreunden vorgebrachten Argumente waren im wesentlichen die folgenden:

1. Daß ein Pferd anhänglich werde und umgekehrt, wogegen man ein Fahrrad lieben lernen könne, aber letzteres dies nie erwidere.
2. Daß ein Pferd länger halte als ein Fahrrad.
3. Daß ein Pferd ein Haustier sei, das Fahrrad dagegen nur ein mechanisches Spielzeug.
4. Daß man mit dem Pferd kein Werkzeug mitzunehmen brauche und Pferde nie einen Plattfuß hätten.
5. Daß man ein Pferd zu einer Pferdeschau anmelden und vielleicht eine blaue Schleife gewinnen könne.

Im Gegensatz zu diesen Argumenten halten wir männlichen Eltern mit folgenden Wahrheiten dagegen:

1. Ein Fahrrad braucht man nicht zu einer Pferdeschau anzumelden, und man kann eine blaue Schleife in

praktisch jedem Kurzwarenladen für 3 Cents das Yard kaufen.

2. Wenn euch euer Junge lieb ist, solltet ihr wissen, daß die Autofahrer, die unsere Stadtteile heimsuchen, keine Skrupel haben, ein Pferd anzufahren, wogegen sie, wenn sie irgend jemand auf dem Fahrrad erblicken, augenblicklich auf praktisch Null verlangsamen.

3. Man bekommt ein großartiges Fahrrad für $ 40.00, aber wenn man ein 40-Dollar-Pferd kauft, fangen die Umstehenden an, mit dem Finger auf einen zu zeigen.

4. Fahrräder kommen schon mit Namen, während man für ein Pferd einen Namen erst aussuchen muß, und manchmal zermartert man sich das Gehirn und was das für Resultate zeitigt! Wie beispielsweise ein wohlbekannter Comiczeichner und Freund von mir namens Bud Fisher oder so ähnlich: er bekam ein Pferd in die Hände und überlegte und dachte nach und hin und her und in der Endauswahl – wie man so schön sagt – nannte er das Pferd Fusel.

5. Jetzt zum Thema Fahrrad-Haltung. Meine eigenen Sprößlinge haben ein paar davon, und in regnerischen Nächten stellen sie diese in etwas unter, das ich im Spaß mein Arbeitszimmer nenne, und wenn sie diese benützen wollen, führen sie sie hinaus, ohne ihnen Zaumzeug anzulegen oder gut zuzureden oder sonst was. Und solange diese drinnen sind, stören sie mich niemals bei dem, was die Kritiker meine Arbeit nennen.

Glauben Sie im Ernst, daß ich mit einem Pferd im selben Zimmer arbeiten könnte? Die ganze Zeit würde ich zu mir selbst sagen, ich kann doch nicht arbeiten wie ein Pferd, also warum überhaupt arbeiten. Aber ich wüßte immer, daß ich so gut wie ein Fahrrad arbeiten könnte, weil mit denen allgemein immer was nicht in Ordnung ist, entweder sie quietschen oder sind rostig-störrisch, ganz wie ihr Zimmernachbar.

6. Wenn man andererseits ein Pferd hat, muß man einen

Platz dafür im Stall finden, und bei mir wäre der einzige Platz, ein Pferd unterzustellen, im Stall neben unserer Kuh, und woher weiß ich, ob ein Pferd und eine Kuh unter demselben Dach miteinander auskommen? Wogegen ich niemals einer Kuh begegnet bin, die nicht mit einem Fahrrad jahrelang freundlich gestimmt bleiben könnte.

7. Schließlich ist mir nie ein Pferd begegnet, das nicht Mord und Totschlag gewiehert hätte, wenn es für 2 Tage ohne Futter oder Gin draußen gehalten wird, während ich dagegen mit den Fahrrädern den ganzen Winter lang in meinem Arbeitsraum gesessen habe und das einzige Geräusch im Zimmer mein Draufloshämmern auf der Schreibmaschine war.

Dies ist also der Kern der Auseinandersetzung, und ich würde gern weitere Stimmen hören, ob nun von Partisanen oder Neutralen, was sie von der Angelegenheit halten, die für unsere kleine Gemeinde ganz wichtig geworden ist, und vielleicht kann eins von euch Jungs oder Mädels eine These vorbringen, die der Auseinandersetzung die Krone aufsetzt.
Ring W. Lardner (1925)

Das Fahrrad bedeutet mechanische Vollkommenheit. Als der Mensch das Fahrrad erfand, erlangte er den Gipfel seiner Errungenschaften. ... Hier war einmal ein Produkt des menschlichen Gehirns, das für seine Benutzer vollkommen wohltuend wirkte und anderen weder Schaden noch Ärger brachte. Der Fortschritt hätte haltmachen sollen, als der Mensch das Fahrrad erfunden hatte.

Alan und Elizabeth West, Hovel in the Hills, 1977

Amos Oz
EINE GROSSE, EDLE SEELE

An Schawu'ot kam mein Onkel Zemach aus Tel-Aviv und brachte mir als Geschenk ein Fahrrad mit. (...)

Immer fielen Onkel Zemach ganz besondere Geschenke ein, überraschende und sogar sensationelle. Einmal brachte er mir ein chinesisches Briefmarkenalbum, das beim Aufklappen zwitscherte, ein andermal ein Spiel, so ähnlich wie Monopoly, aber auf türkisch. Einmal schenkte er mir eine Pistole, mit der man einen Wasserstrahl in das Gesicht seines Feindes schießen konnte, dann wieder ein Aquarium, in dem zwei lebendige Fische schwammen, von denen sich allerdings später herausstellte, daß sie kein Pärchen waren, sondern eindeutig zwei Männchen. Einmal brachte er mir eine Pistole, mit der man kleine Pfeile verschießen konnte (»Bist du verrückt geworden, Jozmech? Mit dem Ding könnte der Junge, Gott behüte, jemandem ein Auge ausschießen!«) Und an einem Schabbat im Winter bekam ich von Onkel Zemach einen Nazi-Geldschein, wie ihn kein Junge aus unserem Viertel hatte. (»Wirklich, Jozmech, diesmal gehst du zu weit.«) Zur Sederfeier bekam ich von ihm sechs weiße Mäuse in einem Käfig. (»Was willst du dem Jungen sonst noch schenken? Schlangen? Wanzen? Vielleicht Kakerlaken?«)

Diesmal, zu Schawu'ot, fuhr Onkel Zemach den Weg von der Bushaltestelle in der Jaffastraße bis zu unserem Haus auf einem gebrauchten Fahrrad Marke »Ralley«, komplett mit allen Schikanen: es hatte eine Klingel und eine Lampe, einen Gepäckträger und ein Rücklicht. Es fehlte nur die Stange, die den Sattel mit dem Lenker verband.

Vor lauter Freude kapierte ich erst gar nicht, wie bitter dieser Mangel war.

Meine Mutter sagte: »Diesmal hast du aber wirklich ein

bißchen übertrieben, Zemach. Der Junge ist schließlich erst elf. Was willst du ihm dann zur Bar-Mizwa bringen?«

»Ein Kamel«, antwortete Onkel Zemach sofort und mit einer derartigen Gelassenheit, als wäre er auf die Frage vorbereitet gewesen.

Mein Vater sagte:

»Vielleicht solltest du wenigstens einmal über die pädagogischen Folgen nachdenken? Im Ernst, Zemach, wohin führt das alles?«

Ich wartete Onkel Zemachs Antwort nicht ab. Es war mir auch egal, wohin das führte. Verrückt vor Freude und Stolz rannte ich mit meinem Fahrrad zu meinem Privatplatz hinter unserem Haus. Dort, wo niemand mich sehen konnte, küßte ich den Lenker und die Griffe, küßte sogar ein paarmal meine Handrücken und schrie leise:

»Herr unser Gott, Herr unser Gott, Herr unser Gott!«

Und schließlich brach ein gewaltiger Schrei tief aus meiner Brust: »Hi-ma-la-ja!«

Danach lehnte ich das Fahrrad an einen Baum und machte einen Luftsprung.

Erst als ich mich etwas beruhigt hatte, sah ich meinen Vater.

Er stand am Fenster über mir und schaute schweigend zu, bis ich all diese wichtigen Verrichtungen hinter mich gebracht hatte. Dann sagte er:

»In Ordnung, so soll es denn so sein. Ich bitte dich nur darum, daß wir beide jetzt ein Abkommen treffen. Du fährst bis zu anderthalb Stunden täglich mit deinem neuen Rad, nicht länger. Du fährst immer auf der rechten Seite der Straße, auch wenn überhaupt kein Verkehr ist. Und du bleibst immer im Gebiet folgender Straßen: Malachi, Zefanja, Sacharja, Owadja und Amos. Du fährst nicht hinunter zur Ge'ulastraße, denn dort treiben sich englische Soldaten aus der Garnison herum, und die sind oft betrunken oder antisemitisch oder beides. Und an den Kreuzungen wirst du, bitte, deinen Verstand benutzen.«

Onkel Zemach sagte:

»Wie auf Adlerflügeln.«

Und meine Mutter:

»Ja, aber mit Vorsicht.«

Und ich sagte: »In Ordnung, auf Wiedersehen.«

Doch als ich mich bereits ein Stück von ihnen entfernt hatte, fügte ich hinzu: »Es wird schon alles gutgehen.«

Und damit ging ich auf die Straße.

Die Kinder aus der Nachbarschaft bekamen große Augen, nicht nur die Jungen aus meiner Klasse, sondern auch die jüngeren und die älteren! Ich beobachtete sie aus den Augenwinkeln, heimlich, damit sie nichts merkten, und sah ihren Neid, ihren Spott und ihre Wut.

Langsam ging ich an ihnen vorbei, wie auf einer Ausstellung. Ich fuhr nicht auf meinem Rad, sondern ich schob es mit einer Hand elegant den Gehsteig entlang und machte ein nachdenkliches und ein bißchen gnädiges Gesicht, als wollte ich sagen:

Nichts Besonderes. Ein Ralleyfahrrad. Ihr könnt jetzt natürlich auf der Stelle platzen, aber tut es bitte auf eure eigene Verantwortung, mich geht das nichts an.

Es war Eli Weingarten, der nicht mehr schweigen konnte. Er öffnete den Mund und sagte mit wissenschaftlicher Kälte, als hätte er plötzlich ein seltsames Insekt auf einem Feld entdeckt:

»Schaut euch das an. Sumchi hat ein Mädchenfahrrad gekauft bekommen. Ohne Stange.«

»Bald kaufen sie ihm auch noch ein Schabbatkleid«, sagte Bar-Kochba Sochobolski und machte sich nicht einmal die Mühe, mich anzuschauen, sondern fuhr fort, zwei Silbermünzen lässig in die Luft zu werfen und wieder aufzufangen.

»Sumchi würde ein rosa Band in den Haaren gut stehen.« (Das war die Stimme von Tarzan Bamberger.)

»Und er und Esthi würden die besten Freundinnen.« (Wieder Bar-Kochba.)

»Nur daß Esthi schon einen Büstenhalter trägt und Sumchi noch nicht.« (Eli Weingarten, der Mistkerl.)

In diesem Moment beschloß ich: Es reicht. Das ist genug. Aus.

Statt zu fluchen und ihnen alle Knochen einzeln zu brechen, zeigte ich ihnen den Mittelfinger der linken Hand (eine Geste, die Onkel Zemach immer machte, wenn jemand den Namen des britischen Außenministers Bevin erwähnte), drehte mich auf der Stelle um und fuhr mit meinem Fahrrad davon, den Hang hinunter zur Zefanjastraße.

Sollten sie doch sagen, was sie wollten.

Sollten sie platzen.

Mir konnte das egal sein.

Außerdem fing ich aus Prinzip keine Prügelei mit Kindern an, die schwächer waren als ich. Und was hatte Esthi damit zu tun? Wie waren sie auf Esthi gekommen? Und überhaupt: Noch heute würde ich auf meinem neuen Rad losfahren, Richtung Süden, immer weiter, durch Katamon und Talpiot, durch Bethlehem, Hebron und Beer-Schewa; durch die Wüste Negev und die Wüste Sinai, dem Herzen Afrikas und den Quellen des Sambesi entgegen, einsam und tapfer unter blutrünstigen Eingeborenenstämmen.

Aber unterwegs, am Ende der Zefanjastraße, fragte ich mich, warum diese Mistkerle mich so haßten, und tief in meinem Herzen wußte ich plötzlich, daß ich selbst auch ein bißchen schuld daran war.

In diesem Moment fühlte ich eine große Erleichterung. Wenn jemand sogar mit seinen größten Feinden Mitleid empfinden kann, so ist das ein Zeichen, daß er eine große und edle Seele hat. Einen solchen Menschen kann nichts und niemand auf der Welt, kein noch so großes Hindernis, davon abhalten, fremde Länder zu entdecken. Ich werde jetzt erst einmal Aldo besuchen, um mich mit ihm zu beraten, beschloß ich, und von dort fahre ich unverzüglich weiter, gleich heute noch, auf meinem Weg nach Afrika.

(1978)

Arthur Conan Doyle
Die Entführung aus der Klosterschule

Obwohl wir in unserem bescheidenen Heim in der Baker Street schon manchen Besucher in recht dramatischer Weise hatten kommen und gehen gesehen, kann ich mich an kein plötzlicheres und merkwürdigeres Auftreten erinnern, als es das des Dr. Thorneycroft Huxtable war, als er zum erstenmal bei uns erschien. Zuerst kam seine Visitenkarte, die zu klein war, um alle seine akademischen Grade und Würden fassen zu können, nach wenigen Sekunden trat er selbst ein – so fest, pomphaft und würdevoll, als ob er die verkörperte Kraft und Selbstbeherrung wäre. Und doch war, als er kaum die Türe hinter sich geschlossen hatte, seine erste Tat die, daß er gegen den Tisch taumelte und umfiel. So lag denn seine majestätische Gestalt regungslos der Länge nach auf unserem Zimmerteppich.

Wir sprangen auf und starrten einen Moment, sprachlos vor Überraschung, auf dieses gewaltige Wrack, das einem unvorhergesehen, plötzlichen Sturm weit draußen auf dem Ozean des Lebens zum Opfer gefallen zu sein schien. Dann holte Holmes rasch ein Kissen, um es ihm unter den Kopf zu legen, und ich brachte Brandy, womit ich seine Lippen benetzte. Das totenblasse Gesicht zeigte die Spuren schwerer Sorge, die dicken Tränensäcke unter den geschlossenen Augen waren schwarzblau wie Blei, um den offenen Mund spielten schmerzliche Züge. Er war nicht rasiert und nicht gekämmt. Kragen und Hemd deuteten darauf hin, daß der arme Mann, der vor uns gebrochen am Boden lag, eine lange Reise hinter sich hatte.

»Wie steht's mit ihm, Watson?« fragte mich Holmes.

»Vollkommene Erschöpfung – möglicherweise bloß Hunger und Müdigkeit«, antwortete ich, während ich den schwachen Puls fühlte.

»Eine Rückfahrkarte von Mackleton in Nord-England«,

sagte Holmes, indem er sie aus der Westentasche herauszog. »Es ist jetzt noch nicht ganz zwölf Uhr. Er muß sehr früh aufgebrochen sein.«

Die faltigen Augenlider fingen zu zucken an, und bald blickte ein Paar offener, grauer Augen zu uns empor. Im nächsten Augenblick war der Mann wieder auf den Beinen, und die starke Röte in seinem Gesicht verriet seine Scham.

»Verzeihen Sie diese Schwäche, Mr. Holmes, ich bin etwas übermüdet. – Ich danke Ihnen. Wenn ich ein Glas Milch und ein Stückchen Zwieback bekommen könnte, würde ich rasch wieder wohl sein. Ich bin persönlich gekommen, um Sie dazu zu bewegen, mit mir zurückzufahren. Ich befürchtete, daß Sie ein Telegramm von der Dringlichkeit meines Falles nicht hinreichend überzeugen würde.«

»Wenn Sie sich ganz erholt haben –«

»Ich fühle mich wieder vollkommen wohl. Ich begreife gar nicht, wie ich so schwach sein konnte. Ich bitte Sie, Mr. Holmes, mit dem nächsten Zug mit mir nach Mackleton zu kommen.«

Mein Freund schüttelte den Kopf.

»Mein Kollege Dr. Watson wird mir bestätigen, daß wir gegenwärtig sehr stark beschäftigt sind. Ich habe noch mit den Ferrschen Dokumenten zu tun, außerdem steht in Kürze die Abergavvyer Mordaffäre zur Verhandlung; es könnte mich also nur eine außergewöhnlich wichtige Angelegenheit zu einer Reise veranlassen.«

»Wichtig!« rief unser Besucher und schlug die Hände überm Kopf zusammen. »Haben Sie denn noch nichts von der Entführung des einzigen Sohnes des Herzogs von Holdernesse gehört?«

»Was! Des ehemaligen Ministerpräsidenten?«

»Gewiß. Wir hatten versucht, es totzuschweigen, aber der ›Globe‹ hat in der gestrigen Abendnummer Andeutungen gebracht. Ich glaubte, es wäre Ihnen schon zu Ohren gekommen.«

Holmes streckte seinen langen dünnen Arm aus und

nahm den Band mit ›H‹ aus seiner Enzyklopädie vom Bücherbord.

»Holdernesse, sechster Herzog, Dr. juris, Dr. philosophiae usw., Professor, Staatsrat, Baron Beverley, Graf von Carston‹ – um Gottes willen – was für eine Menge Titel! –, ›Lord Hallamshire seit 1900. Verheiratet mit Edith, der Tochter des Freiherrn von Appledore 1888. Erbe und einziges Kind Lord Saltire. Grundbesitz ungefähr zweihundertfünfzigtausend Morgen groß. Bergwerke in Lancashire und Wales. Adressen: Carlton House Terrace; Holdernesse Hall, Hallamshire; Carston Castle, Bangor, Wales. Lord der Admiralität, 1872; Staatssekretär –‹ Das genügt, der Mann ist sicher einer der hervorragendsten Bürger!«

»Der hervorragendste und vielleicht auch der reichste. Ich weiß wohl, Mr. Holmes, daß Sie nicht um des Geldes, sondern um der Sache willen arbeiten, aber ich will Ihnen doch sagen, daß Seine Hoheit mir schon angedeutet hat, demjenigen, der den Aufenthaltsort seines Sohnes ausfindig macht, fünftausend Pfund, und demjenigen, der ihm die Räuber seines Kindes namhaft machen kann, weitere tausend Pfund auszahlen zu wollen.«

»Das ist ein fürstliches Angebot«, sagte Holmes. »Ich denke, Watson, wir begleiten Dr. Huxtable nach dem Norden zurück. Und nun, Doktor, können Sie mir, wenn Sie die Milch zu sich genommen haben, gütigst erzählen, wann und wie sich die Sache zugetragen hat, und schließlich auch, was Dr. Huxtable von der Klosterschule in Mackleton mit der Sache zu tun hat, und warum er erst nach drei Tagen – so lange haben Sie sich nicht rasiert – kommt, um meine Dienste in Anspruch zu nehmen.«

Unser Besucher bekam nach dem kleinen Imbiß wieder glänzende Augen und rote Wangen. Nachdem er sich in Positur gesetzt hatte, begann er seine Schilderung des Vorfalls.

»Zuerst muß ich Ihnen mitteilen, Gentlemen, daß die Klosterschule eine Vorbereitungsanstalt ist, die ich gegründet habe, und der ich nun vorstehe. ›Huxtables Kommentar des Horaz‹ wird Ihnen von früher vielleicht noch bekannt sein. Die Klosterschule ist bei weitem das beste und vornehmste Vorbereitungsinstitut in England. Lord Leverstoke, der Graf von Blackwater, der Baron Soames haben mir alle ihre Söhne anvertraut. Aber als mir vor drei Wochen der Herzog von Holdernesse seinen Sekretär, Mr. James Wilder, schickte, um mit mir über die Aufnahme des jungen zehnjährigen Lord Saltire, seines einzigen Sohnes und Erben, verhandeln zu lassen, glaubte ich mit meiner Schule auf der Höhe des Ruhmes angelangt zu sein. Ich ahnte nicht, daß es das Vorspiel zu meinem größten Unheil sein sollte.

Am ersten Mai, dem Beginn des Sommerhalbjahres, kam der Knabe an. Er war ein reizender Junge und gewöhnte sich schnell ein. Ich will Ihnen nicht verschweigen – ich glaube mich dadurch keiner Indiskretion schuldig zu machen, und Mangel an Vertrauen ist in einem solchen Falle sehr verkehrt –, daß er sich zu Hause nicht recht wohl fühlte. Es ist ein offenes Geheimnis, daß der Herzog mit seiner Gemahlin nicht glücklich gelebt hat und die Ehe mit beiderseitiger Einwilligung geschieden worden ist, worauf die Herzogin in Südfrankreich ihren Wohnsitz genommen hat. Diese Trennung ist vor noch nicht langer Zeit erfolgt, und der Junge hing sehr an seiner Mutter. Er wurde nach ihrer Abreise ganz melancholisch und träumerisch, und aus diesem Grunde wünschte der Herzog, sein Kind in meine Obhut zu geben. Nach vierzehn Tagen war der Junge bei uns denn auch schon wie zu Hause und augenscheinlich vollkommen zufrieden.

Zum letztenmal sahen wir ihn in der Nacht zum dreizehnten Mai – also in der vergangen Montagsnacht. Sein Zimmer lag im zweiten Stock und grenzte an ein anderes größeres Zimmer, wo zwei Jungen schliefen. Dieselben haben jedoch nichts gehört und gesehen. Daraus geht sicher hervor, daß der junge Saltire nicht auf dem normalen Weg an jener Kammer vorbeigekommen ist. In seinem Schlafzimmer stand aber das Fenster offen, und darunter ist ein starker Efeustamm. Wenn wir auch am Boden keine

139

Fußspuren finden konnten, so ist doch klar, daß er nur auf diesem Weg ins Freie gelangt sein kann.

Sein Fehlen wurde am Dienstagmorgen um sieben Uhr bemerkt. Sein Bett war benutzt worden. Er hatte sich vor dem Gehen vollständig angezogen, und zwar seine gewöhnlichen Schulkleider, eine blaue Jacke und dunkelgraue Hosen. Im Zimmer war keine Spur von einer zweiten Person zu finden, außerdem würde Schreien, wie überhaupt jeder stärkere Lärm in dem Nebenzimmer, gehört worden sein, denn der ältere der beiden darin schlafenden Jungen schläft nur sehr leicht.

Als mir das Verschwinden des jungen Lords gemeldet worden war, versammelte ich sofort sämtliche Schüler, Lehrer und Diener, um über die Sache zu beraten. Wir kamen dabei zu dem Schluß, daß Lord Saltire nicht allein geflohen sein könne. Mr. Heidegger, der den Unterricht im Deutschen erteilte, wurde gleichfalls vermißt. Sein Zimmer lag ebenfalls in der ersten Etage, am Ende des Hauses, und mündete auf denselben Flur. Er hatte auch im Bett gelegen, war aber offenbar nur notdürftig bekleidet weggegangen, weil sein Hemd und seine Strümpfe noch auf dem Boden lagen. Er hatte sich zweifellos an dem Efeu hinuntergelassen, denn wir konnten unten auf dem Rasen seine Spuren sehen. Sein Rad, das er in einem kleinen Schuppen in der Nähe aufbewahrte, war auch fort.

Er war zwei Jahre bei mir in Stellung und mit den besten Empfehlungen gekommen, aber er war ein mürrischer, verschlossener Mann, weder bei seinen Kollegen, noch bei seinen Schülern sehr beliebt. Von den Flüchtlingen war keine Spur zu sehen, und heute am Donnerstagmorgen wissen wir noch ebensowenig wie am Dienstag. In Holdernesse Hall wurde natürlich sofort angefragt. Es liegt nur wenige Meilen von Mackleton entfernt, und wir glaubten, daß der Junge in einer plötzlichen Anwandlung von Heimweh nach Hause zu seinem Vater gelaufen wäre; aber kein Mensch hatte dort etwas von ihm gesehen oder gehört. Der Herzog ist aufs höchste erregt – und was mich anbelangt, so sind Sie ja eben selbst Zeuge meines Zustandes gewesen und haben gesehen, wie nervös und hinfällig ich infolge der Aufregung und der schweren Verantwortung geworden bin. Wenn Sie je Ihre ganze Kraft einsetzten, so flehe ich Sie an, es jetzt zu tun, denn einen lohnenderen Fall werden Sie kaum im Leben wieder bekommen.«

Holmes hatte den Bericht des unglücklichen Schulmannes mit äußerster Spannung angehört. Die tiefen Falten auf seiner Stirne zeigten, daß es keiner besonderen Mahnung bedurfte, um seine ganze Aufmerksamkeit auf ein Problem zu konzentrieren, das, abgesehen von dem großen materiellen Interesse, so recht seiner Vorliebe für das Verwickelte und Außergewöhnliche entsprach. Er nahm sein Taschenbuch heraus und machte sich ein paar Notizen.

»Es war ein großer Fehler, daß Sie nicht eher zu mir gekommen sind«, sagte er dann in strengem Ton. »Die Aufklärung wird dadurch bedeutend schwieriger für mich. Es müßte zum Beispiel sonderbar zugehen, wenn der Efeu und der Rasenplatz einem erfahrenen Beobachter keinen Anhaltspunkt liefern sollten.«

»Mich trifft keine Schuld, Mr. Holmes. Seine Hoheit wünschte durchaus, jeden öffentlichen Skandal zu vermeiden. Er fürchtete, daß seine unglücklichen Familienverhältnisse dadurch an den Tag kämen; und davor hatte er eine große Scheu.«

»Aber offiziell ist doch wohl eine Untersuchung eingeleitet?«

»Allerdings. Sie hat aber zu keinem Ergebnis geführt. Es fand sich gleichwohl eine Spur. Wir erhielten alsbald die Nachricht, daß auf einer benachbarten Bahnstation ein Junge und ein jüngerer Herr, die einen Frühzug benützt hätten, gesehen worden seien. Und vergangene Nacht wurde gemeldet, daß die beiden in Liverpool aufgetaucht seien, aber mit unserer Sache gar nicht in Beziehung stünden. Nach einer schlaflosen Nacht bin ich in meiner Verzweiflung und Bedrängnis mit dem ersten Zug schnurstracks zu Ihnen gefahren.«

141

»Ich vermute, daß man die falsche Spur verfolgt und darüber die örtliche Untersuchung vernachlässigt hat?«

»Ja, diese hat man vollständig außer acht gelassen.«

»Auf diese Weise hat man drei Tage verloren. Die ganze Sache ist furchtbar falsch angefaßt worden. Und doch müßte sich das Problem lösen lassen. Ich freue mich, bald einen näheren Einblick in die Angelegenheit tun zu können. Haben Sie irgendeinen Zusammenhang zwischen dem fehlenden Schüler und dem deutschen Lehrer herstellen können?«

»Absolut nicht.«

»War der Junge in der Klasse dieses Lehrers?«

»Nein; meines Wissens haben die beiden kein Wort miteinander gewechselt.«

»Das ist allerdings sehr sonderbar. Hatte der Junge ein Fahrrad?«

»Nein.«

»Fehlte sonst irgendein Rad?«

»Nein.«

»Wissen Sie das genau?«

»Jawohl.«

»Nun, Sie glauben doch wohl nicht im Ernst, daß der deutsche Lehrer im Dunkel der Nacht davongefahren ist und den Jungen im Arm gehabt hat?«

»Gewiß nicht.«

»Wie denken Sie sich denn die ganze Sache?«

»Vielleicht hat er das Rad nur zum Schein mit weggenommen, es dann irgendwo verborgen und ist doch mit dem Jungen zu Fuß fortgegangen.«

»Das ist nicht unmöglich; freilich wäre es immerhin eine eigentümliche Art der Täuschung, nicht wahr? Standen noch mehr Fahrräder in dem Schuppen?«

»Verschiedene.«

»Sollte er dann nicht lieber zwei versteckt haben, wenn er glauben machen wollte, sie seien per Rad entflohen?«

»Man sollte es wohl annehmen.«

»Natürlich würde er das getan haben. Die Theorie, daß

er dadurch eine Irreführung beabsichtigt habe, stimmt also nicht. Außerdem ist ein Rad kein Gegenstand, der sich so leicht verbergen oder vernichten läßt. Nun noch eine Frage. Hat der Junge am Tag vor seinem Verschwinden Besuch gehabt?«

»Nein.«

»Hat er auch keine Briefe bekommen?«

»Ja, einen.«

»Von wem?«

»Von seinem Vater.«

»Pflegen Sie die Briefe an Ihre Zöglinge zu öffnen?«

»Nein.«

»Woher wissen Sie dann, daß der Brief von seinem Vater war?«

»Weil der Umschlag das Wappen des Herzogs trug, und weil die Adresse, wie ich an der Handschrift sah, von ihm selbst geschrieben war.«

»Wie lange vorher hatte er keine Briefe erhalten?«

»Mehrere Tage nicht.«

»Ist je ein Brief aus Frankreich an ihn gekommen?«

»Nein, niemals.«

»Sie werden an meinen Fragen merken, worauf ich hinaus will. Entweder ist der Junge mit Gewalt entführt worden, oder er ist freiwillig gegangen. Im letzteren Fall muß von außen auf ihn eingewirkt worden sein, denn ein Junge von zehn Jahren tut so etwas nicht aus eigenem Antrieb. Wenn er nun keinen Besuch gehabt hat, so muß diese Einwirkung schriftlich ausgeübt worden sein. Aus diesem Grund erkundige ich mich nach seinem Briefwechsel.«

»Ich fürchte, daß ich Ihnen darüber wenig sagen kann. Soviel mir bekannt ist, war der Vater sein einziger Korrespondent.«

»War das Verhältnis zwischen Vater und Sohn ein herzliches?«

»Seine Hoheit ist gegen niemanden besonders freundlich. Er wird vollständig von den großen politischen Fragen in Anspruch genommen und hat für die gewöhnlichen menschlichen Regungen nichts übrig. Aber in seiner Art war er gegen den Jungen immer gut.«

»Trotzdem waren die Sympathien des Kindes auf seiten der Mutter?«

»Ja.«

»Sagte er das selbst?«

»Nein.«

»Der Herzog doch nicht etwa?«

»Gott bewahre, auf keinen Fall.«

»Woher wissen Sie's dann?«

»Ich habe ein paar vertrauliche Unterredungen mit dem Sekretär des Herzogs, Mr. Wilder, gehabt und in deren Verlauf über die Herzensneigung des jungen Lords Aufschluß bekommen.«

»Ich verstehe. Ist übrigens der letzte Brief des Herzogs, nachdem der Junge fort war, in seinem Zimmer gefunden worden?«

»Nein; er hatte ihn mitgenommen. – Ich glaube, Mr. Holmes, es ist Zeit, daß wir aufbrechen.«

»Ich will einen Wagen bestellen. In einer Viertelstunde werden wir Ihnen zu Diensten sein. Falls Sie nach Haus telegraphieren, Doktor, so tun Sie nur so, als ob wir noch die Spur in Liverpool weiter verfolgen wollten. Unterdessen werde ich in aller Stille ganz in Ihrer Nähe arbeiten, und möglicherweise gelingt es zwei so alten Spürhunden wie Dr. Watson und mir, die Fährte Ihrer zwei Flüchtlinge doch noch aufzuschnüffeln.«

Gegen Abend erreichten wir das Heim des Dr. Huxtable; es war schon dunkel, als wir die berühmte Anstalt betraten. Im Hausflur auf einem Tisch lag eine Visitenkarte, und der Diener flüsterte seinem Herrn etwas ins Ohr, worauf uns dieser sehr erregt mitteilte, daß der Herzog und sein Sekretär, Mr. Wilder, im Sprechzimmer warteten.

»Kommen Sie mit, Gentlemen«, fuhr er dann fort, »ich werde Sie sogleich vorstellen.«

Ich kannte natürlich die Bilder des berühmten Staatsmannes sehr wohl, aber er sah in Wirklichkeit ganz anders aus. Er war ein schlanker, stattlicher Herr mit langem, aristokratischem Gesicht und einer Nase von seltener Krümmung und Länge; seine Kleidung war sehr gewählt. Die kreideweiße Gesichtsfarbe trat durch den langen, hellroten Vollbart noch stärker hervor. Er sah uns streng an. Neben ihm stand sein Privatsekretär, ein blutjunger Mann, klein und gewandt, mit klugen hellblauen Augen und lebhaftem Gesichtsausdruck. Er eröffnete auch sofort die Unterhaltung; sein Ton war schneidend und bestimmt.

»Ich kam bereits heute früh zu Ihnen, leider zu spät, Mr. Huxtable, um Ihre Reise nach London zu verhindern. Ich hörte, daß der Zweck derselben war, Mr. Holmes den Fall zu übergeben. Seine Hoheit sind ungehalten darüber, daß Sie diesen Schritt getan haben, ohne vorher seine Einwilligung einzuholen.«

»Als ich erfuhr, daß die Polizei eine falsche Fährte verfolgte —«

»Seine Hoheit ist durchaus nicht der Ansicht, daß die polizeiliche Spur falsch ist.«

»Aber gewiß, Mr. Wilder —«

»Sie wissen sehr wohl, Mr. Huxtable, daß Seine Hoheit in erster Linie jeden öffentlichen Skandal vermieden haben will. Er wünscht, so wenig Menschen wie möglich ins Vertrauen zu ziehen.«

»Die Sache ist ja leicht wieder gutzumachen«, antwortete schüchtern Mr. Huxtable; »Mr. Holmes kann morgen mit dem ersten Zug gleich wieder nach London zurückkehren.«

»Das werde ich schwerlich tun, Mr. Huxtable«, versetzte Holmes ganz sanftmütig. »Die nordische Bergluft ist sehr kräftigend und angenehm, und ich beabsichtige daher, einige Tage auf dem Moor zu verleben und mir nach meinem Belieben die Zeit zu vertreiben. Ob ich freilich bei Ihnen wohne oder im Gasthof, darüber haben Sie natürlich zu entscheiden.«

Ich merkte, daß sich der unglückliche Doktor in der größten Verlegenheit befand. Zum Glück kam ihm der Herzog selbst zu Hilfe. Mit tiefer, kräftiger Stimme sagte er:

»Ich muß Mr. Wilder beistimmen, daß es besser gewesen wäre, Dr. Huxtable, wenn Sie mich vorher gefragt hätten. Da Mr. Holmes jedoch bereits ins Vertrauen gezogen ist, würde es töricht sein, wenn wir seine Dienste nicht in Anspruch nehmen wollten. Sie brauchen nicht in den Gasthof zu gehen, Mr. Holmes, ich würde mich vielmehr freuen, wenn Sie mit mir nach Holdernesse Hall kommen und dort mein Gast sein wollten.«

»Ich danke Eurer Hoheit. Im Interesse meiner Nachforschungen halte ich es aber für zweckmäßiger, hier zu bleiben, wo die Sache passiert ist.«

»Ganz wie Sie wollen, Mr. Holmes. Mr. Wilder und ich sind selbstverständlich gerne bereit, Ihnen jede gewünschte Auskunft zu geben.«

»Ich werde Sie wahrscheinlich später im Schloß besuchen müssen«, erwiderte Holmes. »Jetzt möchte ich Sie nur noch fragen, ob Sie sich selbst bereits eine Meinung darüber gebildet haben, wie das plötzliche geheimnisvolle Verschwinden Ihres Sohnes wohl zu erklären ist?«

»Nein, ich habe noch keine.«

»Entschuldigen Sie, wenn ich einen für Sie delikaten Punkt berühre, ich kann jedoch nicht umhin. Glauben Sie, daß die Herzogin ihre Hand dabei im Spiel hat?«

Der Minister zögerte begreiflicherweise etwas.

»Ich glaube nicht«, sagte er schließlich.

»Die andere einleuchtende Erklärung würde dann sein, daß das Kind geraubt oder entführt ist, um ein Lösegeld zu erpressen. Ist noch keine derartige Aufforderung an Sie ergangen?«

»Nein.«

»Noch eine Frage, Euere Hoheit. Soviel ich verstanden habe, haben Sie Ihrem Sohn am Tag vor der unheilvollen Nacht einen Brief geschrieben.«

»Nein, am Tag vorher.«

»Jawohl, aber der Brief ist an diesem Tage angekommen?«

»Ja.«

»Stand vielleicht irgend etwas darin, was den Jungen zu einem solchen Schritt veranlaßt haben könnte?«

»Nein, durchaus nicht.«

»Haben Sie den Brief persönlich zur Post gegeben?«

An Stelle des Herzogs erwiderte sein Sekretär, indem er erregt ins Wort fiel:

»Seine Hoheit pflegt überhaupt keine Briefschaften persönlich aufzugeben. Der Brief lag mit anderen auf seinem Arbeitstisch, und ich habe die Sachen selbst befördert.«

»Wissen Sie genau, daß dieser Brief dabei war?«

»Jawohl; ich habe ihn bemerkt.«

»Wie viele Briefe haben Euere Hoheit an jenem Tage geschrieben?«

»Zwanzig bis dreißig; ich habe eine sehr umfangreiche Korrespondenz. Doch, ist das nicht nebensächlich?«

»Nicht ganz«, sagte Holmes.

»Ich habe aus eigenem Antrieb«, fuhr der Herzog fort, »der Polizei geraten, ihre Aufmerksamkeit nach Südfrankreich zu richten. Ich habe schon erwähnt, daß ich zwar nicht glaube, daß die Herzogin eine solche Tat unterstützt, aber der Junge hatte die absonderlichsten Ideen, so daß es nicht ausgeschlossen erscheint, daß er auf Anstiftung und mit Hilfe dieses Deutschen zu ihr geflohen ist. Ich glaube, Herr Direktor, daß wir nun ins Schloß zurückkehren können.«

Ich konnte Holmes ansehen, daß er gerne noch mehr Fragen gestellt hätte, aber der Herzog hatte auf diese unerwartete Art das Gespräch plötzlich abgebrochen. Ich fand es begreiflich, daß seiner hocharistokratischen Natur die Erörterung seiner intimsten Familienverhältnisse mit einem Fremden sehr unangenehm war und daß er fürchtete, jede neue Frage könnte neues Licht in die dunklen Schatten seiner sorgfältig verheimlichten persönlichen Angelegenheiten bringen.

Als der Herzog und sein Sekretär abgefahren waren, machte sich mein Freund sofort mit dem ihm eigenen Eifer an die Arbeit.

147

Zunächst wurde eine gründliche Untersuchung der Schlafkammer des Jungen vorgenommen; sie hatte jedoch weiter kein Ergebnis, als die Überzeugung in uns zu festigen, daß er nur durch das Fenster entkommen sein konnte. Auch die Besichtigung des Zimmers des deutschen Lehrers lieferte keine neuen Anhaltspunkte. Er war ebenfalls an dem starken Efeugeranke durch das Fenster hinuntergeklettert, denn wir sahen einen Zweig, der unter seinem Gewicht abgebrochen war, und als wir mit der Laterne den Boden absuchten, fanden wir einen Eindruck auf dem Rasen, wo der Lehrer niedergesprungen war. Das war aber auch die einzige sichtbare Spur dieser rätselhaften nächtlichen Flucht.

Holmes ging dann allein weg und kam erst um elf Uhr wieder. Er hatte sich eine genaue Generalstabskarte von der Gegend verschafft und brachte sie mit in mein Zimmer, wo er sie auf meinem Bett ausbreitete. Nachdem er dann das Licht zurechtgestellt hatte, beugte er sich mit der Pfeife darüber und bezeichnete mir gelegentlich interessante Punkte mit der rauchenden Bernsteinspitze.

»Dieser Fall übersteigt die Grenzen meiner Leistungsfähigkeit, Watson«, sagte er. »Er hat entschieden eigentümliche begleitende Umstände. Wir müssen zuerst die Örtlichkeit genau studieren, das ist für unsere späteren Nachforschungen von größter Wichtigkeit.

Sieh einmal hierher. Dieses dunkle Viereck ist die Klosterschule. Ich will eine Stecknadel dahin stecken. Diese Linie hier bedeutet die Hauptstraße. Sie läuft, wie du siehst, von Westen nach Osten und läßt die Schule links liegen, und ungefähr eine Meile weit zweigt kein Seitenweg oder Pfad davon ab. Wenn die zwei Leute überhaupt eine Straße benutzt haben, so muß es unbedingt diese gewesen sein.«

»Allerdings.«

»Infolge eines günstigen Zufalls sind wir nun über die Vorgänge auf dem in Betracht kommenden Teil dieser Straße während der fraglichen Nacht ziemlich genau unterrichtet. An der Stelle, wo ich mit der Pfeife hindeute, stand von zwölf bis sechs ein Gendarm Wache. Es ist, wie du sehen kannst, der erste Kreuzweg nach Osten. Der Mann erklärt nun, daß er seinen Posten keinen Augenblick verlassen hat und mit Bestimmtheit weiß, daß weder ein Knabe noch ein Mann vorbeigekommen ist; er hätte sie unbedingt sehen müssen. Ich habe heute abend selbst mit ihm gesprochen, und er hat einen durchaus glaubwürdigen Eindruck auf mich gemacht. Sie könnten sich nun westwärts gewandt haben. An diesem Teil des Weges befindet sich ein Wirtshaus, der »Rote Ochse«, dessen Besitzerin krank zu Bett lag. Diese hatte nach Mackleton zum Arzt geschickt, der aber zu einem anderen Fall über Land geholt war und darum erst am Morgen ankam. Die Familie war die ganze Nacht auf und wartete, und es hat stets jemand am Fenster gestanden und die Straße entlang nach dem Doktor geguckt. Die Leute behaupten ebenfalls, keinen Menschen gesehen zu haben. Wenn ihre Aussage richtig ist, können wir auch die Flucht nach dieser Richtung ausschalten und überhaupt konstatieren, daß die Flüchtlinge gar keine Straße benutzt haben.«

»Aber sie hatten doch ein Rad«, warf ich ein.

»Ganz recht. Wir werden gleich darauf zu sprechen kommen. Fahren wir nur in unserem Gedankengang fort. Wenn die beiden die Landstraße vermieden haben, müssen sie sich nach Norden oder Süden gewandt haben. Soviel steht fest. Wir wollen diese zwei Möglichkeiten gegeneinander abwägen. Südlich von hier erstreckt sich eine weite Fläche urbaren Landes. Diese Felder sind durch Mauern voneinander abgegrenzt, die den Gebrauch eines Fahrrades ziemlich unmöglich machen. Diese Annahme können wir also auch fallenlassen. Es bleibt nun bloß noch die nördliche Richtung zu berücksichtigen. Nach dieser Seite zieht sich ein kleiner Hain hin, und jenseits desselben breitet sich ein großes Moor aus, das Lower Gill Moor, das allmählich nach Norden ansteigt. Hier, an der einen Seite dieses öden Landstrichs, liegt Holdernesse Hall, der Straße nach zehn Meilen von hier entfernt, aber über das Moor sind es nur sechs.

Dieses Moorland ist sehr fruchtbar; und nur einige wenige Bauern leben hier von der Schaf- und Rinderzucht. Bis hinaus auf die Chesterfielder Hauptstraße bilden diese wenigen Säugetiere und größere Mengen Flugwildes die gesamte Bewohnerschaft dieser Einöde. Dort befindet sich neben ein paar Häuschen und einer Wirtschaft eine Kirche. Unsere Nachforschungen müssen sich zweifellos in dieser Richtung, nach Norden hin bewegen.«

»Aber das Rad?« warf ich wieder ein.

»Nun«, sagte Holmes etwas pikiert, »ein guter Radfahrer braucht nicht absolut eine Landstraße. Im Moor gibt es viele Pfade, und außerdem war Vollmond. Halt! Was soll das bedeuten?«

Es klopfte heftig an die Türe, und im nächsten Moment stand Direktor Huxtable in unserem Zimmer. Er hielt eine blaue Mütze in der Hand.

»Endlich haben wir eine Spur!« rief er. »Gott sei Dank! Endlich haben wir seine Fährte gefunden! Das ist seine Mütze.«

»Wo ist sie gefunden worden?«

»In einem Zigeunerwagen. Die Zigeuner sind am Dienstag hier durchgekommen und kampierten im Moor. Die Polizei hat sie aufgespürt und die Karawane durchsucht, wobei man dies gefunden hat.«

»Wie haben sie sich über diesen Besitz ausgewiesen?«

»Sie haben Ausflüchte gemacht und gelogen – gesagt, sie hätten sie Dienstag morgen im Moor gefunden. Die Schurken wissen, wo er ist! Sie sitzen glücklicherweise sicher hinter Schloß und Riegel. Die Furcht vor Strafe oder das Geld des Herzogs wird schon alles aus ihnen herausbringen, was sie wissen.«

Als Huxtable hinaus war, sagte Holmes: »Dieser Umstand beweist wenigstens die Richtigkeit unserer Theorie, daß wir nur in der Richtung des Lower Gill Moors Erfolge zu erwarten haben. Die Polizei hat weiter nichts getan, als diese Zigeuner verhaftet. Schau, Watson! Hier läuft ein Wassergraben durch das Moor; er ist hier auf der Karte eingezeichnet. An einigen Stellen erweitert er sich zu Morästen, hauptsächlich zwischen Holdernesse Hall und der Schule. Bei dieser trockenen Witterung ist es nutzlos, überhaupt nach Fußspuren zu suchen, aber dort ist es durchaus nicht aussichtslos. Ich werde dich morgen ziemlich früh wecken, und dann wollen wir zusammen versuchen, ein bißchen Licht in diese geheimnisvolle Sache zu bringen.«

Der Tag brach gerade an, als ich die lange, hagere Gestalt meines Freundes an meinem Bett erblickte. Er war vollständig angekleidet und offenbar schon draußen gewesen.

»Ich habe mir bereits den Rasenplatz und den Fahrradschuppen angesehen, und auch schon einen Spaziergang durch das kleine Wäldchen gemacht. Im Zimmer nebenan steht eine Tasse Kakao für dich bereit, Watson. Ich bitte dich, dich zu beeilen, denn wir haben heute viel vor.«

Seine Wangen waren gerötet, und seine Augen glänzten vor Freude, wie sie der Meister empfindet, der sich seiner Aufgabe gewachsen fühlt. Dieser tatkräftige, muntere Mann schien ein ganz anderer zu sein als der in sich gekehrte Träumer in der Baker Street. Als ich seine geschmeidige Erscheinung betrachtete, die Lebhaftigkeit und die Energie seines Ausdrucks sah, fühlte ich, daß wirklich eine schwere Arbeit unserer harrte.

Und doch fing unser Werk gleich sehr unglücklich an. Mit den schönsten Hoffnungen wanderten wir über das schmutzigbraune Moor mit den unzähligen Pfaden, bis wir an den Rand des breiten, hellgrünen Sumpfes kamen, der zwischen uns und Holdernesse Hall lag. Wenn der Junge sich heimwärts gewandt hatte, mußte er hier durchgekommen sein und Spuren hinterlassen haben. Wir konnten aber weder von ihm noch von dem deutschen Lehrer die geringste Fährte entdecken. Verstimmt ging mein Freund am Rand des Sumpfes dahin und prüfte aufmerksam jeden Eindruck auf dem mit Moos bewachsenen Boden. Aber nur Schafe und einige Rinder hatten hier ihre Hufabdrücke hinterlassen, von menschlichen Spuren war nichts zu sehen.

»Das ist die erste Enttäuschung«, sagte Holmes, indem er

mißmutig über das weite Moor schaute. »Dort drüben liegt noch ein anderer Morast. Hallo! was ist das?«

Wir waren auf einen schmalen, schwarzen Pfad gekommen, auf dem wir deutlich die Fährte eines Fahrrades sahen.

»Hurra!« rief ich. »Wir haben's.«

Doch Holmes schüttelte den Kopf und machte eher ein verwundertes als ein erfreutes Gesicht.

»Ein Rad sicherlich, aber nicht das Rad«, sagte er. »Ich kenne zweiundvierzig verschiedene Radspuren. Diese ist von einem Dunlop-Reifen, der an zwei Stellen geflickt ist. Heidegger hatte aber eine Palmer-Pneumatik, die parallele Rinnen hinterläßt. Es kann also nicht Heideggers Spur sein.«

»Vielleicht die des Jungen?«

»Das wäre nicht unmöglich. Wir haben aber bis jetzt noch gar nicht nachweisen können, daß der Junge ein Rad mitgenommen hat. Diese Spur führt allerdings, wie du sehen wirst, von der Schule herwärts.«

»Oder auf sie zu?«

»Nein, nein, mein lieber Watson. Den tiefsten Eindruck macht immer das Hinterrad, auf dem das Gewicht des Fahrers ruht. An verschiedenen Stellen, wo das Hinterrad die Spur des Vorderrads durchkreuzt hat, läßt sich nun beobachten, daß die eine Spur tiefer ist als die andere. Der Radfahrer ist zweifellos aus der Richtung der Schule gekommen. Es mag nun mit unseren Nachforschungen in Zusammenhang stehen oder nicht, jedenfalls wollen wir die Spur zurück verfolgen, bevor wir weitergehen.«

Als wir ein paar hundert Meter zurückgewandert waren, wurde der Pfad trocken, und unsere Spur hörte natürlich auf. Wir gingen trotzdem auf demselben Pfad noch ein Stück weiter zurück und kamen an eine feuchte Stelle, wo ein Wässerchen lief. Hier fanden wir wieder die alte Fährte, wenn auch durch eine große Menge Hufspuren von Kühen beinahe verwischt. Dann hörte sie wieder auf. Der Pfad führte direkt nach dem kleinen Wald vor der Schule. Das Fahrrad mußte entschieden von dorther gekommen

152

sein. Holmes setzte sich auf einen Stein und versank, das Kinn auf die Hand gestützt, in tiefes Nachdenken. Ich hatte zwei Zigaretten aufgeraucht, ehe er sich erhob. Dann sagte er endlich:

»Allerdings kann ein durchtriebener Kerl die Spur seines Rades verändern, um die Polizei zu täuschen. Ich würde stolz sein, mit einem solchen Verbrecher zu tun zu haben. Doch darauf wollen wir jetzt nicht weiter eingehen, sondern wieder zu unserem Sumpf zurückkehren, denn wir haben dort noch viel zu untersuchen.«

Wir fuhren mit unserer systematischen Besichtigung fort und wurden für unsere Ausdauer bald belohnt. Rechts durch den höher gelegenen Teil des Moors schlängelte sich ein feuchter Pfad. Als wir in dessen Nähe kamen, stieß Holmes einen Freudenschrei aus. Mittendurch lief die geriefte Fährte eines Palmer-Reifens.

»Hier ist Mr. Heidegger durchgefahren!« rief er frohlockend. »Meine Berechnung scheint doch richtig zu sein, Watson.«

»Ich gratuliere.«

»Wir sind aber noch lange nicht am Ziel. Laß uns nun dieser Spur nachgehen. Sie wird, fürchte ich, nicht sehr weit führen.«

Dieser Teil des Moors war jedoch von schwachen, feuchten Vertiefungen durchzogen, so daß wir die Fährte, obgleich wir sie häufig verloren, doch immer wieder fanden.

»Siehst du«, sagte Holmes, »daß der Mann hier zweifellos sein Tempo beschleunigt hat? Das steht sicher fest. Betrachte dir einmal diesen Eindruck, wo man beide Räder unterscheiden kann. Das eine hat genauso tief eingeschnitten wie das andere. Das ist nur dann der Fall, wenn jemand sich stark auf die Lenkstange beugt, wie es bei rascher Fahrt geschieht. Bei Gott! er muß gestürzt sein.«

Wir sahen eine breite, unregelmäßige Spur, die ein paar Meter lang die Fährte verdeckte, einige Fußstapfen, und dann tauchte die alte Radfährte wieder auf.

»Er scheint ausgerutscht zu sein«, sagte ich.

Holmes hielt mir einen abgebrochenen Zweig blühenden Stechginsters hin. Zu meinem Schrecken bemerkte ich, daß die gelben Blüten rote Blutflecken zeigten. Auch auf dem Weg und an dem Heidekraut waren schwarze Flecken von geronnenem Blut.

»Schlimm!« rief Holmes. »Schlimm! Bleib stehen, Watson! Keinen unbedachten Schritt! Was muß ich daraus entnehmen? Er wurde verwundet und fiel zu Boden, stand wieder auf, sprang wieder aufs Rad und fuhr weiter. Aber von anderen Personen sind keine Spuren da, nur von einigem Vieh hier neben dem Pfad. Er wird doch nicht etwa von einem Bullen aufgespießt worden sein? Nein, das ist nicht möglich! Aber das Fehlen von menschlichen Fußspuren kann ich mir nicht erklären. Wir müssen weiter, Watson. Da wir zwei Fährten haben, können wir nicht mehr fehlgehen.«

Unsere Suche dauerte nicht lange. Die Radspur zeigte allmählich sehr eigentümliche Biegungen und Krümmungen. Plötzlich, als ich nach vorne sah, fiel mein Auge auf einen glänzenden Gegenstand in den dicken Ginsterbüschen. Es war ein Fahrrad; das eine Pedal war verbogen, und vorne war die ganze Maschine schrecklich mit Blut besudelt. Zur Seite des Rades lag der unglückliche Radler. Er war ein großer Mann mit einem Vollbart und einer Brille, deren eines Glas herausgeschlagen war. Die Todesursache war ein furchtbarer Schlag auf den Kopf gewesen, wodurch die Schädeldecke teilweise zertrümmert war. Daß er sich mit einer solchen Wunde noch hatte fortbewegen können, sprach für seine Zähigkeit und Manneskraft. Er hatte Schuhe an, aber keine Strümpfe, und unter dem offenen Rock guckte das Nachthemd hervor. Es war ohne Zweifel der deutsche Lehrer. Holmes drehte die Leiche behutsam herum und untersuchte sie aufmerksam. Dann setzte er sich daneben nieder und dachte eine Zeitlang angestrengt nach. Ich konnte aber an den Falten seiner Stirn erkennen, daß diese fürchterliche Entdeckung seiner Meinung nach unsere Nachforschung nicht besonders förderte.

»Es ist wahrhaftig schwer zu sagen, was man nun tun soll, Watson«, sagte er endlich. »Ich selbst neige dazu, unsere Untersuchungen fortzusetzen, denn wir haben schon soviel Zeit verloren, daß wir jede Stunde ausnützen müssen. Andererseits haben wir die Pflicht, die Polizei von unserem Fund in Kenntnis zu setzen und dafür zu sorgen, daß man sich der Leiche dieses unglücklichen Mannes annimmt.«

»Diese Nachricht könnte ich ja übermitteln.«

»Aber ich brauche deine Gesellschaft und deine Hilfe. Warte einmal. Dort drüben sticht jemand Torf. Hol' ihn her, er kann dann die Polizei hierher führen.«

»Nun, Watson«, fuhr er dann fort, »wir haben heute morgen zwei Spuren aufgefunden; eine von einem Palmer- und eine von einem Dunlop-Reifen. Die erste Fährte ist für uns erledigt, und, ehe wir die zweite weiterverfolgen, wollen wir uns erst einmal richtig klarzumachen suchen, was wir wirklich wissen, und das Wesentliche vom Nebensächlichen und Zufälligen trennen.

In erster Linie muß ich dir sagen, daß der Junge ganz sicher freiwillig gegangen ist. Er ist durchs Fenster entflohen, entweder allein oder in Begleitung einer zweiten Person. Daran ist nicht zu zweifeln.«

Ich stimmte ihm bei.

»Gut, nun wollen wir uns zu dem unglücklichen Lehrer und seinem Schicksal wenden. Der Junge war vollständig angekleidet, als er floh. Er hat also vorher gewußt, was er wollte. Der Lehrer hingegen ist ohne Strümpfe fortgeeilt, hat also keine Zeit gehabt und kurz entschlossen gehandelt.«

»Zweifellos.«

»Nun komme ich zum wichtigsten Punkt. Am natürlichsten würde es sein, daß ein Mann, der einen kleinen Jungen verfolgt, hinter ihm herläuft, weil er weiß, daß er ihn so bald einholen kann. Der Deutsche tut das nicht; er bedient sich des Rades. Ich habe erfahren, daß er ein ausgezeichneter Radler war. Er würde nicht zu diesem Mittel gegriffen haben, wenn er nicht gesehen hätte, daß auch der

Junge schnellgehende Hilfsmittel auf seiner Flucht zur Verfügung hatte.«

»Das andere Rad.«

»Laß uns erst weiter schließen. Die Leiche liegt fünf Meilen von der Schule – der Tod ist, wohlgemerkt, nicht durch eine Kugel herbeigeführt worden, die möglicherweise ja auch ein Junge abschießen kann, sondern durch einen wuchtigen Schlag von einem starken männlichen Arm. Der Junge muß also einen Gefährten auf seiner Flucht gehabt haben. Diese Flucht ist eine sehr eilige gewesen, denn ein guter Radfahrer hat fünf Meilen gebraucht, ehe er die Flüchtlinge eingeholt hatte. Wir untersuchen das Gelände am Tatort. Was finden wir? Nur ein paar Hufspuren von Rindern, sonst nichts. Ich habe die ganze Umgegend in einem weiten Umkreis durchforscht, aber innerhalb von fünfzig Metern ist kein Weg. Irgendein anderer Radfahrer konnte kein Interesse an der Ermordung haben. Übrigens waren auch keine Spuren eines Menschen zu sehen.«

»Holmes«, rief ich, »so ist es unmöglich!«

»Wunderbar!« antwortete er. »Eine sehr richtige Bemerkung. Es ist unmöglich, wie ich es darstelle, also muß meine Beweisführung in irgendeiner Hinsicht nicht ganz zutreffend sein. Nun denke selbst einmal darüber nach. Kannst du mir einen falschen Punkt darin angeben?«

»Könnte er sich nicht durch einen Sturz die Verletzung zugezogen haben?«

»Auf weichem Sumpfboden, Watson?«

»Dann weiß ich auch nicht.«

»Nur nicht gleich den Mut verloren! Wir haben schon schwierigere Probleme gelöst. Wir haben wenigstens genug Material, wir müssen es nur richtig verwerten. Komm jetzt, nachdem die Palmer-Spur abgetan ist, wollen wir uns nach der anderen von dem Rad der Firma Dunlop umschauen und sehen, was wir dabei für ein Resultat finden.«

Wir nahmen jene Spur wieder auf und verfolgten sie vorwärts. Aber nach kurzer Zeit kamen wir an einen Graben, jenseits dessen das Moor allmählich in eine sanft ansteigende Heidelandschaft überging, wo wir keine Spuren mehr erwarten konnten. Von der Stelle, wo wir zum letztenmal die Fährte des geflickten Dunlop-Reifens sahen, konnte sie ebensowohl nach Holdernesse Hall hinüberführen, dessen stattliche Türme wir einige Meilen links emporragen sahen, wie hinauf nach dem kleinen Dörfchen an der Hauptstraße nach Chesterfield.

Als wir in die Nähe des verheißungsvollen Gasthofes mit einem Kampfhahn über dem Eingang kamen, stieß Holmes plötzlich einen Schrei aus und erfaßte meine Schulter, um nicht hinzufallen. Er hatte sich den Fuß vertreten. Er humpelt beschwerlich auf die Tür zu, in der ein stämmiger, dunkelhaariger Mann stand und eine Tonpfeife rauchte.

»Wie geht's, Mr. Hayes?« redete ihn Holmes an.

»Wer sind Sie denn, und woher wissen Sie meinen Namen?« antwortete der Wirt, indem Argwohn aus seinen listigen Augen blitzte.

»Es steht ja über Ihrer Tür. Und den Besitzer eines Hauses zu erkennen, ist nicht schwer. Haben Sie nicht irgendein Fuhrwerk?«

»Nein, das hab' ich nicht.«

»Ich kann kaum mit dem Fuß auftreten.«

»Dann sollten Sie's einfach bleiben lassen.«

»Aber ich kann nicht richtig gehen.«

»Dann hüpfen Sie doch.«

Mr. Hayes Benehmen war nicht gerade entgegenkommend und höflich, aber Holmes nahm es merkwürdig gelassen hin.

»Schauen Sie her, lieber Mann«, sagte er. »Die Geschichte kommt mir jetzt wahrhaftig sehr ungelegen. Ich muß weiter und weiß nicht, wie ich fortkommen soll.«

»Ich weiß es auch nicht«, erwiderte der grobe Wirt.

»Die Sache ist sehr dringend. Ich gebe Ihnen einen Sovereign, wenn Sie mir ein Rad verschaffen; wenn ich auch nur mit dem einen Bein treten kann, so komme ich doch noch rascher und bequemer weiter als zu Fuß.«

Der Wirt spitzte die Ohren.

»Wo woll'n Sie denn hin?«

»Nach Holdernesse Hall.«

»Wohl zum Herzog persönlich?« fragte der Wirt, indem er höhnisch auf unsere mit Dreck bespritzten Hosen blickte.

»Er wird gewiß froh sein, wenn wir kommen.«

»Warum?«

»Weil wir ihm Nachricht von seinem Sohn bringen.«

Der Wirt fuhr sichtlich zusammen.

»Was, Sie sind ihm auf der Spur?«

»Er ist in Liverpool gesehen worden. Man hofft, ihn jede Stunde wiederzubekommen.«

Da veränderte sich das Gesicht des Wirtes wieder, und er wurde rasch vergnügt.

»Ich hab' ebensowenig Grund, dem Herzog wohlgesinnt zu sein, wie die meisten anderen Leute«, sagte er. »Ich war früher sein Leibkutscher, aber er hat mich furchtbar schlecht behandelt. Auf die Verdächtigung eines verlogenen Getreidehändlers hin hat er mich gleich rausgeworfen. Aber ich freue mich doch, daß der junge Lord in Liverpool gesehen worden ist, und will Ihnen behilflich sein, diese Botschaft zu übermitteln.«

»Ich danke Ihnen«, sagte Holmes. »Wir wollen aber erst etwas essen. Dann können Sie das Rad herbringen.«

»Ich hab' kein Rad.«

Holmes zeigte ihm das Goldstück.

»Mann, ich sage Ihnen doch, daß ich keins hab'. Ich will Ihnen aber ein Paar Pferde geben.«

»Schön«, antwortete Holmes. »Wir wollen die Sache nach dem Essen abmachen.«

Als wir allein in der Küche waren, bemerkte ich, wie erstaunlich schnell meines Freundes Fußverstauchung geheilt war. Es dämmerte, und wir hatten seit dem frühen Morgen nichts gegessen; brauchten aber trotzdem ziemlich viel Zeit, ehe wir mit unserem Mahl fertig waren. Holmes war in Gedanken versunken und ging ein paarmal ans Fenster und sah sich um. Man blickte in einen schmutzigen Hof. In der gegenüberliegenden Ecke befand sich eine Schmiede, worin ein Geselle an der Arbeit war. Auf der anderen Seite befanden sich die Ställe. Holmes hatte sich nach seinen Exkursionen wieder auf seinen Platz gesetzt, aber plötzlich sprang er auf und rief mit lauter Stimme:

»Wahrhaftig, Watson, ich glaube, ich habe die Lösung! Ja, ja, so muß es sein. Erinnerst du dich noch, Watson, daß du heute Spuren von Kühen gesehen hast?«

»Jawohl, mehrere.«

»Wo?«

»Nun, vielerorts. Im Sumpf und auf dem Pfad und auch in der Nähe der Stelle, wo der arme Heidegger den Tod gefunden hat.«

»Allerdings. Nun sage mir einmal, Watson, wieviel Kühe hast du eigentlich auf dem Moor gesehen?«

»Nicht eine einzige, so weit ich mich entsinnen kann.«

»Sonderbar, Watson, daß man überall Rinderspuren sieht und keine Kühe, sehr sonderbar, Watson, wie?«

»O ja, das ist freilich merkwürdig.«

»Nun, denk einmal nach, mein Lieber! Kannst du dir diese Spuren noch richtig vorstellen?«

»Jawohl.«

»Kannst du dich noch erinnern, daß diese Fährten zuweilen dieses Bild zeigten« – er legte eine Anzahl Brotkrumen in folgender Weise zusammen – : : : : : – »und manchmal so aussahen – : · : · : und verschiedentlich wieder so – – · · · · · . – kannst du dich noch darauf besinnen?«

»Nein, so genau habe ich sie nicht beobachtet.«

»Aber ich. Ich könnte darauf schwören. Wir können jedoch zurückgehen und nachsehen, wenn du willst. Wie verblendet bin ich doch gewesen, daß ich daraus keine Schlüsse gezogen habe!«

»Ja, was willst du denn daraus folgern?«

»Weiter nichts, als daß es eine komische Kuh gewesen sein muß, die Schritt geht, Trab läuft und Galopp rennt. Bei Gott, Watson, das war kein dummer Bauer, der eine solche

Täuschung ausgedacht hat! Die Luft scheint rein zu sein, wenn wir von dem Burschen in der Schmiede absehen. Wir wollen uns hinausschleichen und sehen, was wir entdecken können.«

In dem baufälligen Stall standen zwei struppige Pferde. Holmes hob bei dem einen den Hinterhuf auf und mußte laut lachen.

»Alte Eisen, aber frisch aufgelegt – alte Eisen und neue Nägel. Dieser Fall ist einzig. Laß uns hinübergehen in die Schmiede.«

Der Geselle arbeitete weiter, ohne uns zu beachten. Ich sah, wie Holmes mit seinen Blicken auf dem Boden unter den umherliegenden Eisen- und Holzstücken eifrig suchte. Plötzlich hörten wir einen schweren Schritt, und hinter uns stand der Wirt. Er schaute uns wütend an, in seinem finsteren Gesicht zuckte es vor Zorn, und in der Hand hatte er ein kurzes Stück Eisen mit einem schweren Knopf. Er kam in einer Weise auf uns zu, daß ich recht froh war, meinen Revolver in der Tasche zu haben.

»Ihr verfluchten Spione!« schrie er uns an. »Was macht ihr hier?«

»Oh, Mr. Hayes«, antwortete Holmes kaltblütig, »man möchte fast glauben, Sie fürchteten, daß wir etwas finden könnten.«

Mit großer Anstrengung bezwang der Mann seine Wut und zeigte ein erzwungenes Lachen. Er sah dabei jedoch noch gefährlicher aus als vorher.

»In meiner Schmiede werden Sie nichts Verdächtiges finden«, sagte er. »Aber trotzdem bin ich kein Freund von Leuten, die ohne meine Erlaubnis alles durchstöbern, und es ist mir am liebsten, wenn Sie möglichst bald Ihre Rechnung bezahlen und machen, daß Sie fortkommen.«

»Schön, Mr. Hayes – nichts für ungut«, erwiderte Holmes. »Wir haben uns nur Ihre Pferde angesehen, aber ich hoffe, daß ich wieder gehen kann. Es ist wohl nicht zu weit.«

»Nur zwei Meilen. Den Weg rechts.« Er guckte mit finsteren Blicken hinter uns her, bis wir sein Gehöft verlassen hatten.

Wir gingen aber nicht weit auf der bezeichneten Straße. Sobald wir um die Ecke herum waren, so daß uns der Wirt nicht mehr sehen konnte, blieb Holmes stehen.

»In diesem Gasthof hat man uns warm gemacht«, sagte er dann. »Jeden Schritt weiter werde ich kühler. Nein, nein; ich muß noch einmal dahin zurück.«

»Ich bin fest überzeugt«, antwortete ich, »daß dieser Hayes alles weiß. Ich habe im Leben keinen Kerl gesehen, der sich so verraten hätte.«

»Ah! einen solchen Eindruck hat er auf dich gemacht, wirklich? Die Pferde, die Schmiede. Es ist sicher ein interessanter Ort, dieser ›Kampfhahn‹. Ich hoffe, daß wir ihn ein anderes Mal in einer weniger aufdringlichen Weise besichtigen können.«

Hinter uns zog sich eine lange Straße am Fuß eines Hügels hin. Wir hatten den Weg verlassen und wanderten querfeldein auf Holdernesse Hall zu. Als ich zufällig emporblickte, sah ich einen Radfahrer rasch die Landstraße herunterkommen.

»Bück' dich, Watson!« rief Holmes und drückte mich gleichzeitig nieder. Wir hatten uns kaum so verborgen, daß er uns nicht erkennen konnte, als er an uns vorbeisauste. In einer Staubwolke bemerkte ich für einen Moment ein blasses, erregtes Gesicht – ein Gesicht, in dem jeder einzelne Zug Schrecken und Furcht verriet; der Mund stand weit offen und die vorgetretenen Augen stierten geradeaus. Es erschien mir wie eine Karikatur des flinken kleinen Wilder, den wir am gestrigen Abend gesehen hatten.

»Der Sekretär des Herzogs!« rief Holmes. »Komm, Watson, wir wollen hinter ihm her und sehen, was er macht.« Wir kletterten von Fels zu Fels, bis wir nach ein paar Augenblicken einen Punkt gefunden hatten, von dem aus wir den Eingang zum Gasthof überblicken konnten. Wilders Fahrrad war an die Mauer daneben gelehnt. Um das Haus herum war kein Mensch zu sehen, auch an den Fenstern zeigte sich kein Gesicht. Langsam sank die Dämmerung hernieder, und nachdem es dunkel geworden war, bemerkten wir im Hofe des Wirtshauses die Lichter zweier Wagenlaternen, und kurz danach hörten wir den Hufschlag der Pferde. In rasendem Tempo fuhr ein Geschirr nach Chesterfield zu.

»Was hältst du davon, Watson?« flüsterte mir Holmes zu.

»Es sieht nach Flucht aus.«

»In dem Fuhrwerk saß, soweit ich sehen konnte, nur ein einzelner Mann. Doch war es sicher nicht Mr. Wilder, denn er steht ja dort im Eingang.«

In der Mitte eines hellen Lichtscheins, der durch die Haustür fiel, konnte man die dunkle Gestalt des Sekretärs erkennen; er steckte den Kopf hinaus und starrte in die Nacht. Er wartete offenbar auf jemanden. Dann hörte man Tritte auf der Straße, sah eine zweite Person in dem Lichtschein; die Tür wurde zugemacht, und alles war wieder finster. Nach etwa fünf Minuten wurde in einem Zimmer des ersten Stockwerks eine Lampe angezündet.

»Der ›Kampfhahn‹ scheint eigentümliche Gäste zu haben«, meinte Holmes.

»Das Schanklokal liegt auf der anderen Seite.«

»Ganz recht. Das sind sogenannte Logiergäste. Was in aller Welt mag dieser Wilder um diese späte Stunde in einer solchen Kneipe zu schaffen haben, und wer mag sein Gefährte sein, der mit ihm dort zusammentrifft? Komm, Watson, wir müssen es wirklich wagen und uns die Geschichte etwas aus der Nähe betrachten.«

Wir schlichen uns zusammen auf die Straße und krochen hinüber zum Eingang des Gasthofes. Das Rad stand noch an der Mauer. Holmes steckte ein Streichholz an und hielt es an das Hinterrad; und ich hörte ihn leise lachen, als er die Reparatur und den Reifen von Dunlop gewahr wurde. Gerade über uns befand sich das erleuchtete Fenster.

»Ich muß unbedingt einen Blick durch die Scheiben werfen, Watson. Wenn du dich bückst und an der Mauer festhältst, glaube ich es fertigzubringen.«

Im nächsten Moment stand er auf meinen Schultern. Er war jedoch kaum oben, als er auch schon wieder unten war.

»Komm, mein Lieber«, sagte er. »Wir haben heute lange genug gearbeitet, und ich glaube, auch genug erreicht. Es ist noch ein tüchtiger Marsch bis zur Schule, und je früher wir uns auf den Weg machen, um so besser.«

Während unserer mühseligen Wanderung über das Moor sprach er kein Wort, er ging auch nicht in die Klosterschule, als wir ankamen, sondern zunächst zur Station Mackleton, wo er einige Depeschen aufgeben konnte. Spät in der Nacht hörte ich ihn noch Dr. Huxtable trösten, der durch das traurige Ende seines Lehrers tief erschüttert worden war, und noch später kam er ebenso munter und kräftig in mein Zimmer, wie er am Morgen beim Aufbruch gewesen war. »Es geht alles gut, lieber Freund«, sagte er zu mir. »Ich verspreche dir, daß wir vor morgen abend das Geheimnis aufgedeckt haben.«

Am nächsten Morgen um elf Uhr wandelten wir durch die berühmte Taxusallee von Holdernesse Hall. Wir wurden durch den prächtigen elisabethanischen Eingang in das Arbeitszimmer des Herzogs geführt.

Dort fanden wir Mr. Wilder. Er war bescheiden und höflich, aber in seinen Augen und in seiner Miene lag noch eine Spur des Schreckens von der vorhergegangenen Nacht.

»Sie wünschen Seine Hoheit zu sprechen? Es tut mir leid; aber der Herzog ist tatsächlich nicht wohl. Er ist durch die tragische Neuigkeit von gestern sehr aufgeregt worden. Wir erhielten am Nachmittag ein Telegramm von Dr. Huxtable, worin er uns Ihre Entdeckung mitteilte.«

»Ich muß aber den Herzog sehen, Mr. Wilder.«

»Er ist noch in seinem Schlafzimmer.«

»Dann will ich ihn dort sprechen.«

»Ich glaube, er liegt sogar noch zu Bett.«

»So will ich ihn dort sprechen.«

Das kalte und unerschütterliche Wesen meines Freundes mochte dem Sekretär wohl sagen, daß es nutzlos sei, weitere Einwendungen zu machen.

»Also gut, Mr. Holmes, ich werde ihm sagen, daß Sie hier sind.«

Nach etwa einer halben Stunde trat der Minister herein. Sein Gesicht war leichenähnlicher als je zuvor, er ging niedergebeugt und machte mir einen viel älteren Eindruck als am ersten Tag. Er begrüßte uns höflich und setzte sich an seinen Schreibtisch, so daß sein roter Bart auf die Tischplatte herabhing.

»Nun, Mr. Holmes?« begann er.

Mein Freund faßte jedoch den Sekretär scharf ins Auge, welcher neben dem Stuhl seines Herrn stand.

»Ich würde in Abwesenheit von Mr. Wilder freier sprechen können, Hoheit.«

Der Sekretär wurde noch einen Ton weißer und warf meinem Freund einen bösartigen Blick zu.

»Wenn Eure Hoheit wünschen —«

»Ja, ja, es ist besser, wenn Sie gehen. Nun, Mr. Holmes, was haben Sie mir mitzuteilen?«

Mein Freund wartete, bis sich hinter dem abtretenden Sekretär die Tür geschlossen hatte, dann antwortete er: »Dr. Huxtable hat meinem Kollegen Dr. Watson und mir die Mitteilung gemacht, daß Eure Hoheit eine Belohnung in diesem Falle ausgesetzt hätten. Ich möchte das von Ihnen selbst bestätigt haben.«

»Gewiß, Mr. Holmes.«

»Sie belief sich, wenn ich recht unterrichtet bin, auf fünftausend Pfund für denjenigen, der Ihnen angeben kann, wo sich Ihr Sohn aufhält?«

»Sehr richtig.«

»Und weitere tausend Pfund demjenigen, der Ihnen die Person oder die Personen namhaft macht, die ihn verborgen halten?«

»Jawohl.«

»Darunter sind doch sicher nicht nur diejenigen zu verstehen, die ihn entführt haben, sondern auch die, die ihn jetzt eventuell festhalten?«

»Allerdings, natürlich«, rief der Herzog ungeduldig.

»Wenn Sie Ihre Sache gut machen, werden Sie sich bei mir nicht über Knauserei zu beklagen haben.«

Mein Freund rieb sich die mageren Hände und zeigte eine Begehrlichkeit, die mich überraschte, weil ich seine Anspruchslosigkeit kannte.

»Ich glaube, Ihrer Hoheit Scheckbuch liegt dort auf dem Tisch«, sagte er weiter. »Es würde mich freuen, wenn Sie mir einen Wechsel auf sechstausend Pfund ausstellten. Sie können das Geld der Länder-Bank in der Oxford Street, London, überweisen, wo ich mein Konto habe.«

»Soll das ein Scherz sein?« antwortete der Herzog, der sich in seinem Stuhl in die Höhe gerichtet hatte und Holmes streng und starr ansah. »Die Sache ist kaum für einen Ulk geeignet.«

»Allerdings nicht, Hoheit. Ich bin nie im Leben ernster gewesen als jetzt.«

»Was wollen Sie denn damit sagen?«

»Ich will damit sagen, daß ich die Belohnung verdient habe. Ich kenne den Aufenthaltsort Ihres Sohnes und kenne auch, wenigstens teilweise, die Leute, die ihn festhalten.«

Des Herzogs Bart erschien noch röter und sein Gesicht noch bleicher.

»Wo ist er?« fragte er mit zitternder Stimme.

»Er ist oder war wenigstens vergangene Nacht im Gasthof zum Kampfhahn, ungefähr zwei Meilen von Ihren Toren entfernt.«

Der Herzog sank in seinen Stuhl zurück.

»Und wen beschuldigen Sie? – Wer hält ihn versteckt?«

Holmes' Antwort auf diese Frage lautete ganz überraschend. Er ging rasch ein paar Schritte nach vorne und klopfte dem Herzog leicht auf die Schulter.

»Sie«, sagte er dann. »Und nun darf ich Eure Hoheit wohl um den Scheck bitten.«

Nimmermehr werde ich die Erscheinung des Herzogs vergessen, als er aufsprang und um sich griff wie jemand, der in einem Abgrund versinkt. Dann setzte er sich mit großer Selbstbeherrschung wieder nieder und verbarg das

165

Gesicht mit seinen Händen. Es dauerte einige Minuten, ehe er sprechen konnte.

»Wieviel wissen Sie?« fragte er endlich, ohne den Kopf emporzuheben.

»Ich habe Sie gestern abend zusammen gesehen.«

»Weiß es noch jemand außer Ihrem Freund?«

»Ich habe es niemandem gesagt.«

Der Herzog ergriff mit zitternder Hand eine Feder und schlug das Scheckbuch auf.

»Ich werde mein Wort halten, Mr. Holmes. Ich bin im Begriff, Ihre Anweisung auszuschreiben, wenn mir auch Ihre Auskunft nicht sehr angenehm klingt. Als ich die Belohnung aussetzte, dachte ich nicht im entferntesten daran, daß die Sache eine derartige Wendung nehmen sollte. Aber Sie und Ihr Freund sind doch verschwiegene Leute, Mr. Holmes?«

»Ich verstehe Eure Hoheit nicht recht.«

»Dann will ich es Ihnen deutlicher sagen, Mr. Holmes. Wenn Sie beide allein den Vorfall kennen, so liegt kein Grund vor, daß ihn andere erfahren. Zwölftausend Pfund bin ich Ihnen schuldig, nicht wahr?«

Holmes lächelte und schüttelte den Kopf.

»Eure Hoheit, ich habe die Befürchtung, daß sich die Angelegenheit schwerlich so leicht regeln läßt. Wir müssen den Tod des Lehrers noch berücksichtigen.«

»Davon hat James nichts gewußt. Dafür können Sie ihn nicht verantwortlich machen. Das ist die Tat des rohen Gesellen, den er unglücklicherweise in seinen Dienst genommen hatte.«

»Ich stehe auf dem Standpunkt, Eure Hoheit, daß jemand, der sich eines Verbrechens schuldig macht, moralisch auch die Schuld an einem anderen trägt, das sich aus dem ersten entwickelt.«

»Moralisch, Mr. Holmes. Insofern haben Sie zweifellos recht. Aber sicherlich nicht in den Augen des Richters. Ein Mann kann nicht verurteilt werden wegen Mordes, bei dem er nicht zugegen war, und den er ebensosehr mißbilligt und verabscheut wie Sie selbst. Gleich, nachdem ich die Untat erfahren hatte, hat er mir ein volles Geständnis abgelegt, einen solchen Schauder und solche Gewissensbisse empfand er darüber. Er hat keine Minute verloren, um mit dem Mörder vollständig zu brechen. Oh, Mr. Holmes, Sie müssen ihn retten – müssen ihn retten! Ich beschwöre Sie, retten Sie ihn!« Der Herzog hatte alle Selbstbeherrschung verloren. Er lief wie wahnsinnig im Zimmer umher und rang verzweifelt die Hände. Endlich wurde er wieder Herr seiner selbst und setzte sich zum zweitenmal an den Schreibtisch. »Ich rechne es Ihnen hoch an, daß Sie hierher gekommen sind, ehe Sie irgendeinem anderen etwas gesagt haben«, fuhr er fort. »So können wir wenigstens miteinander beraten, auf welche Weise wir diesen schrecklichen Skandal am besten unterdrücken.«

»Allerdings«, antwortete Holmes. »Dazu gehört jedoch, daß wir ganz offen zueinander sprechen, Hoheit. Ich habe die Absicht, Ihnen nach besten Kräften zu helfen; um das jedoch zu können, muß ich alle Verhältnisse bis ins kleinste kennen. Ich weiß, daß Sie Mr. Wilder in Schutz nehmen wollen, und daß er nicht der Mörder ist.«

»Nein; der Mörder ist entkommen.«

Holmes lächelte.

»Eure Hoheit haben wahrscheinlich noch nichts von dem bescheidenen Ruf gehört, dessen ich mich erfreue, sonst würden Sie nicht glauben, daß man mir so leicht entschlüpft. Mr. Hayes ist auf meine Veranlassung hin gestern abend um elf Uhr in Chesterfield verhaftet worden. Ich habe von dem örtlichen Polizeiinspektor, ehe ich heute morgen die Klosterschule verließ, ein diesbezügliches Telegramm bekommen.«

Der Herzog lehnte sich auf seinem Stuhl zurück und sah meinen Freund starr vor Erstaunen an.

»Sie scheinen fast übermenschliche Fähigkeiten zu besitzen«, sagte er nach einer Weile. »Hayes ist also wirklich festgenommen? Ich bin sehr froh, das zu hören, falls es nicht auf James' Schicksal einen ungünstigen Einfluß ausübt.«

»Ihres Sekretärs?«

»Nein, Mister, meines Sohnes.«

Darüber mußte nun Holmes staunen.

»Ich gestehe, daß mir diese Enthüllung vollkommen neu ist, Hoheit. Ich muß Sie ersuchen, sich näher darüber auszusprechen.«

»Ich will Ihnen nichts verheimlichen. Ich stimme mit Ihnen darin überein, daß absolute Offenheit in der verzweifelten Lage, in die wir durch James' Torheit und Neid geraten sind, noch das Beste und Klügste ist. Als blutjunger Mensch, Mr. Holmes, liebte ich, wie man nur einmal im Leben lieben kann. Ich bot der Dame die Heirat an, sie schlug es aber aus, weil eine solche Verbindung mich in meiner Karriere schädigen konnte. Wenn sie am Leben geblieben wäre, würde ich nie eine andere zur Frau genommen haben. Sie starb jedoch und hinterließ mir dieses einzige Kind, das ich aus Liebe zu ihr gepflegt und versorgt habe. Der Welt gegenüber konnte ich die Vaterschaft nicht anerkennen; ich gab ihm aber eine sehr gute Erziehung, und als er herangewachsen war, habe ich ihn zu mir genommen. Er erfuhr mein Geheimnis und hat seitdem stets auf seine Ansprüche an mich und auf seine Macht gepocht, daß er einen Skandal provozieren könne, der für mich furchtbar sein würde. Seine Gegenwart war auch an dem Unglück meiner Ehe mit schuld. Einen besonderen Haß hatte er vom ersten Augenblick an gegen meinen jüngeren Sohn und rechtmäßigen Erben. Sie werden mich vielleicht fragen, warum ich James unter diesen Umständen zu Hause behalten habe. Das geschah nur darum, weil ich seiner Mutter Gesicht in ihm wiedersah, und dieser teuren Erinnerung zuliebe duldete ich alles. Ich fand nicht die Kraft, ihn fortzuschicken. Aber ich fürchtete, er möchte Artur – das ist Lord Saltire – ein Leid antun, und deshalb brachte ich den Kleinen zu seiner eigenen Sicherheit zu Huxtable auf die Schule.

James kam mit diesem verruchten Hayes, einem meiner Bauern, in Berührung, weil er die Verwaltung führte. Dieser Kerl war ein Schurke von Anfang an, aber merkwürdigerweise wurde James doch vertraut mit ihm. Er hatte immer eine Vorliebe für schlechten Umgang. Als James entschlossen war, Lord Saltire zu entführen, bediente er sich dieses Menschen zur Ausführung seines Planes. Sie werden sich erinnern, daß ich an jenem letzten Tage an Artur geschrieben hatte. Nun, James öffnete den Brief und legte einen Zettel bei, worauf er Artur bat, in einem nahegelegenen Wäldchen mit ihm zusammenzutreffen. Er mißbrauchte den Namen der Herzogin und veranlaßte auf diese Weise das Kind zu kommen. An jenem Abend radelte James hinunter – ich erzähle Ihnen alles so, wie er es mir selbst eingestanden hat – und sagte zu Artur, der sich wirklich eingefunden hatte, daß seine Mutter Sehnsucht nach ihm hätte und in dem Moor auf ihn wartete; wenn er um Mitternacht wieder in den Wald ginge, würde er einen Mann mit einem Pferd bereit finden, der ihn zu ihr bringen wollte. Der arme Junge fiel darauf herein. Er stellte sich an dem bestimmten Ort ein und traf diesen elenden Hayes mit einem Pony. Artur stieg auf, und sie ritten zusammen los. Sie scheinen nun, wie James erst gestern erfahren hat, verfolgt worden zu sein, wobei Hayes den Verfolger mit dem Stock so wuchtig über den Kopf geschlagen hat, daß der Mann infolge der Verletzung gestorben ist. Hayes brachte Artur dann in sein Logierhaus, den »Kampfhahn«, wo er im oberen Stock in ein Zimmer eingeschlossen wurde und sich Frau Hayes seiner annahm; sie ist eine gute Frau, muß sich aber ihrem brutalen Mann vollkommen fügen.

So, Mr. Holmes, stand die Sache, als ich Sie vor zwei Tagen zum erstenmal sah. Sie werden mich hier fragen, was für einen Beweggrund James zu dieser Handlungsweise hatte. In dem Haß gegen meinen Erben war viel Unvernunft und Fanatismus. In seinem Sinn sollte er selbst der Erbe meiner Besitzungen sein, und er empfand die gesetzlichen Bestimmungen, die es unmöglich machen, als sehr ungerecht. Er hatte aber auch noch ein bestimmtes Motiv. Er bestand darauf, daß ich das Testament umstoßen sollte, was seiner Ansicht nach wohl in meiner Macht stände. Er wollte einen Druck auf mich ausüben – Artur mir wiederbringen, wenn ich das Testament änderte und ihm dadurch die Möglichkeit gäbe, seine Erbschaft antreten zu können. Er wußte genau, daß ich nie und nimmer die Hilfe der Polizei gegen ihn in Anspruch nehmen würde. Ich muß hervorheben, daß er mir das zumuten *wollte,* in Wirklichkeit ist er nicht dazu gekommen, denn es ging zu schnell, und er fand nicht die Zeit, seine Pläne in die Tat umzusetzen.

Was alle seine bösen Absichten zum Scheitern brachte, war Ihre Auffindung von Heideggers Leiche. Bei dieser Kunde wurde James von Schrecken erfüllt. Sie erreichte uns, als wir gestern in diesem Zimmer zusammensaßen. Dr. Huxtable hatte telegraphiert. James war so von Sorge und Aufregung überwältigt, daß mir mein Verdacht, den ich immer gehabt hatte, augenblicklich zur Gewißheit wurde und ich ihn zur Rede stellte. Er legte freiwillig ein volles Geständnis ab und bat mich danach, sein Geheimnis nur noch drei Tage zu bewahren, um seinem elenden Genossen Gelegenheit zu geben, seine Person in Sicherheit zu bringen. Ich gab seinen Bitten nach, wie ich immer nachgegeben habe. James fuhr sofort zu dem Gasthof, um Hayes zu warnen und ihm die Mittel zur Flucht zu geben. Ich konnte bei Tag nicht hingehen, ohne zu Redereien Veranlassung zu geben, aber sobald es Nacht geworden war, eilte ich hin, um meinen lieben Jungen zu sehen. Ich traf ihn wohl und munter, aber über alle Maßen entsetzt über die Bluttat, deren Zeuge er gewesen war. In Anbetracht meines Versprechens, wenn auch gegen meinen Willen, gab ich meine Einwilligung, den Jungen noch drei Tage unter der Obhut von Frau Hayes zu lassen, denn es war unmöglich, die Polizei von seinem Aufenthalt zu benachrichtigen, ohne gleichzeitig den Mörder zu verraten, und dieser konnte nicht bestraft werden, ohne meinen unglücklichen James mit ins Verderben zu ziehen.

Sie baten mich um Offenheit, Mr. Holmes, und ich habe

Ihren Wunsch erfüllt und Ihnen alles ohne Umschweife und Heimlichkeit erzählt. Nun seien Sie Ihrerseits ebenso freimütig gegen mich.«

»Das will ich«, sagte Holmes. »In erster Linie fühle ich mich verpflichtet, Eure Hoheit darauf aufmerksam zu machen, daß Sie sich selbst in eine recht üble Lage gebracht haben. Vom gesetzlichen Standpunkt aus betrachtet, haben Sie sich eines schweren Verbrechens schuldig gemacht, indem Sie einem Mörder mit zur Flucht verholfen haben, denn es unterliegt wohl keinem Zweifel, daß das Geld, welches James Wilder seinem Komplizen zur Flucht übergeben hat, aus Ihrer Tasche kommt.«

Der Herzog nickte zustimmend.

»Dieser Punkt ist nicht leichtzunehmen. Aber eine noch schwerere Schuld haben Sie durch das Benehmen Ihrem jüngeren Sohn gegenüber meiner Meinung nach auf sich geladen. Sie lassen ihn drei Tage in einer solchen Räuberhöhle.«

»Nach feierlichen Versprechungen –«

»Was für einen Wert haben Versprechungen bei solchem Volk? Wer bürgt Ihnen dafür, daß er nicht wieder weggelockt wird? Um Ihrem schuldigen älteren Sohn einen Gefallen zu tun, haben Sie Ihren unschuldigen jüngeren Sohn einer ungeheuren und unnötigen Gefahr ausgesetzt. Das war sehr ungerecht von Ihnen.«

An eine solche Tonart, noch dazu in seinen eigenen Gemächern, war der stolze Lord von Holdernesse nicht gewöhnt.

Seine hohe Stirn wurde rot vor Zorn, aber sein Gewissen hieß ihn schweigen.

»Ich will Ihnen beistehen, aber nur unter einer Bedingung. Sie müssen Ihrem Diener klingeln und mich ihm die Befehle geben lassen, die ich für gut halte.«

Ohne ein Wort zu sagen, drückte der Herzog auf den Knopf der elektrischen Klingel. Ein Lakai trat ein.

»Sie werden sich freuen zu hören, daß Ihr junger Herr wiedergefunden ist«, sagte Holmes zu ihm. »Seine Hoheit wünscht, daß sofort ein Wagen zum ›Kampfhahn‹ abfährt, um den Lord Saltire nach Hause zurückzubringen.«

Als der Diener hocherfreut hinausgegangen war, fuhr Holmes fort: »Nachdem wir nun die Zukunft sichergestellt haben, können wir das Vergangene in Ruhe erörtern. Ich bin kein Beamter und habe also keine Veranlassung, alles, was ich weiß, aufzudecken. Was Hayes betrifft, kann ich weiter nichts tun. Er gehört an den Galgen, und ich würde keine Hand rühren, um ihn zu retten. Was er offenbaren wird, kann ich nicht sagen, ich bin aber überzeugt, daß Eure Hoheit ihm zu verstehen geben könnte, daß das Schweigen auch in seinem eigensten Interesse liegt. Nach Ansicht der Polizei hat er den Jungen entführt, um ein Lösegeld zu erpressen. Wenn sie selbst nichts weiter herausbringt, so habe ich keinen Grund, ihren Gesichtskreis zu erweitern. Ich möchte Eure Hoheit nur noch darauf aufmerksam machen, daß die weitere Anwesenheit von Mr. Wilder in Ihrer Familie nur Unglück über Sie bringen kann.«

»Das begreife ich, Mr. Holmes, und es ist schon abgemacht, daß er mich für immer verlassen und in Australien sein Glück versuchen soll.«

»Wenn das der Fall ist, würde ich Ihnen raten, da Sie ja selbst die Schuld an Ihrem ehelichen Unglück seiner Gegenwart zugeschrieben haben, soweit es möglich ist, der Herzogin entgegenzukommen und sie wieder in die früheren Rechte einzusetzen und die alten Beziehungen, die so unglücklich unterbrochen waren, wieder herzustellen.«

»Auch dies habe ich schon in die Wege geleitet, Mr. Holmes. Ich habe heute morgen bereits an die Herzogin geschrieben.«

»Dann können wir Ihnen, glaube ich, gratulieren. Wir können uns aber gleichzeitig auch selbst beglückwünschen, daß unsere kleine Reise nach Norden so schöne Erfolge gezeitigt hat. Über etwas möchte ich noch gerne Aufschluß haben. Dieser Hayes hatte seine Pferde mit Eisen beschlagen, die die Abdrücke von Rinderhufen gaben. Hat er diesen ausgezeichneten Kniff von Mr. Wilder gelernt?«

Der Herzog besann sich einen Augenblick und machte ein ganz erstauntes Gesicht. Dann öffnete er eine Tür und führte uns in ein großes Zimmer, das wie ein Museum eingerichtet war. Er zeigte uns einen Glasschrank in einer Ecke und deutete auf einen beschriebenen Zettel, dessen Inhalt lautete:

»Diese Eisen wurden beim Umgraben in der Nähe von Holdernesse Hall gefunden. Sie sind für Pferde gemacht, haben auf der unteren Seite aber einen gespaltenen Eisenbeschlag, wie ihn Rinder tragen, um Verfolger in der Fährte zu täuschen. Sie haben wahrscheinlich einem der plündernden Raubritter des Mittelalters gute Dienste geleistet.«

Holmes machte die Glastür auf und strich mit dem feuchten Finger über die Eisen. Der Finger zeigte Spuren von frischem Schmutz.

»Ich danke Ihnen«, sagte er, als er den Vorhang vorschob und die Glastür des Schrankes schloß. »Das ist der zweite, höchst interessante Gegenstand, den ich hier im Norden gesehen habe.«

»Und der erste?«

Holmes faltete als Antwort seinen Scheck zusammen und legte ihn sorgfältig in sein Notizbuch. »Ich bin kein reicher Mann«, sagte er, während er das Buch zärtlich in der Hand hielt und dann in der Tiefe seiner Innentasche verschwinden ließ. (1904)

THEODORE ROOSEVELT
DIE FAHRRADSQUADRON DER NEW YORKER POLIZEI*

Die Mitglieder der Fahrradsquadron, die bald nach unserem Amtsantritt* eingerichtet wurde, liefen nicht nur zu absoluter Hochform auf dem Rad auf, sondern erwiesen sich auch als außerordentlich wagemutig. Oft stoppten sie durchgehende Pferde, indem sie seitlich an sie heranfuhren und die Pferde in voller Fahrt ergriffen. Und was noch viel beachtlicher war, sie schafften es nicht nur, sie zu übernehmen, sondern in zwei oder drei Fällen auch noch auf das Fuhrwerk aufzuspringen und Männer festzunehmen, die sich wegen rücksichtslosen Fahrens strafbar gemacht hatten und sich der Festnahme heftig kämpfend widersetzten. Dies waren ausgesuchte Leute, jung und aktiv, und jedes Bravourstück, das sich auf dem Rad nur machen ließ, verwirklichten sie mit Sicherheit.

Drei der besten Fahrer der Fahrradsquadron, deren Namen und Personalakten mir zufällig in Erinnerung kommen, kamen aus den drei in der New Yorker Polizei am häufigsten vertretenen ethnischen Gruppen, waren also amerikanischer, deutscher und irischer – genauer schottisch-irischer – Herkunft.

Der Deutsche war ein Mann mit enormen Leistungsreserven und schaffte es, jedes verfolgte Ausreißerpferd zum Anhalten zu bringen, ohne daß er dabei seines Rades verlustig ging. Wenn seine Zeit gekommen war, pflegte er von rechts an das Pferd heranzufahren und mit der linken Hand die Kandare zu ergreifen, während die Rechte den Lenker des Rads hielt. Zug um Zug brachte er dann das Tier unter seine Kontrolle. Es ist ihm noch nie mißlungen, das Pferd zum Anhalten zu bringen, und noch nie verlor er sein Rad dabei. Es mißglückte ihm auch nie, irgendwelche Raser zu überholen, obgleich manche von denen Berufsrennfahrer

174

waren, die das Gesetz absichtlich verletzten, um zu sehen, ob sie ihm noch entkommen könnten; denn die Radmänner fanden bald solche Officers heraus, die sie in punkto Geschwindigkeit schlagen konnten.

Der Yankee, wiewohl ein großer, starker Mann und sehr guter Fahrer, konnte dem Deutschen in beiderlei Hinsicht kaum das Wasser reichen, er zeigte jedoch außerordentliche Befähigung und ausnehmende Nervenstärke und Kaltblütigkeit – er erreichte seine Beförderung zuerst. Er stoppte in etwa gleichviel durchgehende Pferde; aber wo das Pferd wirklich in Panik war, mußte er gewöhnlich sein Rad loswerden, indem er einen sicheren Halt am Halfter des Pferdes fand und dann sein Rad so wegstieß, daß es ohne Beschädigung dem Fuhrwerk aus dem Weg trudelte. Einmal mußte er mit einem betrunkenen und rücksichtslosen Pferdelenker kämpfen, der ein sehr feuriges Pferd zu höchster Schnelligkeit antrieb. Er bekam zuerst das Pferd zu fassen, worauf der Wagenlenker auf ihn und das Tier einhieb, so daß das bereits vor Schreck verrückte Pferd nicht zum Halten gebracht werden konnte. Der Officer hatte natürlich sein Rad zu Beginn weggestoßen, und nachdem er eine Strecke mitgeschleift worden war, ließ er das Tier los und schnappte sich den Wagen. Der Fahrer schlug nach ihm mit der Peitsche, doch er schaffte es aufzusteigen und nach einem heftigen Handgemenge den Mann zu überwältigen. Er packte diesen dann auf die Bank und setzt sich auf ihn drauf. Dadurch bekam er die Hände für die Zügel frei. Allmählich bekam er das Pferd unter Kontrolle und lenkte den Wagen zur Polizeistation hin, immer noch auf seinem Opfer sitzend. »Wenn er unangenehm zu werden drohte, hopste ich auf ihm hoch und nieder, um ihn ruhigzustellen«, bemerkte er beiläufig zu mir. Nach Abstellen des Wagens brachte er den Mann zum Gericht, welcher ihn unterwegs anfiel und zu würgen versuchte. Dies überzeugte ihn, daß es mit der Geduld nun vorbei sein müsse, und er machte den Angreifer mit einem Hieb über den Schädel kampfunfähig, bis dieser vor den Richter kam und bestraft wurde. Wie die anderen »Fahrrad-Cops« führte dieser Officer eine Reihe Festnahmen von Kriminellen durch – von Dieben, Wegelagerern und dergleichen, und dies zusätzlich zu seiner natürlichen Beute – den Rasern, den durchgehenden Pferden und rücksichtslosen Kutschern.

Das dritte Mitglied dieses Trios, ein großer, sehniger Mann mit leuchtend rotem Haar, was eher noch zum Schrecken unter den Übeltätern beitrug, war gewöhnlich in einem ziemlich üblen Viertel der Stadt stationiert, wo es eine Tendenz zu Gewaltverbrechen und übrigens hin und wieder den Drang zur Belästigung von Radmännern gab. Der Officer war mit wie ohne Rad gut drauf und stellte rasch die Ordnung in seinem Revier wieder her, immer gewillt, Risiken einzugehen, um seinen Mann zu schnappen. Er hatte keinerlei Respekt vor Persönlichkeiten, und wenn es seine Pflicht war, einen reichen Mann festzunehmen, etwa für ständige Weigerung, seine Kutschlaternen nach Einbruch der Dunkelheit anzuzünden, lochte er ihn mit derselben Indifferenz ein, die er bei der Festnahme eines Straßenecken-Rabauken zeigte, der einem Radmann einen Stein nachgeworfen hatte. (1897)

Einige der Harvard-Studenten, die in meiner Nachbarschaft wohnten, hatten diese Maschinen, die damals »velocipedes« genannt wurden, auf denen sie zu grätschen pflegten..., wobei ihre Füße sich vom Boden abstießen.
   Oliver Wendell Holmes in seiner 1858 erschienenen Autobiographie

---

* Theodore Roosevelt, der spätere amerikanische Präsident, war seit Mai 1895 Präsident des New Yorker Polizeiaufsichtsamtes.

Ludwig Ganghofer
DIE FAHRSCHULE*

Die Fahrschule! Mag das nun die sportlich geleitete Fahrschule des Städters sein, oder die »wilde« der Vorstadt und
des Dorfes, wo sich der »Radlerlehrbub« frei in den Sattel
schwingt und so lange oben bleibt, bis er wieder unten
liegt, bald links im Straßengraben und bald rechts in einer
Pfütze, bald links an einer Mauer und bald rechts an einem
Baum – Fahrschule bleibt Fahrschule! Und was liegt nicht
alles in diesem Worte an Ernst und Humor, an Lust und
Ärger, an Eifer und Verzagen, an rot glühenden Wangen
und blauen Flecken!

Der eine betritt die Fahrschule mit zaghafter Scheu und
schämt sich bereits des ersten Sturzes, bevor er noch auf das
Rad gestiegen. Der andere tritt stolz erhobenen Hauptes
ein, und sein selbstbewußtes Lächeln scheint zu sagen: »Die
Müh' ist klein, der Spaß ist groß!«

Aber gar so klein ist diese Mühe denn doch nicht. Wie
zu allem in der Welt, so gehört auch zum Radfahren ein
gewisses Talent. Der eine scheint wie für das Rad geboren
und avanciert schon nach wenigen Stunden zum »Freifahrer links herum«, zu dieser ersten Gefreitenwürde des angehenden Radlers – der andere quält sich im Schweiße seines Angesichtes Wochen und Monate lang, ohne daß es
ihm gelingen will, dieser kapriziösen Teufelsmaschine Herr
zu werden.

Ganz merkwürdig erschien mir die in der Fahrschule
gemachte Beobachtung, daß gute Turner, und besonders
gewandte Reiter und Reiterinnen mit dem Radfahren
manchmal ihre liebe lange Not hatten und sich mit dem
Rade raufen mußten wie der Satan mit einer armen Sün-
derseele, die überall hin will, nur nicht in die Hölle – während junge Damen, welche nie in ihrem Leben eine Turn-
stunde besucht hatten, in kürzester Zeit ganz überra-

schende Fortschritte machten. Ganz auffallend scheint das Talent und die Liebe zum Radfahren bei den Damen dadurch gefördert zu werden, daß ein freundlicher Zufall sie einem jungen, liebenswürdigen Fahrlehrer in die Hände gibt, welcher, ohne Goethe gelesen zu haben, dessen Mahnung befolgt:

»Geh den Weibern zart entgegen,
Du gewinnst sie auf mein Wort!«

Freilich muß sich diese »Zärtlichkeit« zuweilen in Formen bewegen, welche den besorgten Vätern junger Schülerinnen oder den wachsamen Ehemännern hübscher Frauen ein bedenkliches Schütteln des Kopfes abringt. Aber

»Honni soit, qui mal y pense!«

Was beim Gehen der erste, taumelnde Schritt des Kindes, das ist beim Radfahren die erste Runde in dem – Gott sei es geklagt! – mit Wänden und Säulen versehenen Saal!

Schon der Anblick der »Schulmaschine«, dieses mysteriösen Ungeheuers aus grauer Vorzeit, dieses schwerblessierten Veteranen aus hundert Fahrschulschlachten – jagt dem zagenden Novizen die erste Gänsehaut über den Rücken. Lang atmend hebt er sich auf den Sattel, faßt die Lenkstange, sucht mit den Füßen die Pedale – und nun geht's los! Langsam und ruhig gleitet das brave Rad von dannen, und da denkst du dir schmunzelnd: »Na also, es geht ja prächtig! Das kann doch nicht so schwer sein!« Aber –

»Du glaubst zu schieben, und du wirst geschoben!«

Und kaum läßt der Fahrlehrer seine stützende Hand vom Sattel, da beginnt es schon, dieses herzbeklemmende

»Hangen … und Bangen … in schwebender Pein!«

Da gaukelst du hin und her, als hättest du ein Gläschen über den Durst getrunken, und bei den verzweifelten Versuchen, die gaukelnden Griffe in leidliche Ruhe zu bringen, möchtest du mit dem Volkslied singen:

»Ach, wie ist's möglich dann,
Daß ich dich lenken kann!«

Doch ehe du noch über die Lösung dieses schwierigen Rätsels zu einiger Klarheit gelangst, liegst du schon »im Staube«, in dem sich nicht nur der bekannte Wurm zu krümmen pflegt, sondern auch der angehende Radler. Verbeiße lachend den Schmerz, den du in allen Knochen verspürst, und schäme dich dieses ersten Sturzes nicht!

»Auch Patroklus ist gefallen
Und war mehr als du!«

Saust mit schadenfrohem Lächeln, während du deine Glieder zusammensuchst, ein Freifahrer an dir vorüber, so grolle dem herzlosen Spötter nicht, sondern rufe ihm mit philosophischem Gleichmut die Warnung des Dichters nach:

»Warte nur, balde
Liegst du auch!«

Etwas verstaubt an Ellenbogen und Knien, schwingt sich der Mutige von neuem in den Sattel. Und da merkt er zu seiner Befriedigung, daß er das Lehrgeld des ersten Sturzes nicht umsonst bezahlte. Jetzt geht es schon besser, und ohne sonderlichen Unfall gelingt ihm eine halbe Runde. Aber nun macht er unerwartet eine wissenschaftliche Entdeckung, die er, und wenn er auch der gelehrteste Physiker wäre, bisher noch in keinem Lehrbuch der Naturwissenschaften verzeichnet fand – er entdeckt den »Fahrschul-Magnetismus«, die unwiderstehliche Anziehungskraft, welche alle Wände und Säulen, alle Tischecken und Stühle, alle ruhenden Räder und pausierenden Radler auf ihn ausüben. Besonders eine Säule hat es ihm angetan: Sie steht so still und regungslos, so scheinbar ungefährlich! Doch von ihrem Innern geht ein wundersamer Zauber aus, der ihn bei jeder neuen Runde immer näher zieht und näher.

Gewaltsam will er sich diesem Bann entwinden und vor-
überhuschen – fast scheint es ihm zu gelingen, und er wirft
einen triumphierenden Blick auf die getäuschte Zauberin,
aber –

»Halb zog sie ihn,
    halb sank er hin,«

da liegt er schon an ihrem gußeisernen, mit dicken Stroh-
matten bekleideten Busen und hält die Verführerin mit beiden Armen umklammert. Diese Zärtlichkeit, die allein ihn
vor dem völligen Sturz bewahrte, ist ihm gar nicht zu ver-
denken.

»Der ist ein Rasender, der nicht das Glück
Festhält in unauflöslicher Umarmung,
Wenn es ein Gott in seine Hand gegeben!«

So sagt der Dichter. Aber der Fahrlehrer behauptet: »Ja
mein lieber Herr! Wie wollen Sie denn fahren, wenn Sie
nicht treten? Von selber läuft doch das Radl nicht! Treten
ist die Hauptsache, treten, treten und immer treten! Also
probieren wir's einmal, recht schön im Takt! Eins, zwei –
eins, zwei! Aber so schauen Sie doch nicht immer die Säulen an! Die Augen grad aus – das Radl läuft hin, wo Sie hin-
schauen! Und treten! treten! treten! Eins, zwei – eins, zwei!
Soooo! Es geht ja!« Und wirklich, es geht – ganz famos
sogar, und plötzlich ist es wie eine Erleuchtung über den
Novizen gekommen, daß die ganze Kunst wirklich nur im
»Treten, treten und treten« besteht.

»Rastlos vorwärts mußt du streben,
Nie ermüdet stille stehn,
Willst du die Vollendung sehn!«

Endlich ist sie gekommen, die Stunde der beginnenden
Vollendung. Der Anfänger ist Freifahrer in der Schule
geworden, freilich vorerst nur »links herum!« Aber auch
dieses einseitige Vergnügen genießt er mit stolzer Freude,
wird kühn und versucht die erste Kurve »rechts herum« –
Plautz, da liegt er! Und wieder beginnt die Schule; doch

eine Stunde genügt, um diese zweite Stufe zu erklimmen. Jetzt noch das Absteigen, das sich spielend erlernt, dann das Aufsteigen, welches nicht nur der Kummer aller Unbegabten ist, sondern auch den Schweiß der Edlen fordert – und »selbst ist der Mann!« Aber auch die Freiheit hat ihre Gefahren, namentlich wenn sie von anderen »Freien« in der Schule geteilt wird.

»Leicht bei einander wohnen die Gedanken,
Doch hart im Raume stoßen sich die Sachen.«

Da sind vor allem die »wilden Jäger« zu fürchten, die in toller Fahrt ihre »Kreise ziehen«, schneller und immer schneller, »der Not gehorchend, nicht dem eigenen Trieb«, bis sie hilf- und ratlos gegen eine Wand sausen, daß es klatscht und hallt und daß das schöne, kreisrunde Vorderrad sich in einen zierlich geschlungenen Achter oder bei dem Bruch von einem halben Dutzend Speichen in eine langgezogene Null verwandelt – so lang wie das Gesicht des Fahrlehrers, der das mißhandelte Rad wieder kurieren soll. Doch wehe, wenn der »wilde Jäger« auf seiner Teufelsfahrt nicht einer widerstandskräftigen Wand, sondern einem ahnungslosen Radgenossen begegnet. Ein doppelter Jammerschrei – und da liegen zwei Reiter und zwei Rosse, »scheußlich zum Klumpen geballt«, und es kostet Mühe, diese Konfusion von Gliedmaßen und Rädern langsam wieder zu entwirren. Bei Gott, über uns Radfahrern scheint ein Schutzengel zu wachen – das Volkswort sagt: wie ein Haus-knecht! Ich habe selbst schon manch einen Sturz erlebt, bei dem mir Hören und Sehen verging – aber wenn ich die Unfälle der Rennbahn ausnehme, so ist, von einer leichten Schürfung und einem »blauen Auge« abgesehen, die Sache noch immer heil und ungefährlich verlaufen.

Nicht nur die »wilden Jäger« der Fahrschule sind zu fürchten, sondern auch die sanften Seelen, die so still und gemächlich dahinschweben, daß sie nicht genügende Fahrt im Rade haben, um im Notfall durch rasches Ausweichen eine Kollision vermeiden zu können. Hier haben aber

gewöhnlich nur die Räder zu leiden, während die beiden Reiter sich lachend in die Arme sinken.
»Ein edler Mensch zieht edle Menschen an
Und weiß sie festzuhalten!«

Besteht das sich umarmende Pärchen nun gar aus einem Männlein und Weiblein, so weckt der »Unfall« die gesteigerte Heiterkeit der gesamten Korona, und solch ein Unfall hat sich schon zuweilen unter dem geheimen Walten der schicksalwebenden Radlergöttin in einen rosigen Glücksfall verwandelt. Wie die Tanzschule, so ist auch die Fahrschule ein guter Boden zur Kultivierung zärtlicher Herzenstriebe. Schon manch ein angehender Radler hat die Fahrschule als eingefleischter Hagestolz betreten, um sie als ein rettungslos Verlobter wieder zu verlassen – und wenige Monate später erfolgte mit prompter Sicherheit die Bestellung eines Tandems für die Hochzeitsreise. Hört es, ihr guten Mütter! Und bestreuet euren holden Kindlein den Weg zur Fahrschule mit Rosen! (1897)

Durch nichts habe ich übrigens das Gefühl des Alterns und einer neu anbrechenden Zeit so bekommen wie durch die Erscheinung des Fahrrades. Wenn nicht die kümmerlichen Augen wären, würde ich es noch lernen. In der politischen Abteilung radeln von sechs Räten drei, einer lag neulich mal paar Tage mit einem verknacksten Knöchel.
Aus einem Brief Friedrich von Holsteins (der »grauen Eminenz«)
1896

Aus dem Tagebuch von Arthur J. Munby
Die französischen Velozipedistinnen*

Montag, 21. Juni. Erst in die Fenchurch Street, dann fuhren wir mit der Bahn nach North Woolwich, einem mir noch unbekannten Ort (...) Ich wollte in die Royal Gardens, ein öder Platz in der Art von Cremorne, doch mit angenehmen Bäumen und einer Terrasse auf den Fluß hinaus. In einem großen Haus oder Ballsaal auf dem Gelände fanden der Reihe nach eine Farce, ein Konzert und ein Ballett bei vollem Tageslicht statt. Das Publikum bestand aus 200 respektierlich aussehenden Handwerkerleuten, Männern, Frauen und jungen Mädchen. Dann wurde die Halle leergeräumt, und alles stand herum. Ein Paar von den neuen zweirädrigen Velozipeden wurde hereingebracht, und es erschienen die ›Französischen Velozipedistinnen‹: Zwei Mädchen von 18 bis 20 Jahren, eine davon sehr hübsch, und beide gut gebaut und graziös. Sie waren als Männer gekleidet: mit Jockey-Kappen, Seiden-Jacketts und kurzen Reithosen, die über dem Knie endeten, und langen Strümpfen sowie halbhohen Stiefeln. So gekleidet schritten sie unerschrocken zur Mitte und bestiegen ihre Zweirädrigen. Jedes Mädchen warf ein Bein hinüber und saß darauf rittlings im Sattel. Und dann fuhren sie, unter rauschendem Beifall, los und drehten in der Halle eine Runde nach der anderen, kurvten rein und raus und erhoben sich manchmal in ihren Steigbügeln (gewissermaßen), als ob sie trabten. Manchmal warfen sie auch in voller Geschwindigkeit eines oder beide Beine hoch. Und nachdem sie so mit dem Geschick und Ungestüm junger Männer eine Viertelstunde geritten waren, hielten diese Mädchen an, stiegen ab und machten unter donnerndem Applaus ihre Verbeugungen. »Das sind feine Mädchen«, sagte eine respektable Matrone in meiner Nähe. Und der Mann, der für ihre Gefährte sorgte, stellte fest: »Es gibt ein paar englische Veloziped-Mäd-

chen in Cremorne, die so rittlings fahren wie diese hier; aber meiner Treu, sie können diesen beiden nicht das Wasser reichen!« Offenbar sind die blonden Kavaliere Zirkusreiterinnen vom Pariser Hippodrom, und von daher gewohnt, rittlings ein Pferd unterzuklemmen, und gehören zu einer Truppe von sechs Velozipedistinnen, die dort ihre Aufführungen machten. Bevor sie heute fuhren, hatte ich sie in unauffälliger Frauenkleidung im Garten auf- und abspazieren sehen. Bei schönem Wetter machen sie ihre Vorführung im Freien genauso wie in der Halle. An ihrer Vorführung oder dem Verhalten der Mädchen war nichts Unschickliches, wenn man einmal akzeptiert, daß eine Frau wie der Mann Reithosen tragen und in der Öffentlichkeit rittlings auf etwas sitzen darf. (1869)

Ihm verdankt unsere Frauenwelt die freiere Stellung, die sie heute in der Öffentlichkeit wahrnimmt. Das Fahrrad holte die Haustöchter vom Strickstrumpf und hinter dem Kochtopf weg und führte sie mit Bruder und Freund hinaus in die freie Natur, machte unsere Mädels frei von der ständigen Aufsicht der Mütter und Tanten und erzog sie zu selbständigem Handeln. Unsere Frauen sollten daher dem Fahrrad ein Denkmal setzen, denn es hat gerade für sie so viele alte, hemmende und hindernde Vorurteile, so vieles, was sich, Gott weiß aus welchen Gründen, nicht schickte, vom alten wurmstichigen Thron gestoßen, hat unseren Mädchen die Möglichkeit gegeben, sich außerhalb des Hauses frei zu bewegen und hat damit auch den Boden für die freie Berufstätigkeit der Frau geebnet.

Georg Hermann 1901

John Galsworthy
RADFAHRERINNEN WERDEN ENTERBT*

Die Forscher auf dem Gebiet der Sittengeschichte und
sozialen Entwicklung haben dem Fahrrad zu wenig Beach-
tung geschenkt. Dennoch geht eine Umwälzung der Sitten
und Gebräuche, wie man sie seit Karls des Zweiten Tagen
nicht mehr erlebt hat, unleugbar auf diese »Erfindung des
Satans« zurück – so pflegte nämlich Swithin Forsyte das
Fahrrad stets zu nennen, seit im Jahre 1874 zu Brighton ein
Hochrad seine Grauschimmel fast scheu gemacht hatte. In
seinen knochenschüttelnden Anfängen war es ja recht
harmlos, denn nur ganz wenige Leute gebrauchten dieses
äußerst unbequeme Vehikel. Auch in seinem zweiten, dem
Hochrad-Stadium blieb es halbwegs unschädlich, es brachte ja nur das Leben und die Gliedmaßen des starken Geschlechts in Gefahr. Als es jedoch in seiner gegenwärtigen
Form auch für das schöne Geschlecht benützbar wurde,
führte es eine geradezu entsetzliche Auflösung der Moral-
begriffe herbei. Ganz oder teilweise unter seinem Einfluß
verschwanden Anstandsdamen, lange und enge Röcke,
Schnürleiber, aufgesteckte Frisuren, schwarze Strümpfe,
dicke Fesseln, große Hüte, Prüderie und Angst vor dem
Dunkel; ganz oder teilweise unter seinem Einfluß kamen
Wochenendausflüge auf, starke Nerven, sehnige Beine,
Kraftausdrücke, Kniehosen, Verständnis für guten Wuchs,
Freude an Wald und Wiesen, Gleichberechtigung der
Geschlechter, gute Verdauung, Berufstätigkeit – kurzum,
die Emanzipation der Frau. Für Swithin aber blieb, vielleicht gerade deshalb, das Fahrrad, was es von Anfang an
gewesen: eine »Erfindung des Satans«. Und nicht nur darum, weil es seine Grauschimmel fast scheu gemacht. Er
hatte die ersten sechzehn Jahre seiner Laufbahn auf der
»Prinny« zur See verbracht, dann in der Ära Lord Mel-
bournes in den »Apfelwein-Kellereien« und im Strand-

Varieté zu Brighton seine Welt- und Lebensanschauung gebildet; so blieb er denn bis an sein Ende in Geschmack und Benehmen ein Lebemann aus der Zeit um 1840 und konnte nie und nimmer von seiner Vorliebe für Juwelen und schmucke Westen lassen, und auch von der Überzeugung, die Frauen seien Luxusgeschöpfe, die vor allem Eleganz und Charme – ah, Charme! – besitzen müßten.

Diese Erläuterungen möge sich der Leser vor Augen halten, wenn er jetzt eine Episode erfährt, die um das Jahr 1890 auf der Forsyte-Börse kursierte.

Swithin hatte die ersten Monate des Jahres in Brighton verbracht; gegen den April machte sich seine Leber merklich fühlbar. Die letzten drei Jahre hatten ihn arg mitgenommen. Schon seit einiger Zeit mußte er auch auf die gewohnten Spazierfahrten in seinem leichten Zweispänner verzichten; er gab sich jetzt damit zufrieden, in einem mit seinen Grauschimmeln bespannten, geschlossenen Landauer jeden Nachmittag von den letzten Häusern der Vorstadt Hove bis zu den ersten von Kemptown zu fahren und dann dieselbe Strecke wieder zurück. Was er wohl während dieser Promenadefahrten dachte, wird stets ein Geheimnis bleiben. Wahrscheinlich gar nichts. Wozu hätte er auch denken sollen? Einem so gänzlich vereinsamten Greise wie Swithin fehlte ja jeder Ansporn zum Denken. *Ein* würdiges Denkobjekt war freilich stets vorhanden: seine eigene Person – aber auch das bekommt man früher oder später satt. Um vier Uhr vollzog sich regelmäßig seine Heimkehr ins Hotel. Sein Diener war ihm dann beim Aussteigen behilflich, doch die Halle betrat Swithin stets, ohne daß ihn jemand stützte. Hinter ihm her schritt Alphonse mit einem extrastarken Luftkissen, auf dem sein Herr zu sitzen pflegte, und dem schottischen Plaid für dessen Knie. In der Halle blieb Swithin immer etwa eine Minute stehn, preßte das schlaffe Kinn energisch empor und hob die schweren Lider über den gichtischen Augen höher als gewöhnlich. Dann streckte er den Arm hin, um sich den Rohrstock mit Gold-

187

knauf abnehmen zu lassen, und spreizte die in weißem Waschleder steckenden Hände ein wenig von sich, zum Zeichen, daß man ihm aus dem Mantel helfen möge – er trug einen eichhornfellgefütterten blauen Mantel mit Astrachankragen. War das geschehn und hatte er sich die Handschuhe und den schwarzen, oben fast quadratisch geformten Filzhut abnehmen lassen, so pflegte er über die Bartfliege auf seinem Kinn zu streichen, wie um sich zu vergewissern, daß er noch immer so distinguiert aussehe wie nur je.

Um diese Stunde war er gewohnt, sich in einer bestimmten Ecke, wo es bestimmt nicht zog, auf einen bestimmten Sessel niederzulassen und eine halbe Zigarre zu rauchen, ehe er mit dem Fahrstuhl in das Wohnzimmer seines Appartements hinauffuhr. Dort thronte er vollkommen regungslos, so taub und stumm für seine Umwelt, daß es niemandem einfiel, ihn anzusprechen; er aber glaubte auf solche Weise viel vom Leben zu sehn und den alten guten Ruf des »Vierspänner-Forsyte« zu wahren. Wie im Landauer saß er auch hier aufrecht zwischen Kissen eingekeilt, die dicken Beine etwas gespreizt, und führte die Zigarre ans Ohr, um zu prüfen, ob sie auch trocken sei und etwas tauge; dann hielt er sie eine Minute lang zwischen seinem geschwollenen Daumen und dem noch mehr geschwollenen Zeigefinger, die beide von jener gelblichweißen Farbe waren, wie sie Gichtleidenden eigen ist. Hierauf steckte er die Zigarre in den Mund und wartete darauf, daß man sie anzünde. Seine aufgeplusterte Brust unter der schwarzen, mit einer Brillantnadel gezierten Atlasweste ging so unmerklich in den Bauch über, daß Swithin vom Hals abwärts eine ungegliederte Masse zu sein schien. So thronte er in seiner Ecke wie eine Buddhafigur im Tempel; die von den schweren Lidern halbverhüllten Augen glotzten in das Treiben. Sein fast viereckiges Greisenantlitz, ganz bleich und fahl, weil es seit langem der frischen Luft entbehrte, war so regungslos, daß die Leute es anstarrten wie ein Zifferblatt. Der kleine weiße Schnurrbart und die Fliege auf dem Kinn, die buschigen Brauen

über den Augen und das noch immer sorgfältig zurückge-
bürstete Haar über der Stirn erhöhten vielleicht noch die
Ähnlichkeit mit einem Zifferblatt. Hie und da blieb jemand,
dessen Vater oder Onkel vor vielen Jahren mit Swithin
bekannt gewesen, im Vorbeigehen stehn, wie um die Uhr
nach ihm zu richten, und fragte: »Wie geht's, Mr. Forsyte?«
Dann trat in Swithins Gesicht ein Ausdruck, wie ihn schnur-
rende Katzen zeigen, und er brummte mit seiner fetten,
distinguierten Stimme: »Ah, wie geht's Ihnen? Habe Ihren
Vater schon lange nicht gesehn.« Und da dieser Vater fast
stets schon längst im Jenseits weilte, war das Gespräch damit
zu Ende. Swithin jedoch saß nur um so gewichtiger da, weil
man ihn angeredet hatte.

Krieg dann seine Zigarre zur Hälfte geraucht, so trat
gewöhnlich eine Veränderung ein. Die Hand, die sie hielt,
glitt etwas zittrig über die Armlehne des Sessels hinab. Das
Kinn senkte sich langsam zwischen die weit auseinanderste-
henden Ecken des steifen weißen Kragens. Die geschwollenen Lider schlossen sich zur Gänze. Leise vibrierten die
Lippen, dann drang ein leichtes, regelmäßiges Schnauben
hervor – Swithin war eingeschlafen. Die Vorübergehenden
warfen meist einen kühlen, amüsierten Blick auf ihn, etwas
ungeduldig, vielleicht auch ein bißchen mitleidig; bei solchen Gelegenheiten pflegte Swithin, wie in Erinnerung an
die glanzvollen Tage der Vergangenheit, nicht zu schnar-
chen. Und dann kam natürlich der Augenblick des Er-
wachens. Das Kinn schnappte wieder empor, die Lippen
öffneten sich und stießen, wie es schien, die ganze einge-
atmete Luft in einem langen Seufzer aus. Die festge-
schlossenen Augen taten sich auf und stierten glasig drein.
Die Zungenspitze fuhr über Gaumen und Lippen, das Greisenantlitz verzog sich wie das Gesicht eines weinerlichen
Säuglings. Verdrießlich hob er die halbgerauchte Zigarre in
die Höhe, starrte sie an, als sei sie ihm den erwarteten
Genuß schuldig geblieben, und ließ sie zwischen Zeigefinger und Daumen in den Spucknapf gleiten. Dann saß er
wieder da, derselbe und doch nicht derselbe, und wartete

darauf, daß ein Hotelbediensteter in seine Nähe käme, dem er sagen konnte: »Heda, rufen Sie mir meinen Diener her!« Wenn endlich Alphonse auf der Bildfläche erschien, brummte er: »Na, da bist du ja endlich, ich war nur ein wenig eingenickt. Gehn wir jetzt hinauf!«

Sobald ihm der Diener vom Sessel aufgeholfen hatte, blieb er eine volle Minute mit schwindligem Kopfe stehn, dann stapfte er unbeholfen, aber wuchtig, auf den Stock und das eine Bein gestützt, dem Fahrstuhl zu. Und hinter ihm drein schritt Alphonse mit den verschiedenen extrastarken Luftkissen. Und der eine oder andre Hotelgast sagte vielleicht im Vorbeigehn: »Da kommt der alte Forsyte. Drolliger Kauz, was?«

Doch an jenem gewissen Aprilnachmittag, von dem man auf der Forsyte-Börse erzählte, nahmen die Ereignisse einen andern Verlauf. Denn als Swithin seines Huts und Mantels ledig auf die gewohnte Ecke zuging, sah man ihn plötzlich den Stock heben und hörte den erstaunten Ruf: »Alle Wetter! In meinem Sessel sitzt eine Dame!«

In der Tat hielt eine Gestalt in ziemlich kurzem Rock diese geheiligte Stätte besetzt. »Na, ich geh schon«, erklärte Swithin verdrießlich und setzte sich in Bewegung. Aber im selben Augenblick erhob sich die Dame und trat auf ihn zu.

»Gott steh mir bei!« rief Swithin – er hatte seine Nichte Euphemia erkannt.

Nun hegte Swithin gegen dieses jüngste Kind seines Bruders Nicholas von jeher eine gewisse Antipathie. Seiner Ansicht nach war sie viel zu dürr, sagte stets, was nicht am Platze war, und hatte die Gewohnheit, unvermutet aufzuquieken. Beim Konzert, das Francies Bettelmusikant gegeben, war sie zu seinem Verdruß neben ihm gesessen, und seither hatte er sie nicht gesehn.

»Wie geht's, Onkel? Ich hab' mir gedacht, wenn ich herkomme, muß ich dich unbedingt aufsuchen.«

»Die Gicht hab' ich,« entgegnete Swithin. »Wie geht's deinem Vater?«

190

»Oh, ganz wie gewöhnlich. Er sagt schlecht, aber das ist nicht wahr.« Und sie quiekte leise auf.

Swithin maß sie mit seinem starren Blick. Schon die widerrechtliche Okkupation seines Sessels hatte ihn in Harnisch gebracht; nun war er drauf und dran, zu sagen: »Dein Vater ist zwanzigmal mehr wert als du.« Doch rechtzeitig entsann er sich der Anstandspflichten und brummte etwas höflicher: »Was hat denn dich hergebracht?«

»Mein Fahrrad.«

»Was?« rief Swithin verächtlich, »auf so ein Vehikel hockst du dich?«

Euphemia quiekte wieder auf.

»Aber Onkel! So ein Vehikel!«

»Na«, meinte Swithin, »was ist es andres? Eine Erfindung des Satans! Etwas Tee gefällig?«

»Bitte, Onkel. Aber du bist gewiß müde nach deiner Fahrt.«

»Ich müde? Warum? Kellner! Bringen Sie Tee! Hierher, zu *meinem* Sessel!«

In der Überzeugung, er habe Euphemia damit ihren Fehler ordentlich unter die Nase gerieben, wies er sie zu dem Sessel zurück und folgte hinterdrein.

Ein unheilkündender Augenblick, diese Ankunft beim Sessel!

»Setz' dich!« gebot Swithin.

Einen Moment rutschte Euphemia auf dem Sesselrand, dann erklärte sie mit leisem Quieken: »Aber es ist doch dein Sessel, Onkel!«

»Alphonse«, befahl Swithin, »bring einen zweiten!«

Als der zweite Sessel herbeigeschafft und Swithins Kissen auf dem seinen verstaut waren, nahmen sie Platz.

»Onkel«, fragte Euphemia, »hast du noch nicht gehört, daß jetzt auch weibliche Wesen Rad fahren?«

Auf Swithins Kinn sträubten sich die Haare.

»Weiber!« sagte er, »*das* ist der richtige Ausdruck! Eine Dame hockt sich auf so was nicht hinauf!«

Euphemia quiekte noch vernehmlicher:

»Aber Onkel, warum so verächtlich? Auf so was!«

»Auf jeder Seite baumelt ein Bein herab, der Verkehr wird gestört und −« mit einem Seitenblick auf Euphemias kurzen Rock, »man zeigt jedem die Waden!«

Euphemia begann still in sich hineinzukichern.

»Ach Onkel«, sagte sie schließlich mit halberstickter Stimme, »du bringst mich noch um!«

Zum Glück kam in diesem Augenblick der Tee.

»Greif zu!« lud Swithin kurz ein, »das Zeug da trink ich nicht.« Er ließ sich vom Kellner Feuer für die Zigarre geben und glotzte mit den wasserblauen Augen seine Nichte an. Erst nach der zweiten Tasse brach sie das Schweigen.

»Onkel Swithin, erzähl' mir doch, warum dich alle den ›Vierspänner-Forsyte‹ nennen; das interessiert mich schon lange.«

Swithins Glotzaugen wurden noch runder.

»Warum sollten sie nicht?«

»›Vierspänner!‹ Du fährst ja nur mit zwei Pferden, nicht mit vieren − oder doch?«

Swithin rieb sich den Hals. »Freilich nicht, diese Bezeichnung ist nur ein Kompliment für meinen − eh Lebensstil.«

»Lebensstil!« wiederholte Euphemia, »ach Onkel!« Und sie wurde so puterrot, daß er dachte, sie habe sich verschluckt.

Dann dämmerte ihm langsam, aber unabwendbar die Erkenntnis auf, er sei die Ursache dieses Zustands. In seine Wangen stieg ein blasses Rot, in der Kehle spürte er ein Würgen − wenn er jetzt nicht auf der Hut war, bekam er noch einen Erstickungsanfall! Er rührte sich nicht.

Euphemia erhob sich.

»Nun muß ich aber wirklich fort, Onkel. Es war mir wirklich eine große Freude, dich zu sehn. Prächtig siehst du aus! Bitte, bleib doch sitzen. Vielen Dank für den Tee.« Sie beugte sich über ihn, drückte ihm einen flüchtigen Kuß auf die Stirn und schritt der Tür zu, wobei sie ihre Waden zeigte. Auch beim Fortgehn war ihr Gesicht noch krebsrot, und noch immer glaubte Swithin ihr Quieken zu vernehmen.

Eine Sekunde blieb er unbeweglich sitzen, dann mühte er sich, in die Höhe zu kommen. Er hatte keinen Stock, um sich aufzuhelfen, keinen Augenblick Zeit zu verlieren, und so mußte er sich redlich plagen. Endlich kam er auf die Beine, stand einen Moment still, um zu verschnaufen, und schritt dann ohne seinen Stock, er wußte selbst nicht wie, zum Fenster, das auf die Strandpromenade hinausging. Richtig, da war sie, diese seine Nichte, diese Quiekpuppe, bestieg ihr Fahrrad, setzte es in Trab und fuhr drauf los, mitten in den Verkehr hinein! Wie sie die Pedale trat, ihre Fesseln zeigte! Keine Spur von Grazie, Eleganz, oder sonst etwas! Da fuhr sie hin! Und Swithin stand da und trommelte mit dem geschwollnen Zeigefinger auf die Fensterscheibe, als verdamme er, was er vorhin gesehn. Lebensstil! Lebensstil! Keine Spur davon besaß sie! Und dieses Ding hatte ihn ausgelacht. Wenn er auch nur mit einem Paar kutschiert war, so waren es doch die schönsten Grauschimmel im ganzen Königreich gewesen! Aufgewühlt bis in die tiefsten Tiefen seiner Seele stand er da, noch immer das blasse Rot der Erregung auf den fahlen Wangen. War er sich ganz klar darüber, welch ein Hohn in ihrem Lachen lag? Klar darüber, wie treffend der Spitzname »Vierspänner-Forsyte« das Urteil seiner Mitmenschen über ihn zusammenfaßte? Daß er sich in seinem krampfhaften Streben nach Vornehmheit aufgebläht hatte wie ein Frosch? Kam ihm dieser arge Hohn zum Bewußtsein? Kaum, doch vielleicht ahnte er ihn im Unterbewußtsein. Genug! Dumpfe Wut erfüllte ihn, bis in die Sohlen seiner Lackschuhe hinab, die er bei Ausgängen noch immer an den schmerzenden Füßen trug.

Auf einem »dieser Dinger« fuhr sie also und lachte ihn aus! Ei, ei! Na, die sollte bald nichts zu lachen haben! Er verließ das Fenster und ging mühsam zum Schreibtisch. Mit unsichern Händen ergriff er ein Blatt Papier und begann zu schreiben; angestrengt glotzten seine krankhaft gelblichen

Augen darauf nieder. Einstmals war seine Schrift wie gestochen; jetzt warf er in zittrig-verzerrten Zügen folgende Zeilen hin:

»Hiemit füge ich, Swithin Forsyte, meinem Testamente ein Kodizill hinzu. Als Ausdruck schärfster Mißbilligung des Benehmens meiner Nichte Euphemia, der Tochter meines Bruders Nicholas Forsyte und seiner Ehefrau Elisabeth, widerrufe ich hiemit das Legat, das ich ihr in meinem Testamente vermacht habe. Ich enterbe sie zur Gänze.«

Er machte eine Pause und überlas das Kodizill. Na, das würde ihr eine Lehre sein! Ritterlich wie immer gegen Damen, hatte er die Hälfte seines Vermögens seinen drei Schwestern zu gleichen Teilen vermacht, die andere Hälfte seinen acht Nichten, ebenfalls zu gleichen Teilen. Schön, nun waren es nur noch sieben! Er drückte auf die Klingel.

»Hol' meinen Diener und ruf mir den Portier!«

Als die beiden erschienen, fügte er die Worte hinzu:

»Gezeichnet in Gegenwart von –«

»Sehn Sie her!« sagte er, »das ist ein Kodizill zu meinem Testament. Sie sollen es mir als Zeugen bestätigen. Setzen Sie Namen und Beruf hieher!«

Dann trocknete er es mit einem Löschpapier, adressierte einen Briefumschlag und schrieb:

»Lieber James!
Anbei ein Kodizill. Füge es meinem Testamente hinzu und bestätige mir den Empfang.
Dein Dich liebender Bruder
Swithin Forsyte.«

Dann siegelte er den Brief mit dem »Fasanenwappen«, das er im Jahre 1850 vom Wappenamt gegen Zahlung eines ansehnlichen Betrags erhalten hatte.

»Da, nimm das«, gebot er Alphonse, »und trag es auf die Post. Jetzt hilf mir in meinen Sessel zurück.«

Als er wieder dort untergebracht und Alphonse gegangen war, schweiften seine Blicke ruhelos umher.

Lebensstil! Die alten Busenfreunde – alle dahin! Niemand kam mehr her, der ihn in jenen glorreichen Tagen gekannt hatte! In den Tagen, da es noch Eleganz und Manieren gab! Fahrräder, pfui Teufel! Na, die junge Dame hatte sich da eine kostspielige Radpartie geleistet, ein kostspieliges Lachen. Auf sechs- bis siebentausend Pfund kam sie die Sache zu stehn. Wer zuletzt lacht, lacht am besten! Und mit dem Gefühl, er habe eine Lanze für Eleganz und Manieren gebrochen und für – für den Lebensstil, gewann Swithin seine frühere Gesichtsfarbe zurück, das Weiße in seinen Augen schien nicht mehr so gelb, die dicken Lider senkten sich wieder tiefer, der Blick wurde fast nachdenklich. Dieser verdammte Ostwind! Wenn er nicht auf der Hut war, würde er beim Dinner keinen Appetit haben.

»Vierspänner-Forsyte!« Warum denn nicht? Ja warum nicht? Jederzeit hätte er vierspännig fahren können, wenn es ihm beliebt hätte. Vier-spän-! Langsam sank sein Kinn auf die Brust. Vier-sp--! Die Augen fielen ihm zu, zwischen den Lippen drang ein Schnauben hervor, die Hand noch auf dem Stocke, schlief er ein.

Zwei junge Männer, die zum Wochenende aus London gekommen waren, schlenderten in die Halle. Die Hüte auf dem Kopf, die Stöcke schwingend, in hohen Halskragen, kamen sie an Swithin vorbei.

»Schau dir doch dieses alte Fossil an!« sagte der eine leise. Sie machten halt und musterten Swithin mit einem Seitenblick.

»Ha, das ist ja der alte Onkel Swithin, Giles!«

»Donnerwetter, wahrhaftig! Ich bitt' dich, Jesse, schau dir nur seine Ringe an, seine Brillantnadel, sein geschniegeltes Haar, die Lackstiefel!«

»Wie der Mummelgreis sich noch herausputzt, unglaublich!«

»Herrgott! Hoffentlich werd' *ich* nie alt. Vorwärts, Giles!«
»Alter Dickwanst.«

195

Und »die siamesischen Zwillinge«, wie sie im Familienkreise hießen, schritten elastisch weiter und hielten die magern, gierigen Gesichter mannhaft über dem steifen Kragen.

Doch zwischen Swithins alten blassen Lippen, dem kleinen weißen Schnurrbart und der kleinen weißen Fliege strich der Atem ein und aus, ein und aus. Er hatte kein Wort vernommen. (1930)

Es war meine Routine, bei Tagesanbruch aufzustehen, die Farben anzurühren und vor dem Frühstück zu malen. Wenn mein Rücken wegen der intensiven Arbeit sich zu beklagen begann, pflegte ich dann mein Velociped zu besteigen und ein halbes Dutzend Runden um einige Gevierte des Gartens zu machen, was eine ausgezeichnete Übung ist und mich alsbald mit Kräften erneuerte, um mit meinen Anstrengungen weiterzumachen.

Aus einem Brief des 78jährigen Ch. W. Peale,
Porträtist der US-Präsidenten,
1820 in Philadelphia

Thomas Stephens Davies
VORTRAG ÜBER DIE LAUFMASCHINE VOR DER ROYAL MILITARY ACADEMY

Herr Vorsitzender, meine Herren,

es gab einmal ein kleine Maschine, erfunden von einem deutschen Herrn namens Baron Karl von Drais, die viele der Anwesenden sich erinnern gesehen zu haben und die unter verschiedenen Bezeichnungen lief, aber am passendsten war wohl der Name Veloziped. Der Erfinder, Baron von Drais, veröffentlichte in Deutschland eine Broschüre, in der seine Erfindung beschrieben war, zusammen mit einem Kupferstich der Konstruktion, die schwerer war (oder erschien) als die in unserem Land seitdem aufgekommenen Ausführungen, und manche Teile waren aus Holz, die hierzulande später aus Eisen gemacht wurden. Er nannte sie Laufmaschine, also auf englisch soviel wie *running machine,* und druckte in seine Broschüre die Verwendungszwecke, denen sie dienen könnte.

Bald nach der Veröffentlichung dieser Broschüre vor etwa zwanzig Jahren kam ein deutscher Herr aus meiner Bekanntschaft namens Bernhard Seine, aus der Stadt Mannheim gebürtig, nach England, brachte die Broschüre mit und fuhr oft auf den Straßen der Stadt Bath mit einem Veloziped herum, das nach den Plänen der ursprünglichen Erfindung gebaut war. Herr Seine zauderte nicht, auf seinem Veloziped einige der steilsten Straßen jener Stadt mit mörderischer Geschwindigkeit hinabzufahren, aber ich habe nie gehört, daß ihm ein Unglück widerfahren wäre.

Die Erfindung wurde bald in London bekannt, und viele heute Anwesende können sich zweifellos erinnern, wie rasch diese Neuheit vom Publikum angenommen wurde. Die Gleichmäßigkeit und Schnelligkeit der Bewegung im Vergleich zu dem so sehr ähnlichen Zu-Fuß-Gehen machten die Velozipede für viele Leute attraktiv, die Umstand und Kosten der Pferdehaltung scheuten, und die erreichbare Geschwindigkeit erinnerte etwas ans Schlittschuhlaufen. Die Neuheit und Genialität der Idee brachte diese Erfindung in allgemeinen Gebrauch; in der New Road konnte man sie jeden schönen Abend in großer Zahl herumfahren sehen, besonders beim Finsbury Square und am oberen Ende der Portland Road, wo sie stundenweise vermietet wurden. Übungsräume wurden in verschiedenen Teilen der Stadt eröffnet, und mehrere erfahrene Fahrer machten es sich zur Aufgabe, sie in den größeren Städten Englands vorzuführen.

Ich habe Bekannte, die damals auf Landausflügen mit ihren Velozipeden zwischen zwanzig und dreißig Meilen am Tag fuhren, und viele junge Männer machten es sich zur Gewohnheit, im Laufe einer Woche sechzig Meilen oder mehr zurückzulegen. Es ist unschwer zu erkennen, wie wohltuend diese Übung für die Gesundheit der Fahrer gewesen sein muß, die im allgemeinen Städter und tagsüber während der Geschäftszeit oft mit sitzenden Tätigkeiten befaßt waren.

Das ursprüngliche Veloziped bestand aus zwei Rädern, eins vor dem andern laufend; die Gabeln, in denen diese Räder sich drehten, waren an einem hölzernen Langbaum befestigt, auf dem der Sattel des Fahrers angebracht war, manchmal auf Federn, dies dann aber meist mangelhaft, und dann wurde die Bewegung auf einer holprigen Straße stoßartig und gefährlich unregelmäßig. Vor dem Fahrer befand sich eine vom Langbaum unterstützte Polsterung, um seine Arme zu stützen und um damit die Maschine zu balancieren; vor dieser Polsterung, mit der technischen Bezeichnung Balancierbrett, befand sich der Lenker, der mit dem Vorderrad verbunden war und das Kurvenfahren nach rechts oder links ermöglichte.

In der originalen Laufmaschine des Barons von Drais bestanden die Streben, die die Achse des Hinterrads am Langbaum befestigten, aus Holz; und um das Vorderrad verstellbar zu lagern, diente außer der Gabel ein gekrümmtes Holzstück am Langbaum, gegen das ein ähnliches Holzteil lief, das über die Streben mit der Radachse verbunden war. Diese Streben zum Vorderrad sollten offensichtlich die Gabel verstärken und sie so bei zufälligen Stößen gegen das Vorderrad sichern. *(Diese »Verstärkungen« waren in Wirklichkeit die anklappbaren Parkstützen.)*

Mit einem derart gebauten Veloziped konnte ein Fahrer auf ebenem, glattem Grund sich stets viel schneller fortbewegen als ein Mann zu Fuß. Wenn er an einen Hang kam, mußte er absteigen und seitlich neben seiner Maschine gehen, dabei den Lenker mit der rechten Hand halten und sie balancieren, indem er mit der linken das Ende des Balancierbretts faßte; das ist kaum anstrengender als frei zu gehen, denn die Stütze, die die Maschine bietet, ist hilfreicher als es irgendein Spazierstock sein könnte und erleichtert die Überwindung des Hangs beträchtlich. Aber bei der Talfahrt von einem Hang erwies sich das Können des Fahrers und die Schnelligkeit des Velozipeds als sehr vorteilhaft. Der Mann hob seine Füße vom Boden und ließ das Veloziped den Hang hinabfahren, was um so rascher geschah, je steiler der Hang war; der Fahrer balancierte derweil, ohne die Erde mit den Füßen zu berühren, und je schneller er fuhr, um so leichter war die Balance zu halten; denn wenn man etwa einen Reif den Hang hinunterrollen läßt, weiß jedermann, daß er um so beständiger aufrecht bleibt, je schneller er getrieben wird, aber beim Nachlassen der Schnelligkeit zu torkeln beginnt und, wenn er seinen Antrieb verliert, sich unregelmäßig bewegt und fällt.

Wenn der Fahrer eine gewisse Geschwindigkeit erreicht hatte, wurde es äußerst schwierig, die Maschine nach rechts oder links zu lenken oder auch nur die Erde mit einem Fuß zu berühren, ohne sogleich zu stürzen; und diese Schwierigkeit, die Maschine bei voller Geschwindigkeit zu kontrollieren oder anzuhalten, zog viele Unfälle nach sich. Wenn das Veloziped gegen einen Pfosten oder eine Mauer fuhr, erhielt das Vorderrad den Stoß, und der Fahrer kippte, wenn er auf den Aufprall vorbereitet war, gewöhnlich nur um, wenn auch manchmal die Vorderradgabel oder gar der Langbaum kurzerhand abbrach. Diese Schwierigkeit anzuhalten oder die Fahrt zu kontrollieren war ein großer Schwachpunkt der originalen Maschinen, wie ein alter Herr der Wissenschaft mir gegenüber einmal kummervoll äußerte, nachdem er die Reste seines Velozipeds aus einem Graben am Fuße eines steilen Hangs gezogen hatte. »Ah!« sagte der Herr mit einem tiefen Seufzer, »wenn ich irgendeine Feder zur Kontrolle der Räderbewegung vorgesehen hätte, hätte ich mich nicht in jenem Bett aus Nesseln und Disteln zu wälzen brauchen.« *(Drais hatte seine innovative Schleifbremse vor den Raubkopierern in der Zeichnung versteckt − deshalb hatten die englischen Nachbauten keine Bremse!) (...)*

Es entstanden zwei mechanische Vorteile bei Benutzung eines Velozipeds: ein Mann brauchte nicht das Gewicht seines Körpers zu tragen, das auf Räder gesetzt wurde, und seine Schrittlänge wurde verdoppelt oder mehr als verdoppelt durch die Vorwärtsbewegung der Maschine während des Laufens.

So einleuchtend waren diese Vorteile, daß zuerst jedermann mit mechanischer Neigung von der Genialität der Idee erfreut und zugleich überrascht war, daß ihm nie selbst der Gedanke gekommen war, solch einen Apparat zu erfinden. Alle, die fahren konnten, waren sich einig, daß das Veloziped die Gehbewegung wesentlich schneller machte. Durch wiederholte Versuche hat sich bestätigt, daß jemand auf einem Veloziped in einem Tag viele Meilen weiter als zu Fuß gelangen konnte. Mehrere ausländische Autoren waren der Meinung, daß solche Maschinen den Marsch von Infanterieeinheiten verbessern könnten, indem sie nicht nur den Soldaten schneller und leichter vorwärtskommen lassen, sondern auch dessen Waffen, Proviant und Munition mit weniger Ärger und Unbequemlichkeit tragen. Und wenn man bedenkt, daß Waffen, Proviant und Munition eines Infanteriesoldaten auf dem Marsch ein Gewicht von mehr als sechzig Pfund darstellen und daß ein Tagesmarsch zwischen zwanzig bis dreißig Meilen weit ist, dann ist der Vorteil offenkundig, dieses Gewicht von den Schultern des Manns nehmen und auf zwei Räder setzen zu können.(…) Aber wie bei jeder bemerkenswerten Erfindung dauerte es nicht lange, bis sich ein Aufschrei gegen die Velozipede erhob. Die alten Damen äußerten:»Sie sind so albern aussehende Sachen.« Nun war es sehr naheliegend, daß die alten Damen so etwas sagten, denn alte Damen können kein Velozipedfahren, sie können am Vergnügen nicht teilhaben und ihre Vorteile nicht genießen. Sie betrachteten die Velozipede etwa so wie die Wilden Hemden ansehen, als nutzlosen, wertlosen, teuren Luxus, dem der Weise niemals zu willfahren gedenkt. Die alten Damen konnten an den Velozipeden nicht mehr finden als Hottentotten an Hemden. Aber dennoch tragen die Leute weiterhin Hemden, auch wenn die Hottentotten oder Neuseeländer keinen Sinn darin erkennen können.

Jedoch lagen die alten Damen nicht ganz daneben, denn wenn gesetzte Leute ein Veloziped einen Hang herab auf sich zu rattern, wie ein Blitz von Mal zu Mal schneller an sich vorbeizischen und schließlich den Fahrer seinen rasenden Lauf beenden sahen, indem er mit dem Mut der Verzweiflung kopfüber in einen Graben bis zu den Augen in Schlamm sprang, dann konnten sich respektable Leute nicht anders helfen, als dieses heftige Betragen einer Geistesverwirrung zuzuschreiben, einer Art von zeitweiligem Blackout durch die Velozipede. (…)

Aber noch andere Übel entstanden. Wenn die Velozipede auf den Gehwegen der Straßen fuhren, was sie nicht durften, kamen sie den Kindern in den Weg oder die Kinder ihnen, wodurch die Dienerinnen der Damen alarmiert wurden. Während die Velozipede die Straßen lang fuhren, scheuten ängstliche Pferde vor ihnen, wie junge Pferde manchmal bloß schon vor ihrem eigenen Schatten scheuen, und selbst ruhige alte Kutschpferde beäugten offenkundig diese Maschinen mit Erstaunen und Entsetzen. Hastige und unbesonnene Fahrer fuhren dicke Personen unglücklich an, und alle dicken Leute und alten Frauen beschwerten sich, daß die Velozipede zuviel Platz auf dem Gehweg beanspruchten, vor allem wenn er schmal war. Schlimmer noch als das – es kam das Lamento von der Gefahr, der großen Gefahr, meine Herrn, des Velozipedfahrens. Aber Unfälle passieren immer, wenn eine neue Erfindung erscheint, bis die Leute des Guten und Schlechten dieser neuen Entdeckung gewahr werden.

Sie können sich die Unfälle vorstellen, meine Herrn, als die Menschen zum erstenmal wilde Pferde einfingen und auf ihre Rücken stiegen: die Stürze, die gebrochenen Hälse und Glieder stehen Ihnen vor Augen; bis es den Menschen gelang, die Pferde zum Dienst an der menschlichen Rasse zu zähmen. Selbst heute in seiner Zahmheit und von Geburt an sorgfältig dressiert fordert das Pferd oft noch Opfer an Menschenleben trotz aller Vorsichtsmaßnahmen. Doch diese Übel haben nicht zur Abschaffung der Pferde geführt, denn man findet, daß das Gute ihrer Dienste größer ist als das Schlechte an ihrer Benutzung.

Hinwiederum, meine Herrn, als die Dampfmaschine in Schiffe eingebaut wurde, wie oft hörten wir von geplatzten Kesseln, wobei die Passagiere verbrüht, verstümmelt oder ertränkt wurden. Die Verluste an Leben waren sehr hoch, und dennoch konnten Verhütungsmaßnahmen gefunden werden, und man braucht nur über die Brüstung der London Bridge in das Bassin zu schauen, um die Wertschätzung des Dampfes in der Schiffahrt zu erkennen, nach all den Gefahren und Verlusten an Menschenleben, die beim ersten Einsatz in Schiffen vorkamen.

Die Bewegung des Velozipeds ist mit dem Schlittschuhlaufen verglichen worden, aber es ist nicht so gefährlich wie ein Paar Schlittschuhe. Im Mittel ist die Bewegung eines Velozipeds nicht geschwinder oder unkontrollierbarer als die Bewegung eines guten Schlittschuhläufers. Ein Schlittschuhläufer hat nur zwei Unterstützungspunkte, ein Velozipedist hat vier, seine beiden Füße und die Räder. Und der

Schlittschuhläufer trägt das Risiko, beim Brechen des Eises zu ertrinken, ganz abgesehen von den schweren Stürzen, die er sich beim Erlernen zuzieht.

Einige Fälle von Fehlverhalten und Stürzen waren reif für die öffentlichen Hospitäler, und mir wurde berichtet, daß zu einer Zeit das St.-George-Hospital viele Patienten infolge Mißbrauchs dieser Maschinen hatte. Aber wenn ein junger Mann, der nie einem Pferd über den Weg lief, zu Tattersall's gehen und sich mit einem feurigen Vierbeiner versehen auf einen Ritt nach Hempstead machen sollte, mag er nach der Ebene und nach einem vollen Galopp den Highgate Hill hinunter gesund nach Hause kommen oder nicht, aber ich fürchte, er dürfte einen ernsten Unfall bauen. Junge Männer, die nie das Veloziped fahren gelernt hatten, probierten derart gefährliche Heldentaten, und wenn ihnen ein Mißgeschick widerfuhr, gaben sie die Schuld statt sich selbst ganz dem Holz und Eisen, das sie trug. Und nicht ganz zu Unrecht: Ohne die Attraktivität jener verführerischen Maschine wären sie nicht so heimgekehrt, wie ich sie manchmal gesehen habe, mit vom Hinterrad halb abgerissenen Rockschößen – ein Schauspiel für alle Zuschauer und eine Warnung, niemals ein Gefährt zu fahren, das sich solch launische Freiheiten mit den Leuten herausnahm. Männer, die es vollkommen sicher hätten haben können, wenn sie nur zunächst mit einem leichten Tempo zufrieden gewesen wären, bis sie sich an die Bewegung gewöhnt hätten, pflegten aufzusteigen und so schnell wie möglich auf einer kiesigen Straße voller lockerer Steine zu laufen und hatten dann wegen der heftigen Anstrengung zu leiden.

Der Mob ergriff ebenfalls Partei gegen das alte Veloziped, und ihn ermunterten die Mächtigen jener Tage, die möglicherweise arm dran und froh waren, auf irgendeine Weise ein paar Schillinge zu erheben – ich weiß nicht, meine Herrn, ob es sich so verhielt, jedenfalls gaben sie Anweisungen, daß solche, die Velozipede fuhren, auf den Stadt- und Landstraßen angehalten und um ihr Geld erleichtert werden sollten. Dies nannten sie Niederschlagung des Velozipeds durch Strafen. Also die Polizisten mit Unterstützung der dicken Männer, die Nachtwächter, die alten Frauen, die Mächtigen, der Mob, die königlichen Minister und die Pferde vereinten sich zu seiner Niederschlagung. Was hätte einer solch geschlossenen Phalanx widerstehen können, noch dazu in vereinter Aktion, wie sie es machten? Ach was, nicht mal die Dampfmaschine hätte sich gegen solch mächtige und einige Allianz behaupten können – alle einer Meinung und in wirklich wundervoller Einmütigkeit zusammenwirkend. Und sie hatten so durchschlagenden Erfolg, daß ein Veloziped jetzt so selten wie ein schwarzer Schwan ist und die jetzt aufwachsenden jungen Leute kaum wissen, um was es sich da handelte, nicht einmal mehr dem Hörensagen nach.

Aber wenn etwas übertrieben verfolgt wird, kommen die Leute bald auf die Vermutung, daß ein paar sehr gute Punkte dran sein müssen, um soviel Haß und Bosheit zu erregen, und wenn der Aufruhr vorüber und die Verfolgung abgeblasen ist, können wir auf die Erfindung wieder zurückkommen. (…)

Ein wichtiger Mangel, der denn auch lange das Veloziped in der öffentlichen Meinung herabgesetzt hat, bestand darin, daß es keine Vorrichtung zum Anhalten oder zur Kontrolle der Bewegung gab, wenn die Maschine in voller Fahrt einen steilen Berg hinunterging *(wie gesagt: die Raubkopierer wußten von Drais' Schleifbremse nichts)*. Infolge dieses Mangels raste der Fahrer manchmal gegen einen Pfosten oder eine Mauer. Ein junger Freund von mir kam eines Tages an und sagte: »Hatte ein Mißgeschick letzten Sonntagmorgen.« Wie das kam, fragte ich. »In ein Friseurgeschäft gekracht kurz vor Gottesdienstzeit. Veloziped raste den Hang hinab wie der Wind – konnte überhaupt nicht halten – konnte nur auf die Tür zielen – Tür besser als Mauer – Tür flog auf und rein gings mit Karacho.« Aber was sagten der Friseur und seine Kunden zu dir? »Zu beschäftigt, um was zu sagen, erkannte, daß es sich um

204

einen Unfall handelte – las mich auf und trug die Bruchstücke des Velozipeds weg.« (...)

Als vor zwanzig Jahren das Veloziped zum erstenmal erschien, erwarteten die Leute zuviel von ihm. Einige gingen
so weit sich vorzustellen, daß es die Pferde ablösen könne.
Und in der Tat, wenn das Land, das das Futter für solche
Pferde liefert, die nur für Schau und Pomp statt zum Nutzen gehalten werden, zur Gewinnung von Nahrung für
Menschen eingesetzt würde, hätten wir weniger von den
derzeitigen Klagen, daß Pferde gefüttert werden, während
Menschen sterben. Aber was den oft gezogenen Vergleich
zwischen Veloziped und Pferd angeht, so wird generell ein-
geräumt, daß ein Mensch zu Fuß überlegen ist, wenn er Tag
für Tag eine lange Strecke geht, und daß kein Pferd tausend
Meilen in tausend Stunden hätte gehen können, wie es
Hauptmann Barclay und verschiedene andere getan haben.
Wenn also ein Mann zu Fuß ein Pferd zur Erschöpfung
bringen kann, dann sollte er mit einem gutgebauten Veloziped auf einer guten Straße noch weiter kommen.

Die Vorstellung, daß Maschinen je die Pferde ablösen
könnten, scheint tatsächlich auf schwacher Grundlage zu
stehen. Selbst die Dampfmaschine hat sogar in Amerika die
Pferde nicht abgelöst, wo die Lokomobile am zahlreichsten
sind, noch ist es wahrscheinlich, daß die Dampfmaschine sie
jemals ablösen wird. Ein Pferd hat seine eigene Sphäre der
Nützlichkeit und bestimmte Anlagen, mit denen keine
Maschine konkurrieren kann. Es kann steiniges, felsiges
oder sandiges Land überqueren, über einen Zaun oder Graben springen und einen mit Kieseln bedeckten Meeres-
strand entlangrennen, was man von keiner Maschine jemals
erwarten kann. Nur mit dem Reit- oder Fuhrpferd ist das
Veloziped konkurrenzfähig und wird mit keiner anderen
Klasse von Pferden jemals interferieren. Und der Einsatz des
Velozipeds wird in vieler Hinsicht ganz anders als beim
Reitpferd oder Zugpferd sein. Denn wenn es auch auf jeder
guten Pferdestraße fahren kann, so kann es überdies auch

auf einem Fußpfad im Feld und über Gelände fahren, wo Pferde nicht gut mitgenommen werden können. Indem man die Maschine in zwei Teile zerlegt, was augenblicklich geschehen kann, kann nämlich jedes Teil für sich über irgendein Tor gehoben und danach genauso rasch wieder zusammengesetzt und in Fahrt gebracht werden.

Diese Maschine hat einige Vorzüge gegenüber einem Pferd, vor allem auf der Ausgabenseite. Ein Reitpferd kostet vielleicht 40 britische Pfund, und anschließend günstigenfalls 30 oder 40 Pfund im Jahr für die Haltung, und mit den Ausgaben für einen Stall und für einen Mann, der nach ihm schaut, oft mehr als das Doppelte dieser Summe. Wenn es dreißig Jahre lebt, belaufen sich diese Ausgaben zusammen mit den Anschaffungskosten auf mehr als 1700 Pfund: soviel kostet ein Pferd von Anfang bis Ende. Wenn dieselbe Person statt eines Pferds ein Veloziped für dieselbe Zeitdauer gehalten hätte, würden Anschaffungskosten und Reparaturen nicht mehr als zwanzig Pfund betragen. Nach dieser Zeit ist das Pferd tot, meine Herrn, aber eine Maschine immer noch eine Maschine, ja mit den erforderlichen Reparaturen wird sie weiterhin so gut laufen wie immer.

Aber der Einsatz von Maschinerie ist so anders als der von Tierkraft, daß wir argumentieren können, wenn schon die Dampfmaschine nicht den Einsatz von Pferden ablösen kann, wieviel weniger könnte es dann das Veloziped, selbst wenn es je ganz verbreitet wäre. Gute Straßen scheinen wirklich für alle Fahrmaschinen wesentlich zu sein, und ohne einen Schienenweg verliert die Dampfmaschine selbst viel von ihrer Fortbewegungskraft. Vor einigen Jahren, als das Veloziped allgemein in Gebrauch war, waren die Straßen viel rauher und schlechter als gegenwärtig. Das System, die großen Straßensteine aufzubrechen, hat ein Hindernis nicht nur für die Fuhrwerke, sondern auch für die Velozipede beseitigt. 1819 waren die großen Steine auf den Straßen in vielen Teilen Englands die Hauptursache für die Überschläge, die die Fahrer von Velozipeden erlitten.

In der Zeit vor 18 oder 20 Jahren, als sie in der Gunst standen, wurden die Velozipede von vielen Herrn unterschiedlichen Alters und Körpergewichts aus meiner Bekanntschaft ständig in der hügeligen Landschaft außerhalb der Stadt Bath gefahren. Viele fuhren vor dem Abendessen Strecken von zwölf oder vierzehn Meilen hin und wieder zurück. Und ich habe einige bestätigen hören, daß sie sechs oder sieben Meilen pro Stunde fahren konnten. Es war nichts Ungewöhnliches, dreißig oder vierzig Meilen am Tag auf den alten Velozipeden zu fahren, und doch gab es keinen tödlichen Unfall, weder Arme noch Beine wurden gebrochen und kein Chirurg benötigt. Tatsächlich habe ich nie von einem Unfall mit ihnen gehört, der nicht mit Essig und braunem Papier kuriert werden konnte.

Das, meine Herrn, sind die Einsatzmöglichkeiten und Verwendungszwecke, deren das Veloziped fähig ist. Ob sie ausreichen, es praktisch einsetzbar zu machen, bleibt zu beweisen. Sicher ist, daß Städte für Velozipede ungeeignet sind − der Straßenbelag ist zu grob, und die Pflasterwege sind zu bevölkert, als daß sie für sich und die anderen bequem befahren werden könnten. Kein höflicher oder wohlerzogener Fahrer geht gern das Risiko ein, über anderer Leute Zehen zu fahren − es verursacht zuviel unschöne Reibereien für beide Parteien. Aber auf einer offenen Landstraße zeigt das Veloziped seine nützlichen Qualitäten, vor allem wenn wir eine sanfte Steigung von einer oder zwei Meilen Länge hinabfahren, ohne jemals mit einem Fuß den Boden zu berühren und dazu schnell wie ein Pfeil. Das läßt die Reise kurz erscheinen, und die derart erlangte Verschnaufpause lindert die Anstrengung der zuvor gefahrenen Meilen.

Das Veloziped erscheint am besten für jenes Segment der Gesellschaft geeignet, das wohl am zahlreichsten und aktivsten von allen ist: Männer im Vollbesitz ihrer Gliedmaßen, denen Pferde zuviel Ärger und Umstand, aber das Selberfahren einen Genuß und körperliche Ertüchtigung bedeuten, statt ein Horror zu sein. Solchen gibt das Veloziped die

Möglichkeit, ohne große Ausgaben und schnell genug von Ort zu Ort zu fahren. Geht es kaputt, ist es leicht repariert. Und wenn es nicht gebraucht wird, braucht es an eine Mauer gelehnt nur wenig Raum. Beim Gebrauch hängt die Sicherheit des Fahrers von seiner eigenen Sorgfalt und Geschicklichkeit ab und nicht wie beim Reiter vom Wohlverhalten eines häufig schlecht zugerittenen, schreckhaften oder bösartigen Tieres.

Ob die Maschine sich wieder allgemein durchsetzt, ist schwer vorauszusagen. Aber wenn sie in dieser Form nochmals versucht wird, werden zweifellos viele weitere Verbesserungen vorgeschlagen werden. Lärm braucht uns nicht zu überraschen, wie er sich bisher gegen diese Maschine erhob und hernach wieder erheben wird. So lange jene Klasse lebender Kreaturen weiter existiert, auf die die Natur in irgendwelcher weiser Absicht die Fähigkeit zu blöken versammelt hat, müssen und werden diese blöken. Als die Regenschirme zuerst herauskamen, haben sie dagegen geblökt, und als die Dampfmaschine üblich wurde, erhoben sie ein einstimmiges Geblök, so laut, daß es über dem Atlantik gehört und von Nordamerika zurückgeechot wurde. Aber Regenschirm und Dampfmaschine waren zu nützlich und zu stark, um durch jene laute Körperschaft in die Knie gezwungen zu werden. Ihre Anstrengungen brauchen uns nicht zu überraschen noch ihr Lärm uns alarmieren, wenn wir im Auge behalten, woher all der Lärm kommt.

Ich bedaure, meine Herrn, daß es in dieser Einrichtung hier nicht genug Platz hat, das Funktionieren der Maschine vollständig zu zeigen. Vielleicht sollte man es nicht unter einer Fahrt von zwanzig oder dreißig Meilen tun, um ihren Nutzen ausreichend klar zu demonstrieren. Wie auch immer, gestatten Sie mir, den Gegenstand zu verlassen, um Ihnen Dank für Ihre freundliche und geduldige Aufmerksamkeit zu sagen, die Sie meinen Ausführungen widmeten, die – so fürchte ich – zu trocken und zu eng mit Berechnungen verknüpft waren, als daß man sie jemand anderem als den Mitgliedern einer Einrichtung hätte vorlegen dürfen, die zu solchen Beurteilungen und Entscheidungen in der Lage sind. (1837)

Im Jahr darauf wurde Davies, dessen sphärisches Koordinatensystem seinen Namen verewigt, Dozent an der Royal Military Academy in Woolwich.

Ein großer Teil der Erbitterung, die das Publikum dem Radfahren entgegenbringt, erklärt sich aus der Sorge um die eigene Existenz, welche durch die Konkurrenz des Fahrrades auf vielen Erwerbsgebieten gefährdet wird... Da ein Zweirad heutzutage das beliebteste Geburtstags- oder Weihnachtsgeschenk ist, ... beklagen sich in erster Linie die Uhrmacher, Möbelhändler und Pianofortefabrikanten. Empfindlicher noch werden durch den Radsport die Schneider und Schneiderinnen geschädigt, da beide Geschlechter sich beim Radeln mit den billigen Sportkostümen begnügen, die von dem männlichen Geschlecht größtenteils sogar fertig gekauft werden.
Eduard Bertz, Philosophie des Fahrrads, 1900

Curzio Malaparte
Das Lächeln des Fahrrads

Das Fahrrad gehört in Italien genauso zum nationalen Kunsterbe wie die Mona Lisa von Leonardo, die Kuppel des Petersdoms oder die ›Göttliche Komödie‹. Erstaunlich, daß es nicht von Botticelli, Michelangelo oder Raffael erfunden worden ist. Sollte es Ihnen passieren, daß Sie in Italien äußern, das Fahrrad sei nicht von einem Italiener erfunden, so werden Sie sehen: alle Mienen verdunkeln sich, ein Schleier von Traurigkeit legt sich über die Gesichter. Oh, wenn Sie in Italien sagen, wenn Sie laut und deutlich in einem Café oder auf der Straße sagen, daß das Fahrrad nicht genau wie das Pferd, der Hund, der Adler, die Blumen, die Bäume, die Wolken von einem Italiener erfunden worden ist (denn es waren die Italiener, die das Pferd, den Hund, den Adler, die Blumen, die Bäume, die Wolken erfunden haben), dann wird der Halbinsel ein langer Schauer über den Rücken jagen, von den Alpen bis zum Ätna.

In England erfuhr ich ein paar Jahre vor dem Krieg, daß das Fahrrad nicht dem Genie der Italiener entsprungen ist, daß es kein Geschwister der Jungfrauen von Botticelli, der Madonnen von Raffael, der Stanzen des Ariost ist. Es war in einer kleinen englischen Stadt mit Namen Leeds, wenn ich mich nicht täusche, wo ich den schmerzlichsten Zusammenstoß meines Lebens hatte: mit einem Herrn im Gehrock, der auf einem hohen Granitsockel stand und in der Hand die Lenkstange eines bronzenen Fahrrades hielt. Dieser Herr war Engländer, und noch dazu war er der Erfinder des Fahrrads!

Ich werde seinen Namen nicht sagen. Es ist ein Name, den kein Italiener aussprechen könnte, ohne vor Wut zu erblassen. Das Fahrrad, Kind eines Engländers – ich habe vor Trauer und Demütigung geweint. Wie! rief ich, nachdem ich mein Hotelzimmer zweimal abgeschlossen hatte,

211

ist es denn möglich, daß dieses Kunstwerk, dieses Kleinod der Erfindungsgabe, Sproß eines Engländers und nicht eines Italieners ist? Wenn es wenigstens von einem Franzosen käme! Ein Franzose ist immerhin ein Romane! Jean Cocteau, der das Fahrrad liebt (und außerdem rosa Trikots, Lenker, die nach unten gekrümmt sind wie gallische Schnurrbärte sowie um die Brust geschlungene Reifen, die aussehen wie die beiden Schlangen in Form einer Acht im Emblem des Äskulap und des Merkur), Jean Cocteau jedenfalls sagte zu mir letzthin nach einem köstlichen Abendessen auf dem Montmartre: »Die Franzosen sind schlechtgelaunte Italiener; die Italiener sind gutgelaunte Franzosen.« Wenn das Fahrrad wenigstens von einem schlechtgelaunten Italiener erfunden worden wäre, von einem Franzosen! Sind die Franzosen eben doch immerhin Romanen! Denn wenn es auf der Welt irgend etwas gibt, das es verdient, von einem Romanen erfunden worden zu sein, so ist das allemal das Fahrrad.

Seht es euch nur an! Seine schlanke, elegante, schlichte, perfekte Linie, streng wie ein Lehrsatz des Euklid, einfach und doch eigenwillig wie der Riß, den ein Blitz in der blauen Spiegelfläche eines wolkenlosen Himmels hinterläßt. Schaut euch den Lenker an, der geformt ist wie die Fühler eines Insekts, die beiden Reifen, die jenem berühmten Kreis ähneln, der einst mit einem Stück Kohle in einem einzigen Zug auf einen Stein gezeichnet wurde – und zwar von einem kleinen Hirten namens Giotto. (Giotto wurde in der Nähe von Florenz geboren, war also ein Landsmann von Bartali.) Was würde das Fahrrad wohl bedeuten, als Hieroglyphe auf einem ägyptischen Obelisk? Bewegung oder Ruhe? Das Flüchtige an der Zeit oder die Ewigkeit? Es würde mich nicht wundern, wenn es für die Liebe stünde.

Sicherlich birgt es irgendeine geheime Bedeutung. Und in der Tat, was gibt es Macchiavellistischeres als ein Fahrrad? Man fragt sich, wie es aufrecht stehenbleiben kann, und schon fliegt es davon und hält das Gleichgewicht auf einem unsichtbaren Stahldraht, wie ein Akrobat auf dem Seil.

Geräuschlos verliert es sich im Raum, geräuschlos durchdringt es die Zeit. Ohne auch nur einen Hauch von Schamgefühl lüftet es sämtliche Geheimnisse der Landschaft, des Horizontes, der Natur. Es gleitet auf der Straße wie die Klinge eines Rasiermessers, legt sich graziös in die Kurven, wiegt sich leicht in den Steigungen, es stürzt sich, mit geschlossenen Augen, in die grünen Täler, hinunter in die Unermeßlichkeit der sonnigen Ebenen.

»Hat dein Fahrrad nicht Ähnlichkeit mit einem hübschen Mädchen?« fragte ich einmal Gino Bartali, der mein Landsmann ist, da wir beide an den Ufern des Arno geboren sind – jenes göttlichen Flusses, der wie ein langsamer Pfeil das Herz von Florenz durchbohrt; »sieht dein Fahrrad nicht aus wie eine junge Florentinerin?«

»Für meinen Geschmack zu mager«, antwortete Gino und tätschelte zerstreut das weiche Leder des Sattels.

»Ich meine, es ähnelt einer jungen Florentinerin in punkto Witz und Verstand. Vielleicht ist es ein etwas zu mageres Mädchen, wie du sagst, aber es ist lustig, es ist spritzig. Nicht wahr, Gino, es ist klug?«

»Ja«, antwortete Gino, »es ist klug, aber nicht immer. Ich mag es am liebsten, wenn es nicht zu intelligent ist, wenn es mir keine guten Ratschläge geben will. Am besten, es läßt sich etwas gefallen und will nicht wie alle hübschen Mädchen seinen Kopf durchsetzen und mich an der Hand führen. Ich würde es mehr lieben, wenn es ein bißchen dümmer wäre, das ist es.«

»Wieso hättest du dein Fahrrad gerne ein bißchen dümmer? Schau doch das von Coppi an. Es ist sehr intelligent. Und das sieht man auch.«

»Ja, das sieht man«, antwortete Gino Bartali mit einem verächtlichen Lächeln, »man sieht, daß es sehr, sehr intelligent ist, wie du sagst. Wenn es nicht so intelligent wäre, wäre Fausto Coppi nämlich schon längst wieder Metzger.«

Ich mag Bartali sehr. Nicht nur, weil wir beide aus der

Heimat Dante Alighieris, Petrarcas, Michelangelos, Botti-
cellis stammen, sondern vor allem, weil ich Radrennfahrer
mag. Ich mag sie seit langen Jahren, von zartester Jugend an.
Der erste, der mit dem Fahrrad durch die Straßen von Florenz kreuzte, war mein Vater. Mein Vater ist ein Pionier. Als
ich ein Kind war, brachten mich die Großtaten eines Gerbi,
eines Petit-Breton, eines Ganna um den Schlaf. Diese Hel-
den des Radsports waren für mich Achilles, Hector und
Ajax zusammen. Und dies erste Epos des Fahrrads war
nichts anderes als meine ›Iliade‹.

Immer wenn die Saison der Radrennen kam, gleichzeitig mit den blühenden Gärten, dem Gold des Weizens, den
grünen Reben an den Weinstöcken, zog ich am Sonntag
hinaus auf die Straßen und mischte mich unter die Menschenmenge, die darauf wartete, die »Zentauren« vorüber-
ziehen zu sehen. Man nannte sie damals bereits »Zentauren«. Es war zum Jahrhundertanfang: das Fahrrad hatte
gerade begonnen, die Landschaften meiner Kindheit zu
beleben und gesellte sich damit zu den riesigen Schalltrich-
tern der ersten Grammophone, zu den ersten Siphons für
Selterswasser, die Köpfe mit Vogelschnäbeln hatten, zu den
kleinen Glasmurmeln, die die Hälse der ersten Limonaden-
flaschen verschlossen, zu den ersten Automobilen, in denen
ein seltsames Völkchen hauste: bedeckt mit struppigem
Pelzwerk, die Augen hinter riesigen Brillen versteckt, die
das halbe Gesicht verhüllten.

Eines Sonntags begab sich die gesamte Bevölkerung des
Valle della Sesia im Piemont, wo ich mit meinen Eltern den
Sommer verbrachte, zu früher Stunde auf die Straße, die
nach Valduggia hinunterführt und von dort zum Gipfel der
Cremosina ansteigt. Es waren keine spazierenden Grüpp-
chen, es war der Exodus. Ich folgte der Masse, und nach
einigen Stunden anstrengenden Marsches unter einer
unbarmherzigen Sonne erreichten wir endlich den Gipfel
der Cremosina, den die Radchampions überqueren mußten, um zum Lago d'Orta hinunterzukommen. Das Rennen trug den romantischen Namen »Berge, Seen und

Meer«; die Strecke ging von Turin bis ganz nach hinten ins Valle della Sesia an den Fuß des Monte Rosa, von dort hinunter zum Lago d'Orta und zum Lago Maggiore und verließ schließlich diese glücklichen Gestade mit Richtung auf Genua, zum Meer.

Kurz vor Mittag begannen die Leute zu lärmen und hin und her zu rennen, und endlich sah ich, aufrecht in den Pedalen, eine weiße Gipsfigur auf uns zuklettern, die von allen mit dem Schrei »Gerbi! Gerbi!« begrüßt wurde.

Diese weiße Figur war also Gerbi, der größte italienische Champion der Jahrhundertwende und überhaupt einer der Größten, die der internationale Radsport je gesehen hat. Hinter ihm, über den Lenker gekauert, kletterte eine andere Gipsfigur: Petit-Breton, der Franzose. Die Menge war im Freudentaumel. Alles schrie, umarmte sich, knuffte sich in die Seiten, und die Jüngsten verfolgten Gerbi und Petit-Breton und schoben sie heftig vorwärts, ohne sich um deren Schreie oder um das wilde Gebrüll der Rennfunktionäre zu kümmern, die den Champions in roten, hochbeinigen Fiats mit gurkenförmiger Motorhaube folgten. Plötzlich streckte Gerbi, der gerade an mir vorbeifuhr, die Hand aus und nahm mir meinen schönen italienischen Strohhut weg, den er dann mit stolzer Geste auf seine schweißüberströmte Stirn drückte. Das war mein erster persönlicher Beitrag zum Fortschritt des Radsports. Ich war erst acht Jahre alt, und schon war mir »der Hut hochgegangen«.

Kein Geringerer als der Erste Weltkrieg brachte mich dann vom Fahrrad herunter. Ich kroch aus den Schützengräben der Champagne, und als im November 1918 die Überlebenden meiner Generation nach Hause zurückkehrten, mit mageren Gesichtern und dem halb traurigen Blick des siegreichen Soldaten, da empfing sie im Vorraum ein schüchternes Blinken verrosteten Stahls, ähnlich dem freudigen und schamhaften Erröten eines Mädchens. Es war das Lächeln unseres Fahrrads, der ersten Liebe unserer Generation.

215

Da war er, der treue Schutzgeist meiner Jugend, da war er, gealtert, verrostet, aus der Mode, erwartete mich, schwächlich an die Wand gelehnt, unter der Garderobe, gleich neben meiner Mutter, die unter Tränen lächelte. Und ich verstand auf einmal, daß ich niemals ein Champion geworden wäre. (1949)

Nach 1967 wurde dann bei dreijährigen Restaurierungsarbeiten »Leonardos Fahrrad« entdeckt, eindeutig nicht von Leonardos Hand, aber von Augusto Marinoni flugs als Kopie eines Schülers nach verlorenem Original ausgegeben.

Der Leonardo-Experte Carlo Pedretti hatte aber schon 1961 das Blatt durchleuchtet und auf der aufgeklebten Rückseite zweifelsfrei nur zwei unverbundene Kreise ausgemacht. Ein negativer Alterstest wird verheimlicht.

Nachzulesen im Internet unter www.fahrradbuch.de/themen/leonardo.html

Einer Giftpflanze gleich überwuchert das Rennfieber alle gesunden und praktischen Seiten des Radfahrsports, in erster Linie des Tourenfahrens. Mit einer Gewissenhaftigkeit, als handle es sich um Tabellen über geographische Längen und Breiten in Central-Afrika, registrieren die Fachblätter die neuesten »besten Zeiten«. An diese hängt sich die Reklame der Fahrradfabriken und, indem die Sportpresse diesen Wust von erstaunlichen Ziffern, von pompösen Anpreisungen der »Marken« und Verhimmelungen der Rennfahrer in die Welt hinausposaunt, glaubt sie ihre Aufgabe, den Radfahrsport zu heben, zu erfüllen.
Friedrich Kallenberg 1896 in dem Buch über seine Frankreichtour

Jerome K. Jerome
FAHRRADWERBUNG

Gleich am ersten Tag unserer Tour entdeckte George den Unterschied zwischen Theorie und Praxis.

»Ich dachte eigentlich«, sagte George – er fuhr das Normalrad, Harris und ich ihm etwas voraus das Tandem – »unsere Idee wäre gewesen, bergauf immer bahnzufahren und bergab mit dem Rad.«

»So ist es«, sagte Harris, »in der Regel schon. Aber im Schwarzwald fährt die Eisenbahn nicht jeden Berg hoch.«

»Irgendwie hatte ich das schon geahnt, daß die sich verweigern«, grummelte George; und eine Weile war Schweigen.

»Übrigens«, bemerkte Harris, der offenbar weitergegrübelt hatte, »wär es dir sicher gar nicht recht, immer nur bergab zu fahren. Denn das wäre gegen jede Regel. Durch Rauhes zu den Sternen.«

Wieder trat Schweigen ein, nach einer Weile diesmal von George unterbrochen.

»Übernehmt ihr zwei Knaben euch nicht auf meine Kosten?« sagte er.

»Was soll das heißen?« fragte Harris.

»Ich meine«, erwiderte George, »daß ihr da, wo zufällig eine Bahn diese Berge hinaufgeht, euren guten Absichten, sie zu benutzen, keinen Zwang antun sollt, etwa aus Rücksicht auf meine edlen Gefühle. Wenn ihr mich fragt, so bin ich durchaus bereit, all diese Berge mit der Eisenbahn hinaufzufahren, auch wenn es gegen die Regel ist. Ich werde das mit meinem Gewissen abmachen; jeden Morgen um sieben bin ich nun seit einer Woche auf, da ist es mir wohl etwas schuldig. Also bitte bloß keine falsche Rücksichtnahme auf mich!«

Wir versprachen, dies zu beherzigen, und wieder in verbissener Stille ging die Fahrt weiter. George unterbrach sie schließlich: »Was, sagtest du, war dein Fahrrad für eins?«

Harris sagte es ihm (ich habe vergessen, welche Marke es genau war; es ist auch nicht wesentlich).

»Bist du ganz sicher?« insistierte George.

»Natürlich bin ich sicher«, antwortete Harris. »Wieso, um was geht es?«

»Je nun, es hält nicht, was das Plakat verspricht«, sagte George, »mehr ist nicht.«

»Was für ein Plakat?« fragte Harris.

»Halt das Plakat, das für diese spezielle Fahrradmarke wirbt«, erklärte George. »Ich habe es erst ein oder zwei Tage vor unserer Abfahrt an einer Litfaßsäule in der Sloane Street gesehen. Darauf fuhr ein Mann ebendiese Fahrradmarke – und zwar mit einer Flagge in der Hand: es gab überhaupt nichts zu tun, das sah man ganz genau; er saß bloß auf dem Ding und inhalierte die Luft. Das Fahrrad lief ganz von allein und auch noch gut. Dein Ding hier läßt mir die ganze Arbeit. Es ist ein faules Luder von Maschine, wenn man es nicht puscht, tut es einfach gar nichts. Ich an deiner Stelle würde das reklamieren.«

Eigentlich halten nur wenige Räder, was das Plakat verspricht. Nur auf einem einzigen Plakat, an das ich mich erinnere, wurde der Fahrer mit etwas beschäftigt dargestellt. Schließlich wurde dieser Mann ja von einem Stier gejagt. In normalen Situationen ist es das Ziel des Grafikers, den unschlüssigen Anfänger darin zu bestärken, daß man beim Radfahrsport auf einem luxuriösen Sattel ruht und sich von unsichtbaren himmlischen Mächten in jede gewünschte Richtung bewegen läßt.

Fast immer handelt es sich beim Fahrer um eine Dame, und dann erkennt man leicht, daß für wohlige körperliche Lockerheit ohne falsches Schamgefühl der Schlummer auf einem Wasserbett nichts ist verglichen mit dem Radfahren auf einer bergigen Landstraße. Keine per Sommerwolke reisende Fee könnte die Sache gelassener angehen als laut Plakat das Fahrradmädchen. Ihr Kostüm fürs Radfahren bei warmem Wetter ist nachgerade das klassische Ideal. Altmodische Gastwirtinnen dürften sich weigern, ihr ein Essen zu servieren, wohl wahr; und eine engstirnige Polizei würde sie womöglich mit einer Decke verhüllen wollen, bevor sie sie festnimmt. Doch darauf achtet sie gar nicht. Bergauf und bergab, durch Verkehr, der katzenhafte Gewandtheit beanspruchen würde, über Straßenbeläge, die eine mittlere Dampfwalze ruinieren dürften, gleitet sie dahin, die Inkarnation lässiger Lieblichkeit. Ihr blondes Haar flottiert im Wind, ihr nixengleicher Körper posiert ätherisch, ein Fuß auf dem Sattel, der andere locker auf der Lampe. Manchmal geruht sie, sich auf dem Sattel niederzulassen; dann stellt sie ihre Füße auf die Rasten, zündet sich eine Zigarette an und schwingt einen Lampion über dem Kopf.

Nicht so oft ist es bloß ein männliches Wesen, das auf der Maschine fährt. Er ist kein so arrivierter Artist wie die Dame; aber simple Tricks, wie auf dem Sattel stehen und Fahnen schwingen, im Fahren Bier oder Fleischbrühe trinken, beherrscht auch er und führt sie vor. Schließlich muß er doch etwas zu tun haben, um sich gedanklich zu beschäftigen: Stunde für Stunde auf dieser Maschine stillzusitzen, ohne etwas zu tun oder zum Nachdenken zu haben, muß jedem aktiven Mann zuwider sein. Bloß das ist es also, warum er nahe dem Gipfel eines hohen Berges in die Pedale steigt, einzig um die Sonne anzubeten oder das sich bietende Panorama anzudichten.

Hin und wieder zeigt das Plakat ein radfahrendes Paar; und da versteht man die Tatsache, wieviel überlegener fürs Flirten das moderne Fahrrad dem altmodischen Salon oder der ausgedienten Gartenpforte ist. Er und sie steigen auf ihre Fahrräder, natürlich darauf achtend, die richtige Marke zu fahren. Danach brauchen sie an nichts weiter zu denken als an die alte süße Angelegenheit. Durch schattige Alleen, durch geschäftige Ortschaften an Markttagen rollen munter die Räder von »Bermondsey Company's Bestes Tretlager Englands« oder »Camberwell Company's Muffenlose Eureka«. Sie braucht man nicht zu treten; sie muß man nicht lenken. Laß ihnen ihren Kopf und sag ihnen bloß, wann du heimkommen möchtest, das ist alles, was sie brauchen. Während Edwin sich aus seinem Sattel herbeugt, um die lieben alten Nichtigkeiten in Angelinas Ohr zu flüstern, während Angelinas Gesicht, um ihr Erröten zu verbergen, zum Horizont nach hinten gewandt ist, verfolgen die zaubrischen Fahrräder ihren geraden Lauf.

Und ewig scheint die Sonne, und die Straßen sind immer trocken. Keine strikten Eltern fahren hinterher, keine störende Tante zur Seite, kein dämonischer Knirps von Bruder späht um die Ecke. Nie kommt's zum Schleudern. Herrje! Warum gab es nicht, als wir jung waren, »Englands Bestes« oder »Camberwell Eureka« zu mieten?

Dann wieder lehnt »Englands Bestes« oder »Camberwell Eureka« an einem Zaun; es ist wohl müde. Es hat den ganzen Nachmittag gearbeitet, diese jungen Leute zu schleppen. Gnädig gestimmt sind sie abgestiegen, um der Maschine eine Rast zu gönnen. Sie sitzen im Gras im Schatten grazilen Gezweigs; zufällig ist es langes und trockenes Gras. Unter ihren Füßen strömt ein Fluß. Alles ist Müßiggang und Seelenruhe.

Unablässig ist es dieser Eindruck, den der Fahrradplakat-Grafiker zu vermitteln trachtet – Müßiggang und Seelenruhe.

Doch halt, wenn ich sage, daß sich gemäß den Plakaten kein Radfahrer je abmühen muß, so stimmt das ja gar nicht. Jetzt fällt mir ein, daß ich doch Plakate mit Herren auf Fahrrädern gesehen habe, die sich gewaltig anstrengen – man möchte fast sagen, sich überanstrengen. Mager und ausgehöhlt durch die Schufterei haben sie Schweißperlen auf der Stirn. Du ahnst, daß sie absteigen oder sogar sterben müssen, sollte hinter dem Plakat noch ein Berg kommen. Doch sie sind selbst schuld daran. So geschieht ihnen, weil sie stur die Maschine einer minderwertigen Marke fahren. Würden sie doch bloß ein »Putney Popular« oder ein »Battersea Bounder« fahren, genau wie der besonnene junge Mann in Plakatmitte, bliebe ihnen die ganze unnötige

Mühe erspart. Dann brauchten sie nur noch, wie aus Dankbarkeit, glücklich dreinzuschauen und vielleicht hin und wieder ein bißchen gegenzutreten, wenn die Maschine in ihrem jugendlichen Übermut momentan den Kopf verliert und zu geschwind losrast.

Ihr müden Jungmannen, die ihr da niedergeschmettert auf Meilensteinen hockt, vor Erschöpfung den steten Regen mißachtend, der euch durchweicht – ihr müden Jungmaiden mit dem glatten, nassen Haar, denen die Uhrzeit Sorge macht und die am liebsten fluchten, ohne zu wissen wie – ihr korpulenten, kahlen Männer, die ihr sichtbar weniger werdet, wie ihr die endlose Straße hin schnaubt und ächzt; ihr blauangelaufenen, mutlosen Matronen, die ihr das langsame, widerspenstige Rad unter Schmerzen bearbeitet: warum nur habt ihr nicht »Englands Bestes« oder »Camberwell Eureka« gekauft? Warum sind diese Fahrräder minderer Fabrikate im ganzen Lande so verbreitet?

Oder verhält es sich mit dem Radfahren wie mit allen anderen Sachen? Ist das Leben nirgends so wie auf dem Plakat? (1899)

Gabrielle-Sidonie Colette
ENDE EINER TOUR DE FRANCE

28. Juli 1912

»Gehen Sie da weg, mein Gott! Sie kommen, sie kommen!«

Wir bewegen uns nicht von der Stelle. Stumm und mit verächtlicher Miene bleiben wir im Auto sitzen, das bei der Durchfahrt auf der Höhe von Villennes am Straßenrand geparkt ist. Eine Stunde Wartens hat uns nämlich über den Stellenwert dieser Warnung aufgeklärt, die uns von vorbeikommenden Radlern zugerufen wurde. Sie sind rot, aufgeregt und schwitzen; sie haben kleine Fähnchen an ihrem Lenker gehißt und treten hektisch in die Pedale, während sie knappe Meldungen ausstoßen, die keinen Widerspruch dulden. Sie sind keine Funktionäre, sie sind kleine Sonntagsfahrer, die in dieser stillen Gemüsebaulandschaft den Ruhestörer spielen wollen – ohne Erfolg.

Von Poissy bis Villennes dienen die staubigen Straßenränder als Teppich für friedliche Familien, für wenig ehrgeizige Radfahrer mit Gamaschen und für ein paar sonntägliche Säufer. Manche, wie wir auch, essen zu Mittag, während sie darauf warten, daß »die Tour de France« zurückkommt.

Ein leichter Wind bewegt das Spargelkraut, die Zwiebelblüten, die noch aufrecht stehenden Ähren und trägt den scheußlichen Geruch des Düngers mit sich fort.

Von Zeit zu Zeit kommt ein Halbwüchsiger auf zwei Rädern herangestürzt, mit wehenden Rockschößen, und schreit mit weit aufgerissenen Augen dramatische Neuigkeiten heraus, die er soeben extra erfunden hat:

»Da hat sich gerade einer umgebracht!…«

»'s gibt nur noch drei von der Peugeot-Mannschaft. Alle anderen sind zusammengeklappt!…«

Die weiß bemehlte Straße wirbelt hinter ihnen auf – wie

die Rauchwolke im Theater, in der sich ein eben beschworener schalkhafter Geist versteckt…

Aber da kommen andere, ebenfalls auf zwei Rädern, aber nicht rot, sondern von einem seltsamen Gelb, als gehörten sie einer anderen Rasse an. Eine Schminke aus Schweiß und Staub bedeckt sie, verklebt ihre Schnurrbärte; ihre Augen in tiefen Höhlen und die wie zugegipsten Wimpern lassen sie wie gerade errettete Grubenarbeiter aussehen.

»Da, das sind die ernstzunehmenden Amateure«, sagt mein Begleiter. »Die Rennfahrer sind nicht mehr weit.«

Er spricht noch, als eine niedrige weiße Wolke in der Biegung der Straße auftaucht und auf uns zurollt. Sie macht uns blind, verschlägt uns den Atem. Wir fahren auf gut Glück an; ein Begleitwagen heult hinter uns her wie die Sirene eines verlorenen Schiffes; ein anderer streift und überholt uns, kühn und schwungvoll vorbeischlängelnd wie ein riesiger Fisch; ein wirrer kleiner Trupp Radfahrer mit erdigen Lippen, in all dem Staub nur zu ahnen, klammert sich an die Seiten des Automobils, rutscht ab, geht zu Boden…

Wir folgen, hängen uns an das Rennen an. Vor uns habe ich drei schmächtige Fahrer gesehen, die sofort von dicken Staubwolken verschluckt wurden: Rücken gelb und schwarz, rote Startnummern, drei Wesen, die kein Gesicht zu haben scheinen, mit brückenförmigem Rückgrat, Kopf an den Knien, unter einer weißen Haube… Sie sind sehr schnell verschwunden, die einzig Stummen in diesem Tumult; ihre Hast vorwärtszukommen und ihr Schweigen scheint sie von dem, was hier los ist, völlig zu isolieren. Es sieht nicht so aus, als wären sie Rivalen, viel eher scheinen sie auf der Flucht vor uns; gejagtes Wild dieses Geleitzugs in undurchdringlichem Staub, in dem sich Schreie, Hupen, Vivatrufe und Donnergrollen mischen.

Wir folgen, den Mund voll knirschender Steinchen, mit brennenden Nasenflügeln. Vor uns in der Wolke kann man undeutlich den niedrigen Schatten eines unsichtbaren

Autos ahnen, das dennoch so nah ist, daß wir es mit der Motorhaube berühren könnten; wir klettern auf den Sitz, um hinter uns ein anderes Wagengespenst zu betrachten, und noch andere dahinter; fuchtelnde Arme sind zu vermuten und Schreie, die uns verwünschen und freie Durchfahrt verlangen... Überall um uns herum ist Gefahr, der erstickende, schmierige, rauchige Geruch beginnender Brände; und in uns und überall entsteht eine teuflische Lust an der Geschwindigkeit, der dumme und unbezwingbare Wunsch, »Erster« zu sein...

Inzwischen haben uns die stummen Radfahrer – die bescheidenen Anführer dieser betäubenden Kolonne – bis zum Bahnübergang gelotst, wo die geschlossene Schranke das Rennen einen Moment aufhält. Eine helle Menschenmenge im Sonntagsstaat wartet und johlt; und wieder büxen die kleinen, schwarz-gelben, rot bezifferten Männer aus, schlüpfen durchs Fußgängertor, überqueren die Gleise und verschwinden. Wir hängen hinter dem Gitter fest, wütend und wie um etwas betrogen. Die Staubwolke, die sich für einen Moment gelegt hat, macht den Blick auf eine dreispurige Schlange ungeduldiger und leistungsstarker Wagen frei, straßenfarben, schlammfarben – und die Chauffeure, weiß wie die Wand und maskiert, belauern ihren Vordermann und sind zum vielleicht tödlichen Überholmanöver bereit... Zu meiner Rechten haben sich zwei Herren in ihrem Wagen aufgerichtet; wie Wasserspeier ›hängen sie über dem Kopf ihres Fahrers. Im Wagen links kauert ein anderer, schwarz von Fett und Öl, die Füße auf den Polstern, und fixiert durch seine gewölbte Brille die Straße. Alle sehen sprungbereit aus, bereit zum Schlag, und das Objektiv so manchen Fotoapparats wirkt unruhig, zielbewußt, wie eine schwarze Kanone... Es ist warm. Eine gewittrige Sonne brütet über all dieser anonymen Wildheit...

Durch ganz Poissy hindurch wartet eine fröhliche, gutgelaunte Menschenmenge auf die Rennfahrer, die wir wieder eingeholt haben. Ein gutmütiger und leicht betrunke-

ner Dicker möchte seinen Enthusiasmus bezeugen, indem
er einen der schwarz-gelben Roboter umarmt, der in etwas
langsamerem Tempo vorbeifährt: der Roboter ohne Gesicht plaziert mit einem Mal eine schreckliche Faust im
Vollmondgesicht des Dicken und kehrt in seine Wolke
zurück wie ein gerächter Gott...

Avenue de la Reine in Boulogne... Die immer dichter
werdende Menge ist bis zur Mitte der Straße vorgedrungen
und öffnet sich in ihrem lästigen Übereifer immer gerade
vor dem Führenden, der nun den Kopf oben hat, so daß
man seinen verzweifelten Blick und seinen offenen Mund
sieht, aus dem wohl wütende Schreie kommen... Man
macht ihm Platz, aber die Menschenmasse schließt sich
gleich wieder vor uns, die wir ihm folgen, so wie ein Korn-
feld, das sich nach dem Windstoß sofort wieder aufrichtet.
Ein zweiter Fahrer streift uns, genauso von der Menge
behindert, die ihn feiert, und sein blondes Gesicht, genauso wütend, starrt wie von Sinnen auf einen Punkt da vorne:
den Eingang der Radrennbahn...

Es ist zu Ende. Es gibt jetzt nur noch die riesige Bahn im
Parc des Princes, die von einer breiten Menschenmenge
bedeckt ist. Die Schreie, das Klatschen, die Musik sind
nichts als eine leichte Brise im Vergleich zu der Sturmbö,
die mich bis hierher gebracht hat und aus der ich betäubt
und mit brummendem Kopf auftauche. Aber dort hinten,
ganz weit weg, auf der anderen Seite des Ovals sehe ich
noch immer zwei winzige und unermüdlich auf und ab
stampfende Pleuel, die genügten, um dieses mechanische
Gewitter auszulösen: es sind die winzigen Beine des Sie-
gers.

BRAUCHEN WIR EINEN FREILAUF?
Die Redakteurinnen von ›Draisena‹ fragen den Fabrikanten Puch

Auch bei uns in Österreich ist bereits besonders von einer Seite eine umfangreiche Reklame für »Free Wheel« in Bewegung gesetzt worden. Freilich haben die meisten unserer bedeutenden Fahrradfabrikanten eingesehen, daß die wenigen Vorteile dieses angeblichen Zukunfsmodells auch durch entsprechende Nachteile aufgewogen werden. Ganz abgesehen von der größeren Kompliziertheit der Bestandteile sowie von dem vergrößerten Gewicht des Rades, infolge der Notwendigkeit, zwei Bremsen mit sich zu führen, wird das Free Wheel nur die Maschine des sehr geübten Fahrers werden, nachdem der Anfänger oder der nur mittelmäßige Fahrer wohl kaum eine freilaufende Maschine mit Vorteil wird benutzen können, da ihm die Überwindung des toten Punktes stets Schwierigkeiten machen wird und die plötzliche Wirkung der Hinterradbremse beim Bergabfahren für ungeübte oder unaufmerksame Fahrer böse Folgen nach sich ziehen könnte. Das kleinste Hindernis am Wege kann einen Kopfsturz verursachen.

Um die Vorteile eines freilaufenden Rades zu genießen, muß sich der Fahrer mit einer nur mittelmäßigen Geschwindigkeit begnügen, da die Schnelligkeit nicht als Vorteil der freilaufenden Räder anzusehen ist.

Um unseren Lesern über die Zukunft der freilaufenden Räder in Österreich ein Bild entwerfen zu können, hat sich unsere Wiener Redaktion an sämtliche größeren FahrradFabrikanten mit der Bitte gewandt, ihr darüber Aufschluß zu geben, ob sie sich mit dem »Free Wheel« in kommender Saison zu beschäftigen gedenken. Außer der Waffenradfabrik und den Patria-Fahrradwerken verhalten sich die meisten österreichischen Fabrikanten der Neuerung gegenüber ziemlich skeptisch. Die Styria-Fahrradwerke und die Noricum-Fahrradwerke der Herren Cless & Plessing verhalten sich direkt ablehnend, während die Graziosa-Fahrradwerke sowie die Meteor-Fahrradwerke, derzeit noch mit den diesbezüglichen Versuchen beschäftigt, noch eine zuwartende Haltung einzunehmen beabsichtigen. Die 1. steiermärkische Fahrrad-Aktiengesellschaft ist auch Gegnerin des freilaufenden Rades. Um unseren Lesern aber das Urteil eines versierten Fachmannes reproduzieren zu können, haben wir uns an den Altmeister der österreichischen Fahrradindustrie, an Herrn Johann Puch, gewendet und ihn gebeten, uns seine Ansicht über das freilaufende Rad zu verraten.

In liebenswürdigster Weise hat Herr Johann Puch unsere Bitte erfüllt und im nachstehend wiedergegebenen Briefe seine Ansicht über »Free Wheel« zusammengefaßt:

›Ihre geehrte Zuschrift vom 17. d. M. ist mir geworden und will ich Ihnen in deren Beantwortung nur einige Schlagworte auf Ihre Anfrage erwidern, da ich mangels Zeit nicht in der Lage bin, Ihnen eine eingehende Besprechung des »Free Wheels« zu verabfassen.

Ich muß Ihnen offen sagen, daß ich jede Zeit, die mit dieser Erfindung vergeudet wurde, für verloren erachte und dies sagt Ihnen ja klar und deutlich genug, wie ich über die neu aufgetauchte Erfindung denke. Ich wundere mich nur darüber, daß viele und teilweise nicht unbedeutende Firmen, die stets als Fachleute gegolten haben, einer solchen Erfindung, deren Erfolglosigkeit evident ist, Aufmerksamkeit schenken. Mein Prinzip war und ist es von jeher, bei allen Konstruktionen darauf zu zielen, daß dem Fahrer in jeder Beziehung Sicherheit für sich selbst geboten ist, und dieser Hauptsache ist speziell bei den Free Wheels entgegengearbeitet.

Jeder, der selbst Radfahrer war oder ist, weiß, welchen Vorteil es hat, das Rad mit den Füßen zu dirigieren, und es ist der eklatanteste Beweis dafür, daß bei dem Freihändigfahren zum größten Teile das Rad seine Direktion durch die Bewegung der Füße behält. Beim Free Wheel ist die Funktion des Trittlagers absolut ausgeschaltet, und wenn auch eine Einschaltung des ganzen Mechanismus noch so flink hergestellt werden kann, so wird doch im Falle der Gefahr sich erst zeigen, welche Nachteile beziehungsweise Gefahren das Free Wheel bringt. Erinnern Sie sich zurück auf einige Jahre, als es noch Sitte war oder besser gesagt Unsitte, alle Räder mit sogenannten Fußrastern auszustatten. Sie wissen ja selbst am besten, welche Mühe es Radfahrer-Verbänden, Fachzeitschriften u.a.w. gekostet hat, bis diese Unsitte beseitigt und die Fußraster vergessen waren. Wenn Sie nun heute die Konstruktion der Free Wheels hernehmen, so hat der betreffende Fahrer beim Bergabfahren kein anderes Gefühl als derjenige, der seinerzeit die Füße auf den Fußrastern hatte, und wenn dann ein Hindernis irgend welcher Art in den Weg kommt, so wird der Fahrer des Free Wheels genau das machen, was dem Fahrer in früherer Zeit passiert ist. Mag selbst der Fahrer noch so vertraut mit seinem Free Wheel sein, so kann er doch nicht momentan den Kettengang einschalten, so daß er das Rad auch mit den Füßen in seiner Gewalt hat; ein plötzliches Kontratreten und die dadurch bewirkte Funktion der Bremse wird ihm auch nur Unheil bringen. Schon aus diesem Grunde halte ich die Konstruktion des Free Wheel für eine absolut verfehlte, und wenn man noch bedenkt, daß der Mechanismus das Rad weitaus komplizierter macht, so ist es mir doppelt rätselhaft, wie man einer solchen Sache sein Interesse zuwenden kann.

Daß die Konstruktion überdies noch andere Nachteile hat, die überdies schwer ins Gewicht fallen, wie z. B. Überwindung des toten Punktes (jeder, der schon einmal auf einem Motordreirade mit ausschaltbarem Kurbelgetriebe gesessen war, hat hierfür den besten Beweis gehabt), will ich gar nicht weiter beleuchten. Ich kann Ihnen auf Ihre Frage, ob ich mich der Fabrikation von Free Wheels zuwende, nur erwidern, daß ich dies nicht im geringsten beabsichtige und dieser Erfindung keinen Augenblick Zeit widme, so gerne ich fast jeder Erfindung mein Interesse entgegenbringe, die eine Neuerung ist zur Vereinfachung des Radmechanismus oder zur Sicherheit des Radfahrers. Wenn sich bereits andere Firmen von erstem Ruf heute mit dem Free Wheel abgeben, so mögen sie dies ruhig tun, denn es geschieht nur in der Absicht, Neuerungen, und wenn solche auch nutzlos sind, in die Welt zu setzen. Es wird meiner Ansicht nach mit dem Free Wheel genau so ergehen wie mit den seinerzeitigen bonded gears, das alle Welt momentan entzückte und dem viele, darunter selbst die älteste Fabrik der Fahrradbranche, nicht unbedeutend zum Opfer gefallen sind.

Ich glaube Ihnen sohin meine Denkungsart über die Free Wheels genügend klargelegt zu haben und zeichne

Graz, 21. Oktober 1899
hochachtungsvoll   Johann Puch.

Bald hatten alle Fahrräder den Freilauf (bis auf die wenigen Bahnrennräder der Six-Days).

Arno Schmidt
NEBENMOND UND ROSA AUGEN

(Nr. 24 aus der Faust-Serie des Verfassers)

Die Nacht war still; der abnehmende Mond erhellte die Straße; wir ritten auf unseren Fahrrädern dahin. (‹Teerdecke›, das ist eine nützlichere Erfindung, als.)/(Daß die Dämonin ausgerechnet wieder ein karminrotes haben mußte, die Rohrköpfe gelbgeflammt & wie mit Rauchfloren umwickelt, hatte ich ihr vergebens verwiesen; sie rausredete: im ‹Vorhof› hätte's kein anderes gehabt. Je nun; ich hab mich ihr nun einmal verschrieben.)

Als plötzlich, gegen 3½ Uhr, im Westen eine schwarz graue Wolke sich zeigte; und, kaum von uns gesehen, von heftigen Böen begleitet, pfeilschnell unserem Zenith zu eilte; (‹mein› Zenith – ich wäre also Zenithbesitzer? ‹Wer kauft Azimute?› : »Nadire feil!«).

Wir sahen es einmal nur stark blitzen, hörten aber keinen Donner, zwischen Görlitz und Lauban; (wenn es die DDR nicht gäbe: sollte man sie erfinden?)./Der schwarzhakige Wald chausseete langsam neben uns entlang; Dorédornen öffneten gefällig Krallenfächerchen, (wenn man 1 abbrach, seufzte er womöglich, der Wald an der Chaussee; und litt dann weiter an Oktoberstarre.)/((In dem Gehöft-zuvor, wo wir Milch getrunken hatten – ‹Milch›; das muß sich Einer ma vorstellen! Wir taten es aber auch aus reiner Bosheit. (Und meine Teufelin brachte dabei die Brust *so* vor, daß Mann gleich hätte unsinnig werden mögen.) – hatte der Hahn lange in die Fahrradlampe gestarrt, the Snake & the Serpent; und dann zu krähen begonnen : The Sun does arise, & makes happy the skies. Auch war noch bemerkenswert gewesen, daß eine junge Katze, die, laut Aussage jener Klütenpedder, sonst wenig Elektrizität zeigte, in den vorhergehenden kalten Tagen, vom 23. bis 27. Oktober, bei dem leisesten Streicheln starke Funken sprühte; besonders lange kamen, mit lautem Geknister, aus den Spitzen der Ohren. Meine Dämonin – oder bin ich ‹ihre›? – trank, wie gesagt, währenddessen immer Milch; aus feuerroten Handflächen; mit sichtlichem Genuß.)) / Uns stand jedenfalls einer der großen Zyklenwinter bevor.

Es wurde so dunkel, daß wir die Straße nicht mehr zu sehen vermochten! (Oder nein; weg das Ausrufungszeichen: so stenografenhaft schnell erfolgte der Vorgang doch nicht ganz; man sagt mir ohnehin nach, daß ich mit einer Handtasche voller Ausrufungs- und Fragezeichen, also voller Geschrei, reise: es ist nicht wahr!!). / Wenige Sekunden darauf fing es an zu hageln, und es fielen ›Schloßen, wovon einige die Dicke einer Walnuß hatten. Der Wind wehte furchtbar; so daß die Räder ihm nicht zu widerstehen vermochten, sondern seitwärts getrieben wurden. Einzelne Hagelkörner, welche ‹es› auf die Klingeln und in die (leeren) Handgriffe der Lenkstangen drängte, leuchteten; (und in demselben Augenblick sah ich auch ihre Ohrenspitzen glimmen! Sonst aber nichts weiter; keinen fingerzipfligen Teil irgend an uns, noch an den umgebenden Gehölzen, nichts.)

Selbst meiner Dämonessa wurde unheimlich. (Vielleicht auch nur angeblich: Wer, der im Kürschner steht, weiß schon noch Bescheid mit Dämonen? Die, die's behaupten, sicher nicht. Und ‹Leser›? – achduliebergott. ‹Leser›, das sind Diejenigen, die zeitlebens ‹Schirm› zu dem sagen, wobei einem Schriftsteller ‹ein Stock im Petticoat› einfällt!). / Sie erinnerte mich diskret an 1 ‹längeres Gedankenspiel›, das ich, als sehr junger Mensch, damals, hier im Nonnenbusch lokalisiert hatte:? – Ich runzelte die sehr-behagelte Stirn (da jetzt sogar der obere Rand meines (geklauten) Rückspiegels zu fosforeszieren begann). Wir einigten uns kurz; durch Wimpernbedenken, Wortstücke, Lippenperispomenen, Handgaukeleien. Und bogen ergo links ab; (sie ließ mich raffinierterweise ‹führen› – also ‹Erinnerungen wekken›; die sind ja zu abgefeimt.); den Hang-Lehmweg,

meingottdasgeglitsche, hinunter: kann man das Brettüber-
einenBach ‹Steg› nennen?...

Der Hagel wurde jedenfalls geradezu lebensgefährlich!
(Ich & viele Pferde jener Gebiete hatten am nächsten Tag
Beulen & blaue Flecken.)/Wir köpften uns in ein Fichticht.
Hockten unter das barbije Weir (= knochiges Drahthaar)
der unten-Erstorbenen. Und warteten eben. -.-. /- -. /:
Pause. Der Hagel massierte die allesduldenden Zweige
dichtüberuns. Die Dämonin zählte ihr Papiergeld unter
(und mit) der Hakennase. Rechnete; und debattierte ein-
mal, kurz & ungehalten, mit ihren Montessori-Fingern. /
Die Schloßen rappelten, als lebten wir in Packpapier; (eine
Zellstoffwelt; wir wehren uns mit Armen, halberstickten.
Der Tod kommt schneeweiß: auch 'ne Möglichkeit. – Die
Nerven der Meistenvonuns würden ‹weiß & lautlos› vermutlich viel schlechter ertragen, als dantesk-aufgeregte
Höllen.)/Sie lächelte befriedigt, da es kein Ende nehmen
wollte. Bat um Erlaubnis & erhielt sie. Zog eine Rolle aus
dem (feurig beflaumten) Busen...

... *ich barg, was ich an Ohren hatte,* in Schiband & Nadel-
streu; befahl ihr, ja leise zu sprechen; und das Subjekt (?)
las tatsächlich auch. Frisch gesammeltes Material aus West-
deutschland. (Und, Moment: wenn Die also, bei Satans,
die ‹Spaltung› offiziell anerkennen ? – : dann tut Unsereins
doch wohl gut, sich ebenfalls darauf ‹einzustellen›, wie?) –
(1962)

Hans Fallada
KNAPP ÜBERLEBT*

»Also, was ist es denn, Hans? Du machst mich ganz neugierig!«

»Du wirst schon sehen, Vater!« sagte ich vorwärts drängend. Und vorbereitend: »Aber ich glaube, es kostet vielleicht bestimmt sogar etwas über hundert Mark!«

Nun wurde Vater doch etwas bedenklich. »Ich kann mir gar nicht denken«, sagte er fast unzufrieden, »daß ein Junge wie du, der alles hat, sich gleich etwas für über hundert Mark wünschen kann!«

Damit schwieg er etwas pikiert, und wir traten in das Postamt ein.

Vater überlegte lange, was er telegrafieren solle: daß ich die Prüfung »glänzend« oder daß ich sie »gut« bestanden habe. Immerhin lag erst nur mein Bericht vor. Es gelang mir aber, Vater völlig davon zu überzeugen, daß ich »glänzend« bestanden hatte, was übrigens auch der Wahrheit entsprach. Dann wanderten wir weiter, bis ich vor einem großen Schaufenster haltmachte. »Da!« sagte ich und zeigte mit dem Finger.

»Ein Fahrrad!« rief Vater verblüfft. »Ja, kannst du denn radeln?«

Ich hätte ja nun meinem Vater die Geschichte jenes Jungen erzählen können, der seinen Vater fragte, ob er baden dürfe, und der die Antwort bekam: »Ja, aber erst, wenn du schwimmen kannst!« Doch konnte ich wirklich schon radeln. Ich hatte es in Berlin gelernt, auf Rädern anderer Jungen, in aller Heimlichkeit. Heimlich aus bekannten Gründen, denn sonst wäre mir das Radeln lernen nie erlaubt worden. Es war aber, mich selbst überraschend, gut gegangen. Einige auf den Knien zerrissene Strümpfe und durchgescheuerte Handflächen hatte allein ein großer Kohlenwagen verschuldet, der zwei Tage unabgeladen in der

Luitpoldstraße gestanden hatte. Dieser Wagen hatte eine magische Anziehungskraft auf mich ausgeübt: ich konnte ganz auf der anderen Straßenseite radeln, unentrinnbar lockte er mich an sich, bis ich in seinen Rädern, einmal auch unter ihm landete!

Aber das waren längst abgetane Dinge, heute war ich ein perfekter Radler und konnte mit Stolz antworten: »Ob ich radeln kann, Vater? Natürlich kann ich radeln! Alle Jungen können radeln!«

Vater war mehr geneigt, bei diesem Thema zu bleiben, statt sich auf den Radankauf zu konzentrieren. »Wo hast du denn das Radeln gelernt, Hans?« fragte er.

»In Berlin doch!« antwortete ich unschuldig. »Schon endlos lange. Lange vor Dackelmanns Zeit. Außerdem braucht man Radeln gar nicht zu lernen. Radeln kann man gleich. Man setzt sich eben drauf und fährt los.«

Und ich sah dem Vater bieder ins Auge.

»So!« sagte der trocken. »Und du hast uns nie etwas von dieser deiner neuen Kunst erzählt, Hans? Seltsam, o wie so seltsam! Sonst bist du eigentlich nicht so zurückhaltend im Rühmen deiner Künste, Hans!«

Vater betrachtete mich mit einem hellen, recht spöttischen Lächeln.

»Och«, antwortete ich, reichlich verlegen. »So'n Dreck! Das ist doch gar keine Kunst!«

»Nun«, meinte der Vater. »Heut ist ein besonderer Tag, und so will ich nicht weiter in dich drängen. Ich glaube mich freilich zu erinnern, daß vor einigen Monaten deine Mutter über einen ungewöhnlich starken Strumpfverschleiß bei dir klagte. Vielleicht erzähltest du uns etwas vom Weitspringen beim Turnunterricht, bei dem du so leicht hinfielst? – Aber da täuscht mich wohl mein Gedächtnis, nicht wahr, Hans!«

Ich zog es vor zu schweigen.

»Nun, du hast recht, wir reden nicht mehr davon. Der Himmel hat dich als perfekten Radler erschaffen. Das stimmt doch, Hans?«

»Jawohl, Vater, das stimmt!«

»Nun wohl, mein Sohn, hier ist eine stille Straße, und so wirst du nun erst einmal eine kleine Prüfung ablegen vor mir und dem Händler. Erst dann wird zum Ankauf geschritten. Du kommst heute aus den Prüfungen nicht heraus, Hans!«

»Und diese bestehe ich noch glänzender, Vater!« Und so war es wirklich. Eine Viertelstunde später radelte ich an Vaters Seite nach Haus, bewies meine Meisterschaft durch ein unwahrscheinlich langsames Tempo, bekanntlich das schwierigste beim Radeln. Ich rede immerzu, alle Schleusen sind geöffnet. Ich bin selig vor Glück. Das Rad hat einhundertfünfunddreißig Mark gekostet, Vater hat mir etwas Solides, etwas fürs Leben gekauft. Nur die krumm nach unten gebogene Lenkstange hat er abgelehnt.

»Nein, nein, ich kenne das! Die sitzen so wie Affen auf dem Rade. Ich möchte dich doch nicht in dieser Richtung ermuntern, Hans, ich gebe noch immer nicht die Hoffnung auf, daß du dich mit den Jahren zum Menschen entwickelst.«

Wenn Vater so neckte, war er immer allerbester Stimmung. Mein Erwachen am nächsten Morgen war köstlich. Ich kam aus tiefstem Traum, der, kaum hatte ich die Augen geöffnet, schon rasch entschwand, aber im Schwinden das Gefühl hinterließ, als habe ich in der Nacht Schönstes erlebt. Es war noch sehr früh. Im Hause schlief alles, auch die Stadt um das Haus herum schlief noch, nur zeitige Vögel lärmten schon im Garten.

Plötzlich wird es mir klar, daß wir einen Garten haben! Wir wohnen nicht mehr in Berlin, wir sind in Leipzig, aus der Veranda unserer neuen Wohnung steigt man über ein paar Stufen in den Garten hinab. Und in diesem Garten blüht schon einiges: Krokus, Leberblümchen, Schneeglöckchen. Schon wird der Rasen grün, denn es ist Frühling, das Osterfest ist nahe – und es sind Ferien. Es sind ganz richtige Ferien, ohne alle Schularbeiten, Faulferien, denn ich habe gestern meine Prüfung mit Glanz bestanden!

Ich habe einen Sprung über ein halbes Jahr getan, ich bin Untersekundaner!

Ein stolzes Gefühl erfüllt mich, ich habe etwas geschafft, obwohl Doktor Dackelmann mich im stillen für einen Holzkopf hält! Aber ich habe es erreicht! Es gibt keinen Zweifel daran, es gibt einen handgreiflichen Beweis dafür: ein Rad, ein Herrenfahrrad, das nagelneu unten im Keller steht!

Ein überströmendes Glücksgefühl, wie selten gespürt, erfüllt mich: Frühling und Ferien und Osternähe, Untersekundaner und Fahrrad, es ist fast zuviel! Ich dehne und recke mich, mein Gähnen ist fast ein Schluchzen!

Es leidet mich nicht mehr im Bett. Leise stehe ich auf, leise, um niemanden zu stören. Ich wasche mich mit einer ganz ungewohnten Flüchtigkeit, ziehe aber immerhin doch meinen Sonntagsanzug an, und nun schleiche ich in den Keller.

Da steht es! Es ist ein Rad der Marke Brennabor mit Torpedo-Freilauf und Rücktritt. Vater ist großzügig gewesen, er hat nicht nur das beste Rad im Laden gekauft, er hat mir auch noch einen Fahrradständer und eine Azetylenlampe dazu spendiert. Ich betrachte mein Rad mit verliebten Augen, ich drehe die Pedale, das Hinterrad saust so schnell, daß man die Speichen nicht mehr sieht! Nun drücke ich auf ein Pedal, und plötzlich steht das Rad; fast ohne Übergang ist aus der raschesten Bewegung völlige Ruhe geworden. Großartig!

Ich schleiche wieder nach oben, ich unterziehe Mutters Nähschrank einer Prüfung und entdecke ein Handtuch, das mir das Stopfen nicht mehr zu lohnen scheint. Ich nehme es an mich, klaue noch aus Mutters Nähmaschine eine Flasche Öl (reines Knochenöl) und, wieder unten angelangt, mache ich mich daran, das schon spiegelnde Rad zu noch höherem Glanze aufzupolieren und jeder schon vom Händler geölten Stelle noch ein paar Tropfen Öl zu versetzen.

Als ich damit fertig bin, ist es nicht mehr ganz früh, aber

immerhin noch früh. Ich höre die Mädchen oben langsam mit dem Reinmachen der Wohnung beginnen. Ich überlege, was ich nun anfangen soll. An solch einem glücklichen ersten Ferientag muß ich doch etwas ganz Besonderes beginnen! Mir fällt Onkel Achim ein, der in einem Leipziger Vorort wohnt. Er hat sich vor ein paar Tagen mit der Tante zu einem kurzen Besuch in dieser neuen Wohnung sehen lassen, heute früh werde ich diesen Besuch erwidern – per Rad.

Noch einmal steige ich nach oben. Von der alten Minna, die unsere Übersiedlung von Berlin nach Leipzig nicht ganz ohne Bedenken mitgemacht hat, verlange ich ortsüblich »zwei Bemmen«. Damit versetze ich sie ein wenig in Ärger, denn Minna ist schon böse mit den Leipzigern, weil sie nicht berlinisch reden und weil sie alles falsch aussprechen. Neulich hat ihr doch ein Schutzmann wahrhaftig gesagt, sie solle nicht in die weiche, sondern in die harte P-Bahn einsteigen. Die Leute hier sind wirklich zu albern. Ein bißchen Anstellen ist immer schön, aber was zuviel ist, ist zuviel!

Während Minna so nach ihrer Art vor sich hin brummt und mir statt Bemmen echt berlinische Stullen schmiert, sieht und hört uns die neue Leipziger Perle neugierig zu. Sie ist noch sehr jung, aber stattlich gebaut und hört auf den Namen Albine. Ihr Haar ist etwas rötlich und ihre Haut sehr weiß. Mir gefällt Albine, einmal aus allgemeinen, noch nicht genau definierten Gründen, dann aber auch, weil sie sehr höflich zu mir ist und mich mit »Sie« und »Junger Herr« anspricht.

Ich wende mich an sie. »Wissen Sie eigentlich, Albine, was für eine Schülermütze die Carolaner tragen?«

»Aber ja doch, junger Herr! Weinrot mit silbernen Streifen. Das ist die schickste Mütze von Leipzig!«

Ich habe es natürlich längst gewußt, aber es ist immer gut, ein bevorstehendes Glück auch aus anderm Munde bestätigt zu hören. In Berlin hat es keine bunten Schülermützen gegeben.

Minna sagt empört: »Was das nun wieder für ein Quatsch

ist: bunte Schülermützen! Bloß damit sich alle Schulen gut voneinander kennen und sich schön verkloppen können!«

»Sekundaner kloppen sich nicht mehr, Minna!« sage ich hoheitsvoll, wickle unter ihren argwöhnischen Blicken (Wo willst du denn schon so früh hin, Hans?!) die Stullen in Butterbrotpapier, rufe: »Ich bin nicht zum Frühstück hier. Ich radle zu Onkel Achim!« und verschwinde rasch, ehe Minna Widerspruch erheben kann, aus der Küche.

Die aus Vaters Zimmer bereits organisierte Karte studiere ich genau. Jawohl, ich brauche nur die Kronprinzenstraße hinunterzufahren, dann komme ich in einen Wald oder doch Park, und nun, fast immer der Pleiße folgend, fahre ich durchs Grüne – wenigstens auf der Karte grün, an den Bäumen gibt's noch keines! – bis ziemlich vor des Onkels Haus.

Es ist recht frisch draußen, obwohl die Sonne scheint. Die Straßen sind noch leer, um diese Morgenstunde wirken sie weiter und aufgeräumter als am Tage. Es gibt eigentlich nur Zeitungs- und Semmeljungen sowie Milchmädchen auf ihnen. Und dann gibt es jetzt mich, der stolz auf einem Rade fährt! Ich fahre ganz behaglich, ich eile nicht, es ist gerade erst sechs Uhr. Schließlich sehe ich sogar ein, daß ich dem Onkel kaum vor sieben meinen Antrittsbesuch machen kann.

Bald bin ich im Walde – es ist wirklich eher Wald als Park –, und nun fahre ich auf einem schönen hellen Radfahrweg an der Pleiße entlang. Es gibt da viele Häuschen, an denen umgestürzte Boote liegen, noch heute werde ich mit Ede hierherkommen und Rudern lernen. Leipzig gefällt mir erst einmal natürlich viel besser als Berlin. Als ich zu einem Lokal komme, das »Der Wassergott« heißt, lehne ich mein Rad gegen eine Bank, gehe auf und ab, um ein bißchen wärmer zu werden, und esse meine Brote. Dann fahre ich wieder weiter, aber ich muß noch ein paarmal unterwegs Station machen, sonst komme ich zu früh zum Onkel.

239

Es ist ein paar Minuten nach sieben Uhr, als ich an der Tür des Vorgärtchens klingele. Onkel Achim sieht höchstpersönlich aus einem Fenster heraus. »Was – du, Hans?« fragt er ziemlich erstaunt. »Ist was Besonderes los?«

»Gar nichts!« rief ich, nun doch etwas verlegen, zurück. »Ich wollte euch nur mal besuchen – ich habe nämlich ein neues Rad!«

Aber den Onkel scheint das Rad nicht sehr zu interessieren. »Na, dann komm 'rein, mein Sohn!« sagt er, in sein Schicksal ergeben. »Viel Zeit habe ich aber nicht mehr, ich muß um halb neun in der Stadt sein!«

Ich gehe also hinein und begrüße die Tante und den Onkel. Ich werde aufgefordert, am Frühstückstisch Platz zu nehmen. Aber ich kann hier nicht sitzen. Ich kann unmöglich in diesem Zimmer sitzen. Denn alle Wände sind mit Reiseerinnerungen behängt. Der Onkel ist weit in der Welt herumgekommen, er hatte eine Plantage in Brasilien, eine Farm in Deutsch-Ostafrika. Auf bunten Wandteppichen hängt ein halbes Völkerkundemuseum an der Wand.

Umsonst werde ich mehrfach aufgefordert, mit zu frühstücken. Ich habe keine Ruhe dafür. Schließlich sagt der Onkel lachend: »Nun, Hans, wenn du nicht frühstücken willst, so rauch wenigstens eine Zigarette. Du rauchst doch natürlich?«

»Natürlich!« lüge ich und nehme eine Zigarette aus dem dargereichten Etui. In Wahrheit habe ich noch nie geraucht, ich bin noch nicht einmal auf den Gedanken gekommen, daß ich rauchen könnte. Und mit einer plötzlichen Gedankenverbindung, um mein reifes Alter zu beweisen, sage ich: »Ich habe gestern übrigens meine Aufnahmeprüfung zur Sekunda bestanden. Darum hat Vater mir das neue Rad geschenkt.«

»Soso«, sagt der Onkel ziemlich gleichgültig. »Das ist ja recht erfreulich. Aber jetzt muß ich los. Sage deiner Tante adieu, Hans, und bringe mich bis zum Bahnhof.«

Also muß ich dieses Zimmer schon wieder verlassen, aber selbst ich finde, daß ich recht deutlich dazu aufgefordert bin. (Erst später erfuhr ich, daß Onkel und Tante Besuche verabscheuten, besonders aber Verwandtenbesuche! Sie blieben am liebsten »für sich!«) Aber daß ich wieder auf die Straße komme, hat auf der andern Seite den Vorteil, daß ich mich unbemerkt der Zigarette entledigen kann. Es ist mir doch ziemlich komisch, der Magen macht fahrstuhlartige Bewegungen nach oben, und im Kopf ziehen Schleier. Kaum habe ich den Onkel im Bahnhof verschwinden sehen, so muß ich in ein Gebüsch und gebe meine Bemmen wieder von mir. – Nie wieder!, denke ich. – Dies Rauchen ist ja einfach ekelhaft! (Noch ahne ich nicht, als ich meinen Magen so gründlich entleere, daß mir diese Zigarette das Leben gerettet hat!)

Dann fahre ich recht erleichtert, mit freierem Kopfe, wieder dem häuslichen Herde zu. Die Übelkeit ist geschwunden, schon beginne ich, mich auf mein Frühstück zu freuen. Diesmal fahre ich nicht durch das Gehölz, sondern durch manchmal recht langweilige Vorstadtstraßen, mit rüttelndem Kopfsteinpflaster. Schließlich tauchen weitgestreckte Baulichkeiten zu meiner Rechten auf, aus einem Schild sehe ich, daß dies der Städtische Schlachthof ist.

Die Straßen sind hier fast leer, es sind glatte Asphaltstraßen. Unwillkürlich beginne ich rascher und rascher zu treten, ich fliege nur so dahin! Der Rausch der Schnelligkeit, die Freude über das schöne flinke Rad bezaubern mich immer mehr, in kurzem Bogen, ganz schräg liegend, sause ich um die Ecke und sehe direkt vor mir einen Fleischerwagen, dessen beide Braune auf mich zu galoppieren!

Ob ich noch versucht habe, zu bremsen, weiß ich nicht mehr. Ich weiß überhaupt lange gar nichts mehr. Ich sehe nur noch zwei braune Pferdebrüste, die sich hoch, hoch über mir erheben, und lange Pferdebeine, mit blinkenden Hufeisen, und die Beine werden auf mich zu immer länger, immer länger…

Wie gesagt, aus eigenem kann ich über meine nächste Ferienzeit nur wenig berichten. Es geschah, was immer geschieht: überraschend schnell sammelte sich viel Volks, das umherstand. Ein Schutzmann teilte die Massen, beugte sich zu mir und versuchte zu erkunden, wer ich sei. Doch soll ich ihm, nach Namen und Anschrift befragt, die klare Antwort »Drei Jahre« gegeben haben, eine Auskunft, die auch mit meinem Alter in sichtlichem Widerspruch stand. Aber es zeigte sich wieder, wie vorteilhaft es ist, einen sehr ordentlichen Vater zu haben: auf dem Leipziger Stadtplan in meiner Tasche standen Name und Adresse. Von einer mitleidigen Seele wurde eine Matratze gespendet und ich erst einmal aus der Morgenkälte in einen Laden getragen, dessen Besitzer nicht ganz so mitleidig war, sondern heftig protestierte, weil ich ihm durch übermäßiges Bluten nicht nur den Laden beschmutze, sondern auch die Kundschaft verjage – denn ich blutete wirklich sehr. Ein Huf hatte mich direkt im Munde getroffen, die Lippe war zerrissen, die Zähne fehlten zum Teil, zum Teil standen sie wie Kraut und Rüben, und was da sonst noch los war, mußte sich erst später zeigen.

(Später zeigte sich, daß ich beim Durcheinander meines Sturzes auch einen Teil der Deichsel, wenn auch nur einen minimalen, gekostet hatte. Sie trennte sich nur sehr allmählich und unter Schmerzen von mir.)

Ein Schutzmann hielt vor dem Laden Wacht, ein zweiter Schutzmann eilte zu meinen Eltern, um sie auf den Schreck in der Morgenstunde vorzubereiten. Unterdes kam ein Krankenwagen und lud mich ein. Bruder Ede erlebte die Ankunft dieses Wagens vor der Eltern Haus und eilte aufgeregt zu ihnen: »Jetzt bringen sie den Hans! Vater, Mutter, jetzt bringen sie ihn! Ein bißchen lebt er noch!«

Unter Leitung eines Arztes wurde ich langsam meiner Hüllen entledigt. Besonderen Eindruck hat mir – aber erst sehr viel später! – gemacht, daß mir die Wäsche einfach vom Leibe geschnitten wurde, da ich bei jeder Bewegung ächzte und stöhnte! Eine Gehirnerschütterung war zweifellos da, wie schwer, würde sich später zeigen. Die Verletzungen am Munde waren »nicht schlimm, sahen nur schlimm aus«. Ein Fuß war gebrochen. Aber als nun die Wäsche von meinem Leib gestreift war, sah der Arzt meine Eltern nur mit einem langen bedeutungsvollen Blick an: genau über den Leib lief wie ein Feuermal eine Radspur. Sie erklärte nun auch mein ständiges Blutbrechen. Ich hatte nicht nur Blut aus der Mundwunde verschluckt, auch mein Magen blutete, entweder war er geplatzt oder gerissen – auch das würde sich später weisen. Wieder wurde ein Krankenwagen bestellt und ich in eine Klinik gefahren. –

Ich habe dort lange, lange gelegen, über ein Vierteljahr. Aber ich will keine Krankengeschichte erzählen, fast jeder weiß derartiges aus eigenem zu berichten. Ich erwähne es darum auch nur kurz, daß ich lange Zeit hungern und dürsten mußte; ich war zu schwach zum Operieren, der Magen mußte stillgelegt werden, also bekam ich nichts zu essen und zu trinken. Statt dessen qualvolle Salzwassereinspritzungen. Und als der Magen notdürftig wieder heil war, bekam ich durch Unachtsamkeit etwas Falsches zu essen, und wieder fing das Bluten und Hungern und Dürsten an!

Als ich nach Wochen leidlich repariert wieder nach Haus kam, war ich nur noch ein bleiches Gespenst. Auf einem Fuß hinkte ich – noch viele Monate lang – und im Munde trug ich ein künstliches Gestänge, an dem jeder mir noch verbliebene Zahn mit Draht angehängt war. Jeden Tag erschien der Zahnarzt, ein echter Leipziger mit Namen Tritsche, und zog und drückte und schraubte, um »Kraut und Rüben« wieder in Richtung zu bringen. Nie war das angenehm, oft fürchterlich. Übrigens ist dies der Zahnarzt, der mir als Zahnpflegemittel ein Präparat namens »Bäbbe Goh!« empfahl, von dem wir noch nie gehört hatten. Erst als mein Vater laut und deutlich in der Drogerie »Bäbbe Goh« verlangte, erhielt er Pebeco!

Aber, wie schon früher gesagt, ich war damals fast Fatalist, ich nahm auch dies hin, wie ich anderes hingenommen hatte. Es war nun einmal so, daß ich ausgesprochenes Pech im Leben hatte, damit mußte ich mich eben abfinden. Am Anfang Frühling, Ferien, Untersekunda, neues Rad. Am

Ende: Winter, Nacharbeiten in der Schule, doch nur Ober-
tertia, das zertrümmerte Rad war verschwunden, und es
gab keinerlei Aussicht auf ein neues. Ja, alle Anstrengungen
bei Herrn Doktor Dackelmann waren nun doch umsonst
gewesen. Umsonst hatte ich den Verdacht eines Holzkop-
fes durch übermäßiges Büffeln zu zerstreuen versucht. Umsonst war ich an vielen Winternachmittagen hinter Herrn
Muthesius durch das dunkelnde Schulzimmer gestampft.
Umsonst hatte ich die Prüfung »glänzend« bestanden. Ich
kam nicht in die Untersekunda, ich wurde in die Oberter-
tia gesetzt. Ich hatte kein halbes Jahr übersprungen, ich
hatte eins verloren!

Alles wurde dadurch anders. Ich bekam andere Freunde,
andere Lehrer. Mein lange hinkendes Bein schloß mich
nicht nur von aller körperlichen Betätigung, sondern auch
von der Tanzstunde aus. So habe ich auch nie tanzen
gelernt. Ich denke manchmal, mein ganzes Leben wäre
anders verlaufen, wenn ich hätte tanzen können. So geriet
ich immer mehr in eine Isolierung, ich hatte so vieles nicht
mit den anderen gemeinsam.

Und auf der andern Seite, wenn ich trübe werden wollte über mein »Pech«, sagte ich mir wieder: Was für einen
Dusel hast du gehabt! Hättest du vom Frühstück beim
Onkel Achim mitgegessen, hättest du keine Zigarette
geraucht – du wärest wohl draufgegangen.

Viel Pech freilich, aber auch Glück im Pech, sehr viel
Glück. Und heute möchte ich eigentlich sagen: im ganzen
genommen hat es sich bei mir – wie bei den meisten Menschen – ausgeglichen, Pech und Glück halten sich heute die
Waage. Nein, das ist sehr ungerecht: die Schale des Glücks
ist viel stärker gefüllt, tief hängt sie herab. Pech ist heute nur
noch die Würze des Glücks! (1941)

Émile Zola
MARIE ZU ZWEIT ALLEIN*

Pierre war der Kamerad seiner drei großen Neffen geworden und hatte von ihnen in einigen Lektionen das Radfahren gelernt, um sie auf ihren Morgenausfahrten zu begleiten. Bereits zweimal war er mit ihnen und Marie auf festgepflasterten Straßen in Richtung des Enghien-Sees unterwegs gewesen. Eines Morgens, als das junge Mädchen sich vornahm, ihn und Antoine zum Walde von Saint-Germain zu führen, konnte Antoine im letzten Augenblick doch nicht mitfahren. Marie trug bereits ihr Kostüm – die Pumphose aus schwarzem Leinen, das kleine Jäckchen aus demselben Stoff über einer rohseidenen Bluse – und der Aprilmorgen war so hell, so mild, daß sie fröhlich ausrief:

»Nun, das macht nichts, ich nehme Sie mit – dann werden wir eben nur zu zweit sein! Sie müssen unbedingt die Freude kennenlernen, die das Fahren auf einer guten Straße zwischen schönen Bäumen hindurch macht.«

Da er noch nicht sehr geübt war, beschlossen sie, samt ihren Rädern bis Maison-Laffitte die Eisenbahn zu benutzen, dann bis zum Walde zu radeln, ihn zu durchqueren, wieder nach Saint-Germain hinaufzufahren und von dort gleichfalls mit der Bahn zurückzukehren.

»Ihr werdet doch zum Essen wieder da sein?« fragte Guillaume, den die Eskapade belustigte. Er betrachtete lächelnd seinen Bruder, der ebenfalls schwarze Kleidung trug, schwarze Wollstrümpfe, Beinkleider und eine Jacke aus schwarzem Cheviot.

»O gewiß«, sagte Marie. »Es ist kaum acht Uhr, wir haben also Zeit genug. Übrigens braucht ihr mit dem Essen nicht zu warten, falls wir uns etwas verspäten.«

Es war ein herrlicher Morgen. Während der Fahrt bildete sich Pierre ein, daß er einen guten Freund neben sich habe, und das ließ diese Ausfahrt, dieses Ausfliegen zu zweien in die laue Frühlingssonne ganz natürlich erscheinen. Ihre fast gleichen Kostüme, die so viel Bewegungsfreiheit boten, trugen zweifellos zu dieser fröhlichen, ruhigen und gemütlichen Geschwisterlichkeit bei; allein es war noch etwas anderes – es war die gesunde, frische Luft, der Jubel über die gemeinsame Übung, das Vergnügen, sich inmitten der Natur so frei und wohl zu fühlen.

Als sie allein im Waggon saßen, begann Marie aus ihrer Pensionatszeit zu erzählen.

»Lieber Freund, Sie können sich nicht vorstellen, was für schöne Laufspiele es in Fénélon gab! Wir banden unsere Röcke einfach mit einem Bindfaden zusammen, um besser laufen zu können – so; denn man wagte damals noch nicht, uns Hosen zu geben, wie ich sie jetzt anhabe. Das war ein Geschrei, ein Laufen, ein Stoßen – und wie unsere Haare flogen, wie rot wir im Gesicht waren! Pah, das hinderte uns trotzdem nicht am Arbeiten, im Gegenteil! Während der Studierzeit waren wir gerade so eifrig wie in der Erholungsstunde, und wir kämpften und stritten uns darum, wer mehr wissen und wer die Klassenerste sein würde.«

Sie lachte noch jetzt herzlich darüber, während Pierre sie verwundert betrachtete – so rosig und gesund erschien sie ihm in dem schwarzen Filzhütchen, das eine lange, silberne Nadel auf dem dichten Haarknoten befestigte. Ihr wunderbares, sehr hochaufgestecktes dunkles Haar ließ den frischen Nacken, der eine kindliche Zartheit bewahrt hatte, frei, und noch nie war sie ihm in all ihrer Kraft so geschmeidig erschienen. Die Hüften waren kräftig, der Brustkorb breit, aber von reizender Anmut. Wenn sie lachte, glühten ihre Augen vor Freude, und die unteren Gesichtspartien, Mund und Kinn, die etwas kräftig waren, erhellte ein Ausdruck unendlicher Güte.

»Ja, die Hose, die Hose!« fuhr sie lachend fort. »Wenn man bedenkt, daß es Frauen gibt, die eigensinnig dabeibleiben, im Rock aufs Rad zu steigen! O ich zähle nicht mit«, fügte sie hinzu, als er ihr, übrigens ohne jegliche galante Absicht, sondern als reine Feststellung, versicherte, daß sie

WHEELING ALONG TOGETHER
By Harrison Fisher

in ihrem Kostüm sehr hübsch aussehe. »Ich bin nicht schön, ich fühle mich nur wohl, sonst nichts. Aber können Sie das verstehen? Da haben Frauen die einzigartige Gelegenheit, es sich bequem zu machen, wie ein Vogel zu fliegen, die Beine endlich aus ihrem Gefängnis zu befreien, und sie wehren sich! Wenn sie glauben, sie wären in ihren kurzen Schulmädchenröcken schöner, so irren sie sich! Und was das Schamgefühl betrifft, so sollte man es eher zeigen, wenn man seine Schultern entblößt, statt bei Waden!«

Sie machte eine schelmisch-leidenschaftliche Gebärde.

»Und dann, wer denkt an all das, wenn man fährt? Es gibt nur die Hose, der Rock ist eine Ketzerei.«

Jetzt sah sie ihn an, und sie mochte wohl in diesem Moment sehr erstaunt gewesen sein über die außerordentliche Veränderung, die mit ihm seit dem Tag vorgegangen war, an dem sie ihn in seiner langen, düsteren Soutane zum erstenmal erblickt hatte. Hinter dem abgemagerten, fahlen, leidverwüsteten Gesicht hatte man die Trauer über das Nichts, die Leere einer Gruft geahnt, aus der der Wind selbst die Asche hinausgefegt hatte. Jetzt war es gleichsam eine Auferstehung: Das Gesicht hellte sich auf, auf der breiten Stirn erschien wieder die Ruhe der Hoffnung, während die Augen und der Mund ihrem ewigen Hunger nach Liebe, Hingabe und Leben ein wenig von ihrer vertrauensvollen Zärtlichkeit wiederbekamen. Den Priester verriet nicht mehr, als daß die Haare auf der Stelle der Tonsur, deren blasse Rundung sich verlor, etwas weniger lang waren.

»Warum sehen Sie mich so an?« fragte er.

»Ich bemerke, wie gut auch Ihnen die Bewegung und die frische Luft tun«, antwortete sie freimütig. »So mag ich Sie viel lieber. Sie sahen ja so elend aus! Ich hielt Sie schon für krank.«

»War ich auch«, sagte er nur.

Aber jetzt hielt der Zug in Maison-Laffitte. Sie stiegen aus und schlugen sofort den Weg nach dem Walde ein. Die an den Markttagen von Fuhrwerken versperrte Straße steigt bis zur Porte des Maisons leicht an.

»Ich fahre voran, ja?« rief Marie heiter, »weil Sie noch Angst vor den Fuhrwerken haben könnten!«

Sie fuhr vor ihm her, schlank und aufrecht saß sie auf dem Sattel und wandte sich manchmal mit einem freundlichen Lächeln nach ihm um, ob er ihr auch folgte. Jedesmal wenn sie an einem Fuhrwerk vorbeikamen, beruhigte sie ihn, indem sie ihm die Vorzüge ihrer Fahrräder, die beide aus der Fabrik Grandidier kamen, aufzählte. Es war die Marke Lisette, das beliebte Modell, an dessen Verbesserung Thomas selbst gearbeitet hatte; die Magazine des Bon Marché verkauften es schlankweg für zweihundertfünfzig Franc. Vielleicht sah es etwas schwerfällig aus, dafür war es aber besonders solide und widerstandsfähig – das richtige Rad zum Fahren auf der Straße, meinte sie.

»Ah, da ist ja der Wald! Jetzt haben wir die Steigung hinter uns, und Sie werden sehen, was für schöne Alleen es hier gibt. Man fährt wie auf Samt.«

Pierre war neben sie herangefahren, und beide fuhren nun mit demselben regelmäßigen Schwung nebeneinander auf der breiten, geraden Straße zwischen dem majestätischen Doppelvorhang der großen Bäume einher. Sie plauderten sehr freundschaftlich miteinander.

»Jetzt fühle ich mich schon recht sicher; Sie werden sehen, Ihr Schüler wird Ihnen schließlich Ehre machen.«

»Ich zweifle nicht daran. Sie halten sich sehr gut. In einiger Zeit werden Sie mich überholen, denn eine Frau tut es in solchen Dingen nie einem Manne gleich. Und doch, was für eine gute Erziehung ist das Radfahren für eine Frau!«

»Wieso?«

»Oh, darüber habe ich meine eigenen Gedanken. Wenn ich eines Tages eine Tochter habe, werde ich sie mit zehn Jahren auf ein Fahrrad setzen, damit sie lernt, wie man sich im Leben zu führen hat.«

»Also eine Erziehung durch Erfahrung.«

»Ja, gewiß. Sehen Sie sich doch die großen Mädchen an, die die Mütter an ihrem Schürzenbande erziehen. Man macht ihnen vor allem angst, verbietet ihnen jede Initiative, übt weder ihre Urteilsfähigkeit noch ihre Willenskraft, so daß sie von dem Gedanken an Hindernisse gelähmt, nicht einmal eine Straße überqueren können. Aber setzen Sie nur ein ganz junges Mädchen aufs Rad und es ist frei; dann muß es die Augen aufmachen, um die Steine zu sehen und zu vermeiden, um rechtzeitig und in der gehörigen Richtung auszuweichen, wenn ein Hindernis auftaucht. Ein Wagen fährt im Galopp daher, irgendeine Gefahr zeigt sich, und es muß sich sofort entschließen, muß mit fester, vernünftiger Hand umlenken, wenn es nicht ein Glied dabei verlieren will. Mit einem Wort – ist das nicht eine fortwährende Übung der Willenskraft, ein wunderbarer Unterricht in der Kunst des Benehmens und der Verteidigung?«

Er begann zu lachen.

»Ihr würdet alle viel zu kräftig werden.«

»Oh, stark werden, darum geht es ja. Um gut und glücklich zu sein, muß man vor allem so stark wie möglich werden. Aber ich meine, diejenigen, welche die Steine vermeiden, rechtzeitig an der Straße wenden können, werden auch im gesellschaftlichen und im Gefühlsleben Schwierigkeiten meistern und mit offenem, ehrlichem und festem Verständnis den richtigen Entschluß treffen können. – Wissen und Wollen, darin besteht die Erziehung.«

»Also die Emanzipation der Frau durch das Fahrrad!«

»Lieber Gott, warum nicht? Es klingt drollig, und doch, sehen Sie nur, was für ein Weg bereits zurückgelegt worden ist; die Hose befreit die Beine, die gemeinsamen Ausfahrten vermischen die Geschlechter und machen sie einander gleich; Frau und Kind folgen dem Gatten überallhin, Kameraden wie wir zwei können durch Feld und Wald schweifen, ohne daß jemand sich darüber wundert. Ja, darin besteht vor allem die beglückende Eroberung: in den Licht- und Sonnenbädern, die man in der freien Natur nehmen wird, in dieser Rückkehr zu unserer gemeinsamen Mutter, der Erde, in dieser neuen Kraft, in dieser neuen Heiterkeit, die man hier wieder schöpft! Sehen Sie nur, sehen Sie nur, ist dieser Wald, durch den wir zusammen fahren, nicht entzückend? Und was für eine gute Luft uns in die Lungen kommt! Wie einen das reinigt, beruhigt und ermutigt!«

In der Tat war der an Wochentagen einsame Wald mit seinen tiefen, von der Sonne überfluteten Holzschlägen rechts und links von einer unendlichen Milde. Die noch

250

tiefstehende Sonne erhellte nur eine Seite der Straße und vergoldete die hohen, grünen Draperien der Bäume, während das Laub auf der anderen Seite, im Schatten, fast schwarz aussah. Welche Wonne, in der frischen Luft, in dem Hauch der Gräser und Blätter, deren mächtiger Geruch das Gesicht peitschte, wie die am Boden dahinstreifenden Schwalben durch diese herrliche Allee zu fliegen! Sie berührten kaum den Boden – Flügel waren ihnen gewachsen, die sie mit demselben Schwung durch die Sonnenstrahlen und durch den Schatten, durch das zerstreute Leben des großen, erschauernden Waldes mit seinem Moos und seinen Quellen, seinen Tieren und Insekten dahintrugen.

Marie wollte an der Kreuzung der Croix-de-Noailles nicht pausieren. Sonntags herrschte hier ein zu großes Gedränge, und außerdem kannte sie andere einsame, stille Winkel.

Später, auf dem Abhang gegen Poissy zu feuerte sie Pierre an, und beide ließen ihre Räder laufen. Nun kam jene frohe Trunkenheit der Schnelligkeit über sie, das berauschende Gefühl des Gleichgewichts, trotzdem man mit solcher Blitzgeschwindigkeit dahinfährt, daß man beinahe den Atem verliert, während die graue Straße unter den Füßen dahinfliegt und die Bäume zu beiden Seiten sich wie Stangen eines entfalteten Fächers drehen. Die Brise weht wie ein Sturm, und man fliegt dem Horizonte, der Unendlichkeit zu, die immer zurückweicht. Das ist die grenzenlose Hoffnung, die Befreiung von allzu schweren Banden im Raume. Es gibt nichts Anregenderes, und die Herzen schlagen himmelhoch.

»Wissen Sie, wir fahren nicht nach Poissy«, rief sie, »wir biegen nach links ab!«

Sie schlugen den Weg nach Achères aux Loges ein, der schmäler wurde und schattig emporstieg. Sie mußten das Tempo verlangsamen und auf dem zerstreuten Kies den Hügel kräftig hinauftreten. Die Straße war weniger gut, sandig, von den letzten großen Regengüssen aufgewühlt. Aber bereitete die Anstrengung nicht auch Vergnügen?

»Sie werden sich daran gewöhnen, es ist amüsant, Hindernisse zu überwinden. Ich hasse es, wenn die Straße gar zu lange flach und schön bleibt. Eine kleine Steigung ist, wenn sie die Beine nicht zu sehr ermüdet, etwas Besonderes, eine Abwechslung, etwas, das einen anfeuert und weckt. Und dann tut es so gut, wenn man sich stark fühlt und dem Wind, dem Regen und den Hügeln zum Trotz vorwärtskommt.«

Ihre gute Laune, ihre Kühnheit entzückten ihn.

»Dann machen wir also eine Reise durch ganz Frankreich?« fragte er lachend.

»Nein, nein, wir sind schon da! Sie werden doch nichts dagegen haben, sich ein wenig auszuruhen, nicht wahr? Aber sagen Sie mir, war es nicht der Mühe wert, so weit herzukommen, um sich einen Augenblick in einem hübschen, ruhigen, kühlen Winkel niederzusetzen?«

Sie sprang rasch ab und schlug einen Fußweg ein, während sie ihm zurief, ihr zu folgen. Nach etwa fünfzig Schritten lehnten sie die zwei Räder an ein paar Baumstämme und befanden sich inmitten einer schmalen Lichtung. Es war in der Tat das entzückendste Blätternest, das man sich denken konnte. Der Wald war hier von einsamer und erhabener Schönheit und Größe. Der Frühling verlieh ihm die ewige Jugend, die Blätter waren rein und leicht wie grüne, feine Spitzen, die die Sonne mit Gold bestreute. Der Atem des Lebens stieg aus dem Gras auf, wehte aus den von dem mächtigen Erdgeruch durchdufteten, fernen Holzschlägen herüber.

»Es ist glücklicherweise noch nicht zu heiß«, sagte sie, setzte sich am Fuß einer jungen Eiche nieder und lehnte sich mit dem Rücken an den Stamm. »Im Juli werden die Damen immer ein wenig rot im Gesicht, und der Reispuder hält nicht – man kann eben nicht immer schön sein.«

»Ich kann nicht sagen, daß mir kalt ist«, sagte Pierre, der sich zu ihren Füßen niedergesetzt hatte und sich die Stirn abwischte.

Sie lachte und meinte, daß er nie so viel Farbe im Gesicht

gehabt hätte. Endlich merke man, daß er Blut unter der Haut habe. Sie fingen nun an, wie zwei Kinder, wie zwei Kameraden miteinander zu plaudern, unterhielten sich mit Kindereien und fanden die dümmsten Sachen von der Welt sehr lustig. Sie sorgte sich um seine Gesundheit, wollte es nicht zulassen, daß er im Schatten sitzen bleibe, nachdem ihm so heiß war, so daß er, um sie zu beruhigen, sich anderswohin, mit dem Rücken gegen die Sonne, setzen mußte. Dann war er es, der sie von einer Spinne, einer großen, schwarzen Spinne befreite, die sich mit den Füßen in den krausen Löckchen auf ihrem Nacken verfangen hatte. In dem schrillen Schreckensschrei, den sie ausstieß, kam die ganze Frau in ihr wieder zum Vorschein. Zu dumm, sich so vor Spinnen zu fürchten! Aber es half ihr nichts, daß sie sich beherrschen wollte – sie war doch blaß und zitterte. Ein Schweigen entstand, sie sahen sich lächelnd an und empfanden inmitten dieses herrlichen Waldes eine rührende Liebe, die beide für eine geschwisterliche hielten. Sie war glücklich über das Interesse, das sie für ihn gefaßt hatte – er über die Genesung, die Gesundheit, die er ihr verdankte; aber ihre Augen senkten sich nicht, ihre Hände streiften sich nicht einmal, während sie im Grase umherfuhren; denn sie waren so unbefangen und rein, wie die großen Eichen, die sie umgaben. Nachdem sie ihn gehindert hatte, die Spinne zu töten – die Zerstörung flößte ihr Abscheu ein –, begann sie wieder vernünftig über alles mögliche zu sprechen. Sie war ein Mädchen, das alles wußte, das das Leben nicht in Verlegenheit brachte; denn sie war sicher, daß sie nie etwas anderes tun würde, als das, was sie tun wollte.

»Sagen Sie nur«, rief sie schließlich, »zu Hause wartet man mit dem Essen auf uns!«

Sie standen auf und kehrten auf die Straße zurück, ihre Räder vor sich herschiebend. Dann traten sie wieder kräftig in die Pedale, passierten Achères aux Loges und langten auf der prächtigen Allee, die vor dem Schlosse mündet, in Saint-Germain an. Es war entzückend, so von neuem Seite an Seite zu fahren, wie ein Vogelpaar, das in gleichmäßigem

Fluge dahinschwebt. Die Schellen klangen, die Ketten klirrten leise, und in dem frischen Luftzug der Fahrt setzten sie völlig unbefangen, vertraulich ihr Gespräch fort, als seien sie von der Welt abgesondert, als wären sie in weite Fernen und Höhen entrückt.

Als sie dann im Zug saßen, der sie von Saint-Germain zurückführte, bemerkte Pierre, daß die Wangen Mariens sich mit einer plötzlichen Röte purpurn färbten. Zwei Damen saßen mit ihnen in demselben Coupé.

»Ei, jetzt ist Ihnen heiß!«

Sie protestierte, aber ihr Gesicht begann immer mehr und mehr zu flammen, als überkomme sie Scham.

»Mir ist nicht heiß, fühlen Sie meine Hand. Ist es nicht lächerlich, so ohne jeden Grund rot zu werden?«

Er begriff. Es war wieder jene unwillkürliche Regung ihres jungfräulichen Herzens, die ihr das Blut in die Wangen steigen ließ und die sie so ärgerte. Ohne Grund, hatte sie gesagt. Ja, dieses Herz, das da unten in der Einsamkeit des Waldes so unschuldig geschlummert hatte, klopfte, ohne daß sie es wußte. (1898)

Julius von Voß
DIE REISE AUF DER DRAISINE

Im Jahre 1818 kam der erste Wagen dieser Art nach Berlin, und nach seinem Vorbild ließen manche rüstige, Neuheit liebende Jünglinge sich ähnliche fertigen. Welche allgemeine Bewunderung erregten, welchen Beifall ernteten sie, auf der ebenen Kunststraße von den Propyläen nach Charlottenburg eilend! Und welche holden Aussichten in die Zukunft taten daneben sich auf! Wer sagte nicht gern mit Jean Paul: Nur Reisen ist Leben; wer empfände keine heiße Neigung, mehr als die alltägliche, durch Gewohnheit so prosaische Heimat zu sehen! Traun, wenn man so die glücklichen Augenzeugen reden hört, von Rom und Paris, London und Moskau, von all den fremden Herrlichkeiten schöner Natur und Kunst; sollte es da kalt bleiben im sehnenden Gemüt? Nimmer! Doch war seither das anmutige Reisen auch vielen so kostspielig und zeitraubend; und jede Weise, in der es geschah, hatte Unannehmlichkeiten. Die lässigen Postmeister; die nach Trinkgeld so gierigen Postillione für die, welche sich der sogenannten Extrapost bedienen; die verdrießlichen Schirrmeister; die unerträgliche Langsamkeit bei der gewöhnlichen ist bekannt. Andere Fuhrleute überteuern und schaffen auch nicht eilig von der Stelle. Dampfschiffe trifft man nur in gewissen Richtungen, und Furchtsame besorgen da Explosionen. Das beliebige Lenken der Luftbälle fanden weder Zambeccari noch Degen auf. Und mit den Fußreisen ist es auch so eine Sache, wie freundlich sie schon an Pythagoras und Christi Apostel mahnen. Wer kein englischer Wettgänger ist oder es dem einst berühmten deutschen Läufer Ernst nachtut, kömmt auch nicht schnell damit ins Weite. Von Ersparung ist wenig die Rede; müde und matt im Gasthofe angelangt, ißt man auch doppelte Portionen. Und des Fragens und Prüfens an den Toren, auf den Polizeiämtern, ist kein Ende, wenn man auch noch so richtige Pässe hat; denn alles vermutet in einem Wanderer nach den Naturgesetzen einen Abenteurer, einen Spion. Wirte und Aufwärter sehen ihn von oben nach unten an, und er muß doch bezahlen, als wär' er in einer Glaskutsche angelangt. Kurz, es gibt allenthalben Widrigkeiten.

Nun hingegen, sagten die klugen Männer in Berlin – und ihre Zahl heißt dort Legion – steht es ganz anders. Eine Draisine kostet wenige Dukaten. Ein Regenmantel von Wachstaffent, ein leichtes Felleisen mit etlichen kattunenen Hemden, ein Korbfläschchen mit Rum, etwas Zwieback und kalten Braten, und man ist reisefertig. Zwölf, sechzehn, zwanzig Meilen geht es den Tag. Wem Spärlichkeit empfohlen ist, der bleibt zu Nacht in wohlfeilen Dorfschenken; so wird er, manchen Briten ähnlich, reisend selbst noch weniger verzehren als daheim. Nun kann ein fürstlicher Beamter einen Monat Urlaub nehmen, und während dieser Zeit Italien durchfliegen. Im nächsten Jahre macht er es so mit Frankreich, ein andermal mit England; nach zehn Jahren hat er, neben seinen Geschäften, die er um so leichter nachholt, als ihn die Bewegung erheiterte und stärkte, ganz Europa gesehen. Welch ein Nutzen für den Staat; solche Beamten müssen doch tüchtiger sein, als wenn sie nicht von ihrem Pult kamen. Und die Jugend, wie leicht ist ihr auch die Art von Bildung zugeteilt, die allein das Anschauen der Fremde gewähren kann. Die Reisenden ex professio endlich, die Tavernier, Humboldt, Buch usw.; die immer noch zu wenig bekannten Steppen der Tartarei und Mongolei, das noch unerforscht gebliebene innere Afrika werden unserer Erdkunde bald kein Geheimnis mehr sein. Die entbehrten Mittel zum Fortkommen waren seither immer das wichtigste Hindernis, denn gegen räuberische Angriffe roher Einwohner sichert Feuergewehr leicht; und es können ja nun vierzig bis fünfzig Gelehrte zu solchen löblichen Zwecken sich vereinen. Welche Aussichten für die weitere Geistesentwicklung und für die gesamte Kultur noch!

Also sprachen die Klugen und nicht in den Wind. Ein junger Mann zu Berlin, der eine ungemeine Neigung zum Reisen fühlte, mit Glücksgütern hingegen nicht wie ein Lord Spencer versehen war, dachte seinen Lieblingstrieb nun doch einigermaßen zu nähren. Bis es späterhin nach den Ufern von Tiber, Seine usw. ging, wollte er vorderhand das ihm reizend und merkwürdig geschilderte Gebirge in Schlesien sehen; auf eine eben so wohlfeile als schnelle Weise nämlich. Eine Draisine besaß er schon, hatte öfter, zum Wohlgefallen mancher Berlinerinnen – die überhaupt keine Feindinnen raschen Tuns sind – den Weg nach Charlottenburg in einer Viertelstunde zurückgelegt. Er stand als Buchhalter in einer nicht unbedeutenden Handlung, bezog auch ein Jahrgeld, von dem er etwas hätte zurücklegen können, wären nicht die sonntäglichen kleinen Fahrten aufs Land, das Schauspiel, die Redouten und ähnliche Zerstreuungen gewesen. Nun aber hatten sie zerstreut, was man sonst hätte zusammenbehalten können. Indem gleichwohl ein barer Kassenbestand von dreißig Thalern sich zeigte, meinte der Buchhalter auch: er sei mehr als flüssig zu einer Draisinenfahrt nach den Sudeten. Er unterhandelte mit dem Chef der Handlung um einen vierzehntägigen Reiseurlaub, währenddem ein Freund seine Geschäfte vollziehen sollte. Jener hielt den Vorgeschlagenen seiner Geschäfte zu unkundig, und wollte sich nur zu acht Tagen verstehen. Der junge Mann nahm eine Karte, einen Zirkel, und maß die Entlegenheit. Nicht einmal fünfzig Meilen, sagte er, bis zum Hauptpunkt, dem Rübezahl. Lege ich täglich nur zwölf Meilen zurück, so bin ich in vier Tagen dort. Einen will ich auf Besichtigung der vorzüglichsten Gegenstände, wovon man hört und liest, rechnen: die höchste Bergzinne, die Felsengruppe bei Adersbach, den Zackenfall, den Badeort Warmbrunn usw.; rolle ich doch so leicht von einem Punkt zum andern! Das sind fünf Tage; viere zurück, neun; allenfalls auf unvorhergesehene Umstände noch einen gerechnet, so komme ich doch mit zehn Tagen reichlich aus.

Um diese bat er neuerdings, und sein Prinzipal willigte ein. Bleiben Sie mir aber ja nicht länger, sagte er; Sie wissen, die Messe kommt heran.

Oh, hieß die Antwort, ich bat nur auf alle Fälle um eine so lange Zeit, und denke Sie noch durch eine frühere Heimkehr zu überraschen. Denn zwölf Meilen nahm ich täglich an, werde es ohne Zweifel aber zu sechzehn, auch zwanzig, wenigstens mitunter, bringen.

Jener wünschte ihm lächelnd eine glückliche Reise.

Das Fahrzeug war da, einen Regenmantel ließ er weg, da er ihm zu teuer schien, nahm statt dessen seinen Überrock und gewöhnlichen seidenen Schirm. Ein Felleisen wurde hingegen erkauft und mit nötiger Wäsche gefüllt. Einige Speise und Trank enthielten Felleisen und Korbfläschchen, und diese Zubereitungen hatten doch etwa fünf Thaler gekostet. Wenn schon, blieben doch fünfundzwanzig noch.

An einem schönen Juniusmorgen brach der Reisende auf. Wie er nur seine Draisine bestiegen hatte, merkte er auch schon, daß sein Gepäck, wenn es gleich das Notwendigste nur enthielt, ein Fuhrwerk dieser Art doch ziemlich belästige. So flink wie nach Charlottenburg wollte es heute nicht rollen. Sonst hatte er sich dessen auch nur vom Tore an bedient, auf der wohlunterhaltenen Kunststraße. Die ungleichen Pflastersteine in der Stadt hemmten den raschen Gang auch mehr, wie er anfangs gedacht, und beinahe floh ein halbes Stündchen hin, bis das Frankfurter Tor in seinem Rücken lag.

Befand er sich nun aber doch auf einer Kunststraße, die nur stellenweise Tadel verdient; und selbst dann noch harte Nebensteige darbietet. Aus diesem Grunde eilte es nun auch besser; in Friedrichsfelde, eine kleine Meile vom Berliner Posthause, blickte er auf die Uhr und hatte vom Tore wenig über eine Viertelstunde bedurft. Ohne allen Zweifel, sagte er sich, muß ich heute vor Abend noch Frankfurt ereilen.

Nun, im Junius naht der Abend auch spät, mit Sonnenaufgang hatte der junge Mann seine Wohnung verlassen, und im zwanzigsten Jahre hat man Kräfte, solchen Gaul zu spornen, vielmehr den Boden unter ihm.

Dennoch ging es aus der zweiten Meile weniger schnell, und abermal weniger auf der dritten. Etwas tat ihm wohl das Gepäck, mehr vielleicht die Stellen, wo der Kunststraße sich einige Vernachlässigung vorwerfen ließ; aber auch die höher steigende Sonne mußte in Anschlag kommen. Da mittelte sich jedoch wieder nicht recht aus: ob ihr glühender Strahl dem Reisenden so viele Schweißtropfen entlockt hatte, oder das unaufhörliche Arbeiten mit den Beinen. Dem sei wie ihm wolle, mehr als drei Stunden waren bereits vorübergegangen, und ermeldete Beine dem jungen Manne so ermüdet, daß ihm einige Ruhe und Erholung unumgänglich schien.

Er suchte sie unter einem schattigen Baum, wo es ihm behaglich dünkte, neben seinem hingelegten Wagen auf dem weichen Grase Platz zu nehmen. Zugleich sprach er seinem Korbfläschchen und kalten Braten tüchtig zu; wie sollte auch eine so rüstige Bewegung den Appetit nicht rufen. Nachdem er diesen gestillt hatte, fuhr er dennoch fort, der wohltätigen Ruhe zu genießen. Es schien ihm, als käme die Müdigkeit der Beine jetzt erst recht nach; sie waren ihm ziemlich steif, die Fußsohlen taten ihm selbst weh. Deshalb weilte und weilte er noch, auf die Zeit nicht eben achtend. Darüber nahte ihm ein kleiner Verdruß. Wie er in Berlin zum Tore hinausgeeilt war, hatte er einen ehrlichen Bauersmann gesehen, welcher mit seinem Stabe auch denselben Weg einschlug, und das seltsame Fuhrwesen mit weit offenen Augen anstierte. Es flog aber ziemlich schnell davon.

Nun, während sein Besitzer noch der Ruhe pflegte, kam der Bauersmann gemächlich daher, und hatte auch schon seine drei Meilen zurückgelegt.

Der junge Mann erschrak und sah auf die Uhr; zwei Stunden waren im Grase ihm entflohen; er mußte doch einer langen Ruhe bedurft haben. Doch säumte er nun

auch keinen Augenblick mehr, schwang sich auf den Sattel und eilte fürbaß. Es wollte nur mit dem Eilen nicht gehen wie zuvor, es dauerte einige Zeit, bis die versteiften Kniegelenke wieder fügsam und schmiegsam taten, was sie sollten.

Der Reiter stellte einige Betrachtungen an, die sich nicht tadeln ließen. Unter anderm: daß zu allem doch Übung gehöre, namentlich zum Nichtgewohnten, bis man erhebliche Fertigkeit darin gewinne. (1818)

Der Berliner Possenautor läßt diese Tour nach 37 solchen Seiten natürlich scheitern. Dagegen fuhr 1820 ein Brite mit einer Laufmaschine von der französischen Stadt Pau über die Pyrenäen 500 Kilometer nach Madrid!

Jacques Faizant
ALBINA UND DAS FAHRRAD

Ich sollte vielleicht zuerst erzählen, wie Albina zum Fahrrad gekommen ist, noch dazu, wo sie doch gegen ihren Willen dazu kam.

Albina ist eine junge und bezaubernde Amerikanerin, eine Freundin meiner Frau. Sie hat ihren Wohnsitz in Paris, unter dem vagen Vorwand, sie widme sich hier dem Studium der orientalischen Sprachen. Aber ich denke, ich kann diejenigen beruhigen, die schon befürchten, sie werde in Kürze auf den überfüllten Markt renommierter Orientalisten drängen: als wir das letzte Mal im Chinarestaurant waren, bestand Albina darauf, in der Landessprache zu bestellen, worauf der Ober so laut lachte, daß man ihn auf eine Matte legen und ihm mit Haifischflossen zufächeln mußte, was den Service ziemlich beeinträchtigte. Ich könnte übrigens auch nicht aussprechen, was wir an diesem Tag gegessen haben.

Kurzum! Als sie eines Tages bei uns zu Mittag aß, gab es während der Unterhaltung ein Mißverständnis – wie so oft mit redseligen Ausländern, die noch dazu lauter sprechen als man selbst. Es ging gerade um Ausstellungen, und ich fing an: »Heute nachmittag möchte ich noch zum Salon...« – da fiel Albina mir ins Wort und versicherte mir, sie sterbe vor Lust, den Salon der Abstrakten vom Rouergue zu sehen, die momentan im Petit Palais stattfand. Sie liebe die Malerei.

Überrascht, wie ich war, hatte ich kaum vorgebracht: »Aber... eigentlich... äh«, da war sie schon entschlossen, mit mir hinzugehen. *Wenn mich das nicht störe, wovon sie aber überzeugt wäre, man kenne ja meine galante Art, und gehen wir doch gleich, jedenfalls trinke sie nie erst noch Kaffee und je früher wir da wären desto länger könnten wir bleiben und das wird ein sehr angenehmer Nachmittag und danke für das nette*

261

Mittagessen und wir telefonieren wegen nächster Woche bis bald, let's go!

Wer beschreibt ihr Erstaunen, als sie mit mir die Schwelle zum Salon du Cycle, der Fahrradmesse in der großen Halle nahe bei Porte de Versailles, überschritt.

»Was sollen all diese baicycls hier?« sagte sie mit einer Stimme, in der sich Zorn und Unverständnis mischten.

Ich erklärte ihr, daß es sich um einen halbjährlichen Ritus handle und daß wir zusammen mit anderen Gläubigen, die sonntags ihre starken Waden in bunte Rautenstrümpfe kleideten, hierherkämen, um dem Heiligen Rahmen zu huldigen, außerdem der Hl. Kette, dem Hl. Ritzel, den Zwillingen der Hl. Bremse, nicht zu vergessen dem Hl. Christophe, der sich vor allem um Klingelschalen kümmere.

Diese arglose Erklärung entfesselte eine Art verbalen Wirbelsturm, aus dem ich mühsam heraushören konnte, daß ich ein ziemlich schofler Scherzbold sei und daß es von zweifelhaftem Humor zeuge, eine Amerikanerin durch ganz Paris zu schleppen, um ihr – daß ich nicht lache! – Fahrräder zu zeigen, während (wißbe)gierige und überglückliche Menschenmassen sich die Finger nach den abstrakten Gemälden der Ausstellung vom Rouergue lecken durften, die morgen ihre Tore schloß, gütiger Gott!

Um uns herum amüsierte man sich kräftig, denn Radfahrer sind schaulustige Leute, und sie erfrischten sich gern ein bißchen die Augen an den blonden Haaren Albinas, bevor sie sich wieder in die Wonnen der Trapez-Kettenumwerfer vertieften. Einer klopfte mir jovial auf die Schulter und riet mir, nichts drauf zu geben; seine Frau hätte zwei Jahre gebraucht, um sich an Ersatzräder im Wäscheschrank zu gewöhnen, an Bremskabel in der Silberschublade und in der Besenkammer aufgehängte Fahrradschläuche. Alle zogen freundliche Gesichter und lächelten und nahmen an meinen Sorgen teil. Wir waren nach derselben Droge süchtig und erkannten einander, ohne uns zu kennen – an der

Art, einen seidenen Schlauchreifen, einen Sattel oder eine Speiche zu befühlen.

Denn selbstverständlich hörte ich nicht auf Albina, die allein vor sich hinrummelte. Ich ging von Stand zu Stand und betrachtete die ausgestellten Fahrräder, eine Beschäftigung, über der ich immer in fast mystische Verzückung falle. Da schwieg Albina, am Ende ihrer Atemluft und ihrer Argumente, und ich begann, sie an meinem Vergnügen teilhaben zu lassen, damit sie nicht ganz umsonst gekommen war.

»Ich kenne baicycls sehr wohl«, sagte sie in schneidendem Ton. »Ich hab schon in den Staaten zwei gesehen.«

Man mußte also ganz von vorne anfangen, und ich kam dem sofort nach, denn der Radfahrer verhält sich gerne didaktisch – bis er dann langweilt, wie die Höflichen unter den Böswilligen es ausdrücken. Ich wies sie auf die Eleganz eines gut gemachten Rahmens hin, auf den Glanz eines Sattels, auf einen besonders schmalen Reifen, auf die zupackende Kraft einer Bremse, auf eine Lackfarbe, auf die Bequemlichkeit gummiverkleideter Bremsgriffe, auf …

»Ich hab nicht gekommen, Bremsgriffe zu sehen, *what ever it is*! Ich hab gekommen, um die Abstrakten von Rouergue zu sehen! Wenn Sie ein baicycl kaufen wollen, dann beeilen wir uns, und dann gehn wir!«

»Dieses Jahr will ich kein Fahrrad kaufen, wir haben zehn zu Hause stehen, und vier davon gehören mir.«

»Also, Sie sind verrückt. Was machen Sie dann hier? Wo ist die Ausgang?«

Mich zu fragen, was ich hier machte, war sehr, sehr unklug. Es bedeutete, sich dem ausufernden und doch ein wenig besserwisserischen Wortschwall meiner Radlerberedsamkeit auszusetzen.

»Ich komme hierher, wie all die anderen auch, um mich von diesem ganz simplen Gegenstand hinreißen zu lassen, der bis auf einige Kleinigkeiten prinzipiell schon vor hundert Jahren einfach perfekt war.«

»Das ist mir egal! Gehen wir zu den Abstra …«

»Ich liege auf den Knien – und es ist kein Ende meiner Begeisterung abzusehen – vor der außergewöhnlichen Effizienz dieser Maschine, die man einfach den Muskeln zufügt, die die Kräfte verzehnfacht und die es erlaubt, hundert Kilometer mit weniger Anstrengung zurückzulegen als zehn davon zu Fuß.«

»Ich gehe nie zehn Kilometer zu Fuß, *thanks God!*«

»Sie haben schon recht. Ich übrigens auch nicht. Zu Fuß gehen, wenn man radfahren kann, ist schlicht und einfach Masochismus.«

»Und in diesem schrecklichen Dings zu sein, wenn man Bilder anschauen könnte, das ist nicht Masochismus?«

»Ich habe es Ihnen gesagt, es ist eine Religion. Wir Radfahrer haben das ›richtige Leben‹ erkannt, und das macht die Beine flink, das Auge fröhlich, die Lungen weit und läßt uns im Herzen jung bleiben – ein Privileg, das wir mit den Naiven, den Rugbyspielern und den ersten Christen teilen.«

»*Ridiculous!*« sagte Albina. »Die ersten Christen waren Amerikaner und hatten keine baicycls. Im Zeitalter der Raumfahrt werden Sie doch nicht …«

»Sie können zum Mars oder zur Venus fliegen, soviel Sie wollen. Und doch ist und bleibt das Fahrrad das *einzige* Gerät, mit dem Sie an einem Tag und aus *eigener* Kraft von Paris nach Dieppe kommen.«

»Ich will nicht aus eigener Kraft nach Dieppe! Ich-will-zu-der-Aus-stel-lung-der …«

Freunde von mir, die selbst ausstellten und an deren Stand wir vorbeigingen, riefen uns und boten uns einen Whisky an. Das beruhigte Albina ein bißchen, da sie aus verständlichen Gründen einen etwas trockenen Hals hatte.

Ich stellte vor, dann setzten wir uns hinter die Theke des Standes, und Albina sah sich mit dem Glas in der Hand ein wenig um und bemerkte, daß meine Freunde offensichtlich keine Fahrräder verkauften. Das tröstete sie.

»Das ist ein schöner Stand«, sagte sie höflich.

Meine Freunde stimmten entzückt zu. Es war tatsächlich ein sehr geräumiger Stand, aber völlig leer bis auf einige kleine Metallrohrteile von ca. 20 cm Länge, die auf der Theke lagen. Die Enden waren jeweils schräg geschliffen, damit man die Innenseite sehen konnte, die rot gefärbt war.

»Was sind denn das für Dinger?« fragte Albina leichtsinnigerweise. Madame D. nahm ein paar der Rahmenrohre und reichte sie ihr. »Das sind Muster für den Rahmenbau: 4/10 Millimeter, 5/10, 6/10 und so weiter.«

Albina nahm die Sachen und betrachtete sie mit Abscheu: »Wollen Sie... wollen Sie damit sagen, daß Leute hierherkommen, um kleine Rohrstückchen für baicycls anzuschauen?«

Die D.s sahen einander bestürzt an – so natürlich, so normal, so geradezu menschlich erschien es ihnen, daß man sich in dieses Gedränge begab, um ihre Rohre zu bewundern. Die Familie D. lebt seit Generationen mit dem Rohr, sie hat innige Bekanntschaft mit ihm geschlossen und sich, wenn man so sagen darf, mit ihm verheiratet. Rohrgespräche mit den D.s zu führen ist ein subtiles Vergnügen, aber nur für Eingeweihte, die es verstehen, einen Unterschied zwischen einer Stradivari und einer Fiedel für die Dorfhochzeit zu machen. Albina hatte noch viel zu lernen, wie man sieht.

Zwei junge Leute blieben vor der Theke stehen, griffen nach den Rohren und begannen eine lebhafte Diskussion über die jeweiligen Vorzüge von Rohren mit 3/10 gegenüber 5/10 sowie über Vor- und Nachteile der Hartlötung und durchbrochener Muffen.

Albina hörte einen Moment zu und schauderte. Sie hatte gerade, wie eine Tiefseetaucherin, unbekannte Welten entdeckt und fühlte unbestimmt, daß sie bereits nicht mehr ganz dieselbe war. Und in der Tat, sie wußte es zwar noch nicht, aber sie sollte niemals wieder ganz dieselbe sein.

Wir tranken einen zweiten Whisky, und Albina richtete ihren Blick unter strikter Vermeidung der Rohre auf den

Nachbarstand, wo gerade ein gut erhaltener, dekorierter Siebziger sein Lorgnon zurechtrückte und mit der Sorgfalt eines Insektenforschers einen Pedalriemen untersuchte.

Da schloß sie die Augen.

Wir verabschiedeten uns von den D.s, und ich nahm Albina mit mir, damit sie Bremsgriffe, Sattelgestelle, Ketten, Felgen, Pedale, Radnaben und tausend andere spannende Wunderdinge zu sehen bekam. Sie folgte mir willenlos, mit leerem Blick. Von den Abstrakten aus Rouergue war überhaupt nicht mehr die Rede.

Wir trafen einen Freund, den ich Albina vorstellte. Sie wurde sofort zuckersüß, denn es handelte sich um einen berühmten Schriftsteller, der Berichte für eine große Tageszeitung machte.

»Mir hat Ihr Artikel sehr gefallen«, sagte sie, »in dem Sie über die ablehnende Haltung des Massenpublikums gegenüber dem höfischen Roman schreiben. Sehr, sehr gut!«

»Mein Artikel? Ach ja, mein Artikel! Sie sind sehr liebenswürdig, Mademoiselle«, sagte er, »aber wissen Sie, was das beste ist?«

»*No!*« sagte Albina, entzückt, mal das Thema wechseln zu können.

»Na ja, H. hatte mir versprochen, meine Laufräder in Vierfachkreuzung einzuspeichen, aber er hat sie nur dreifach gekreuzt. Was sagen Sie bloß dazu?«

»Ich?« sagte Albina. »Nichts. Was ist vierfach gekreuzt?«

Glücklich über einen Zuhörer, erklärte mein Freund lang und breit, daß sich die Speichen des Laufrades zwei-, drei- oder viermal überkreuzen können, und er hielt sich sogar noch bei den bestimmten Vorteilen der vierfachen Variante auf; ich muß aber sagen, daß Albina seinem Vortrag nicht eben besonders konzentriert folgte. Mir schien sogar, sie sehe ihn an, als ob sie ihn gleich beißen wolle.

Ich verabschiedete mich schnell und zog sie in Richtung der Stände mit Reifen, wo ich sie auf verschiedene schöne Dinge hinwies. Aber sie hörte mir nicht zu, sondern beschenkte mich mit einem Monolog, demzufolge sie nie

266

wieder die besagte große Tageszeitung lesen würde und auch sonst nicht eine Zeile, die mein Freund unterschrieben hätte, und daß sie sich im übrigen unverzüglich dem Massenpublikum mit seiner ablehnenden Haltung gegenüber dem höfischen Roman anschließen würde.

Da sie sich auf dem Absatz umdrehte, stolperten wir in einen anderen Freund hinein, der uns schnell die Hand schüttelte und sich dann beeilte, mich über eine sensationelle Neuigkeit ins Bild zu setzen:

»Stell dir mal vor! Ich habe vorne 48 und hinten 23 montiert, und fahre besser als mit 46 x 22! Seltsam, nicht?«

»Nein!« sagte eine elegante, aber unbekannte Dame, die eben vorüberging. »46 x 22, das ergibt vier Meter neununddreißig, und 48 x 23 macht vier Meter achtunddreißig.«

Mein Freund rannte hinter ihr her, und sie begannen eine lebhafte Diskussion, der sich noch ein Oberst in Uniform anschloß, eine Nonne und ein jungverheiratetes Pärchen, das sein Neugeborenes hier spazierenfuhr, auf daß es möglichst früh die gute Luft schnuppere.

»Gehen wir hier raus«, sagte Albina mit ganz schwacher Stimme. »Ich glaub, ich werde ohnmächtig!«

Draußen nahmen wir ein Taxi. An der Kreuzung Vaugirard-Convention hielt uns ein Verkehrsstau auf, verursacht durch zwei Autofahrer, die mit den Kühlern aneinandergeraten waren. Sie waren ausgestiegen und hämmerten sich wechselseitig mit Wagenhebern auf dem Schädel herum, um herauszubekommen, wer unrecht hatte. Ein Polizeiauto kam, dessen Insassen von der Menge gleich einbezogen wurden, indem man Steine nach ihnen warf, ihnen die Kleider vom Leibe riß und sie in die Gosse schubste, was das Durcheinander noch vergrößerte.

Unser Chauffeur seufzte gleichgültig, stellte den Motor ab und vertiefte sich in ein Kreuzworträtsel.

3693 Automobile fingen zu gleicher Zeit zu hupen an.

Auch Albina stöhnte und drehte sich zu mir.

»*Please*«, sagte sie, »gehen wir zurück in die Ausstellung. Ich glaube, ich kaufe mir ein baicycl.« (1968)

*Ich sehe nicht ein, warum ein Fahrrad nicht ebensogute Gesell-
schaft leisten kann wie die meisten Ehemänner nach zwei Jahren.
Mir wäre es genauso lieb, zu dem einen wie zu dem anderen leb-
losen Gegenüber zu sprechen. Und sehr viel lieber mit einem, der
nicht antworten kann statt nicht antworten zu wollen. Ich kann
mir eine sympathische Rückantwort von einem spiegelnden Lenker eher vorstellen als die Gewißheit, daß es von einem stirnrun-
zelnden Mann (der gähnt oder zu gähnen anfängt, wenn ich ihn
etwas frage) keine geben kann. Was die Gesundheit betrifft, bin ich
sicher, daß eine Menge alter Maiden die Ankunft des Fahrrads als
kostbaren Ersatz für das Rezept manchen Arztes begrüßen werden: »Würden Sie nur heiraten und eine Familie zu versorgen
haben, dann wäre Ihre Gesundheit in Ordnung!« Man vergleiche
doch mal das Rad in dieser Hinsicht mit einer Familie. Man kann
sein Rad abends sauber machen, und es schleudert nie in der aller-
letzten Minute seine Schuhe weg und schmiert sich nie mit Sirup
voll. Wenn man fertig ist, kann man losfahren. Keine kleinen Ell-
bogen bohren sich einem in die Rippen; es gibt kein Motzen; kein
Geschrei vor Straßenbahnen oder Süßigkeitenläden. Ruhig gleitet
man dahin, geschmeidig und schnell. Erheiterung und Nerven-
stärkung mischen sich mit der Würze der Gefahr, der Notwendigkeit, scharf zu beobachten und der Aussicht auf Abenteuer. Wenn
man zur Gesundheitsfrage kommt, ist sicher kein Vergleich zwischen Radfahren und der Ehe.
Ein weiterer großer Vorzug des Fahrrads ist die Tatsache, daß man
es immer loswerden kann, wann man nur will. Man kann es ins
Haus rollen und in eine Ecke stellen, und da bleibt es. Es läuft
einem weder nach, noch will es ständig in den unmöglichsten
Augenblicken betreut werden. Wenn es schäbig oder alt wird, kann
man es versetzen und ein neues nehmen, ohne die ganze Gemeinde zu schockieren.*

Artikel von Ann Strong 1895 im Minneapolis Tribune

Iris Murdoch
JEDE MENGE VEREHRER*

Christopher Bellman hatte urplötzlich den Entschluß gefaßt, daß er unbedingt Millie sehen müsse. Nach dem wundervollen »Ja« zu ihm hatte er sich überglücklich und seelenruhig gefühlt, auch ganz zufrieden, sie eine Weile nicht zu sehen. Er hatte den Eindruck gehabt, daß sie köstlich verwahrt und sicher sei, ein reservierter und beschrifteter Preis, ein verstöpseltes Parfüm gewissermaßen, und war zu seiner Arbeit zurückgekehrt mit einem heiteren Gefühl, so dachte er, wie in seinem ganzen Leben nicht. Diese Heiterkeit hatten zwei Sachen gestört. Zum einen hatten ihn die Nachrichten von dem geplanten Aufstand extrem aufgeregt und geärgert, denen dann bald die Neuigkeit folgte, daß er abgeblasen worden sei. Dieses plötzliche Schlaglicht auf ein anderes Irland, so nah und doch so verborgen, erfüllte ihn mit Kummer, der fast wie Schuld wirkte. Zum andern hatte er die warme, schnelle Erweckung irischer Geschichte aus den Büchern zum Leben, ja – zum Leben, gefühlt. Er war bewegt, elektrisiert und dann enttäuscht, erleichtert. Die zweite Sache war, daß Frances ihm an jenem Nachmittag später mitgeteilt hatte, daß sie Andrew nicht heiraten werde. Da wurde es ganz wichtig, Millie zu besuchen.

Er fuhr auf seinem Fahrrad los und wäre in Rathblane am frühen Abend angekommen, hätte er nicht einen Plattfuß bekommen, kaum daß er in die Berge gekommen war. Er ließ sein Fahrrad stehen und ging zu Fuß weiter, weil er sich die Entfernung kürzer als in Wirklichkeit vorstellte. Dann wurde es dunkel, und er verlor den Weg. Als er schließlich total erschöpft und vom Regen durchnäßt Millies Gartentor erreichte, wurde er aufs äußerste erschreckt von einem Mann, der plötzlich aus dem Torweg auf ihn lossprang. Als er sich aufsammelte, gewann er den Eindruck, daß der jetzt im Mondlicht verschwundene Mann Pat Dumay gewesen war. Er ging durch die offene Pforte hinein.

Das Treppenhaus war sehr dunkel, doch kaum war er hereingekommen, schien es ihm, als ob jemand, der dort gestanden hatte, sich mit einem geräuschlosen Luftzug in eins der Zimmer verdrückt hätte. Fast zugleich war oben eine Lichtbewegung zu erkennen, und Millie erschien in einem weißen Nachthemd. Sie fing an, mit der Lampe in der Hand so schnell die Treppen herabzugleiten, daß ihr Nachthemd hinter ihr hersegelte und ihre Haare sich in die Luft hoben. Als sie auf halber Höhe war, zeigte ihr das Lampenlicht Christopher, was sie abrupt halten ließ.

»Millie, was zur Hölle ist denn los? Jemand lief heraus und rannte gegen mich. Ich glaube, es war –«

»Hallo, Christopher«, sagte Millie. »Guten Abend.« Sie stellte die Lampe auf die Treppe und setzte sich neben sie. Dann konnte sie sich nicht helfen zum lachen. Sie wiegte sich vor Lachen langsam hin und her.

»Tut mir leid, daß ich so spät gekommen bin«, sagte Christopher, »ich wäre viel früher gekommen, wenn ich nicht einen Platten gekriegt und das letzte Stück laufen hätte müssen. Doch, Millie, was –«

Millie hörte auf zu lachen. »Bitte, Christopher, würdest du ins Kaminzimmer gehen und dort warten? Ich zieh mir etwas an und komm in ein paar Minuten zu dir.« Sie nahm die Lampe und ging die Treppe hinauf, so daß Christopher im Dunkeln zurückblieb.

Christopher tastete sich seinen Weg zur Tür des Kaminzimmers, stolperte hinein und schlug mit dem Kopf gegen den großen Ofenschirm, dessen Standort gleich hinter der Tür er vergessen hatte. Im Kamin war kein Feuer, und das Zimmer roch nach feuchter Wäsche und Torfasche. Er blieb stehen, bis er die Vierecke der Fenster ausmachen konnte, und schlurfte auf sie zu. Droben gab es ein Geräusch von Umherlaufen, und er meinte, Stimmen zu hören.

Christopher war total durcheinander. Während seines langen Marsches auf der dunklen Bergstraße erfüllte ihn nur die Sorge, bloß anzukommen. Er haßte es, zu Fuß zu gehen. Die Berge waren nachts furchterregend – es gab Geräusche, Erscheinungen. Er war weitergehastet in der Hoffnung, Millie vorzufinden, ein flackerndes Feuer, ein Willkommensglas Whisky. Doch der Bergaufmarsch hatte so lange gedauert. Und jetzt war er da, abgewimmelt, im Dunkeln und im Kalten stehen gelassen, nicht akzeptiert zumindest. Und wer war dieser Kerl, der aus der Pforte gerannt kam und ihn zu Boden warf? Er bemerkte, daß von dem Sturz sein Arm schmerzte und sein Kopf von der Begegnung mit dem Ofenschirm. War es Pat Dumay? Was machte er, als er aus dem Haus rannte, als ob der Teufel hinter ihm her wäre? Und wer war der mysteriöse Schatten im Treppenhaus? Und was hatte alle dies Herumgerenne im Zimmer droben zu bedeuten? Christopher stand vor einem Rätsel und kam sich schlecht behandelt vor. Er tastete verschiedene Tische auf der Suche nach Streichhölzern ab, aber brachte nur erfolgreich etwas zum Umkippen, das mit einem Knall zu Boden fiel. Es klang so, als ob es kaputtgegangen wäre. Er fing an, sich zur Tür zurückzutasten.

Bevor er sie erreichte, kam Millie mit der Lampe herein. Sie trug ihr schlichtestes graues Ausgehkleid, mit einem roten Wollschal um den Kopf. Sie setzte die Lampe ab, zog sorgfältig die Vorhänge zu und zündete noch eine andere Lampe an.

»Bitte nimm Platz, Christopher.«

»Es ist mir so peinlich, daß ich diese Vase zerbrochen habe. Ich suchte nach Streichhölzern.«

»Das macht nichts. Sie ist bloß Ming oder so was. Um Himmels willen, setz dich, Christopher.«

»Meine liebe Millie, ich setze mich nur zu gern hin, wenn du mir nur Zeit läßt, diesen extrem nassen Mackintosh abzulegen. Und ich meine, du könntest mir einen Whisky kredenzen, ich hatte einen wirklich langen Marsch.«

»Ach so, natürlich, Whisky, im Schrank steht einer. Moment! Hier hast du ihn.«

»Millie, ist hier irgendwas Komisches zugange? War das Pat Dumay? Und ist sonst jemand im Haus? Ich hatte den Eindruck, daß jemand im Treppenhaus war, als ich hereinkam.«

»Nein, hier ist niemand außer mir. Die Hausmädchen schlafen alle im Anbau.«

»Was hatte Pat hier zu schaffen und warum hat er mich so angerempelt? Ich hab mir fast den Arm gebrochen. Tut mir ja leid, daß ich so spät kam, aber ich hatte wie gesagt einen Platten und –«

»Ich möchte meinen, daß er dich so anrempelte, weil du ihm im Weg warst, als er zur Pforte hinauswollte. Tut mir leid für deinen Arm und dein Fahrrad und –«

»Aber was *wollte* er denn?«

»Ja, was wollte er? Er wollte mich«, lachte Millie. Sie kickte eine Vasenscherbe über den Fußboden und wandte ihren Blick zu Christopher.

Jetzt nahm er ihr belustigtes und erhitztes Gesicht wahr, dem Lachen oder den Tränen nahe. Ihr Haar war zu einem einzigen Zopf geflochten, den sie über die Schulter nach vorn gezogen hatte und der sich nun konvulsiv mit den Enden des roten Schals vermengte und verhedderte.

»Wie um Himmels willen meinst du das?«

»Er kam, um mich zu verführen.«

»Millie! Du hast ihm sicher keinen Anlaß gegeben, zu glauben –«

»Natürlich nicht. Ich hatte ihm keine Hoffnung gemacht. Ich schickte ihn mit einem Floh im Ohr weg.«

»Doch er kann sich doch kaum in den Kopf gesetzt haben –«

»Warum soll er es sich nicht in den Kopf gesetzt haben? Oder glaubst du, ich bin nicht attraktiv genug?«

»Natürlich bist du attraktiv genug –«

»Dann ist dem nichts mehr hinzuzufügen, nicht wahr?«

»Millie, das verschlägt mir wirklich die Sprache.«

»Nun, ich kann's nicht ändern. Nichts ist passiert. Ich schickte ihn einfach weg. Drum war er so in Eile. Du glaubst mir doch, nicht wahr? Warum hast denn *du* dir in den Kopf gesetzt zu kommen, Christopher?»

»Ich mußte dich sehen. So viele Sachen sind passiert. Tat mir leid, so spät anzukommen, aber wie ich dir sagte –«

»Ja, ja, dein Fahrrad. Erzähl mir ein paar von den Sachen, die passiert sind.«

»Je nun – Frances hat sich entschlossen, Andrew nicht zu heiraten.«

»Ach –« Millie ließ den roten Schal los, der sich hinter ihr zu einem Knäuel auftürmte. Sie lief nach vorn und fing schnell an, die Bruchstücke der Vase aufzusammeln. »Hier ist's so kalt, daß wir ein Feuer vertragen könnten, nicht wahr.« Sie ging zum Kamin und beugte sich herunter, um Papier und Kleinholz mit einem Streichholz anzuzünden. »Reich mir ein paar von diesen kleinen Scheiten rüber, ja?«

»Millie, hast du verstanden, was ich sagte?«

»Natürlich, aber was soll ich dazu sagen? Tut mir leid.«

»Für uns ändert sich dadurch nichts. Das ist es, weshalb ich kam und es dir sagen wollte. Ich krieg das mit Frances schon hin.«

»Hast du Frances über uns informiert?«

»Nein.«

»Das hat vielleicht auch sein Gutes.«

»Wieso?«

»Christopher, ich glaub, ich kann dich doch nicht heiraten.«

»Millie, um Himmels willen, was redest du da?«

»Ich kann's einfach nicht. Ich wäre dir keine Hilfe.«

»Meinst du das wegen Frances?«

»Nein, es hat nichts mit Frances zu tun. Ich kann's bloß nicht tun, es wäre ein Fehler. Bitte verzeih mir. Ich hätte nie den Gedanken daran entstehen lassen dürfen.«

»Millie, das darfst du nicht sagen –« Christopher stand linkisch und steif auf und streckte ihr seine Arme hin. Millie schaute weiter auf die knatternden Scheite, deren Licht über ihr Gesicht flackerte, das ein erleichtertes Lächeln trug.

»Millie, mein Liebstes –« Christopher nahm ihre Hand und hob sie hoch. Sie war schwer und schlaff. Ihre Hand war ihm vertraut, und als er ihre Finger berührte, bemerkte er etwas Ungewöhnliches. Er schaute runter und sah, daß sie einen Ring mit Diamanten und Rubinen angesteckt hatte. Er kannte den Ring.

Als Millie Christophers Gesichtsausdruck wahrnahm und bemerkte, wo er hinschaute, zog sie mit einem Schrei ihre Hand zurück und lief von ihm weg.

»Millie, wieso trägst du Andrews Ring?«

Sie zog ihn schnell ab und legte ihn auf den Tisch. »Weil Andrew meinen Ring getragen hat.«

»Das versteh ich nicht.«

»Ja, wie solltest du auch, nachdem so schrecklich viel passiert? Ich habe gerade deinen Schwiegersohn-in-spe verführt. Ich hatte nicht vor, dir das zu sagen. Den Ring habe ich einfach vergessen. Mir gelingt offenbar nie, ohne Strafe etwas Schlechtes zu tun. Ich habe einfach kein Glück dabei!«

»Millie, du behauptest im Ernst, daß du und Andrew –«

»Ja, hab ich doch in aller Deutlichkeit gesagt. Soll ich es noch mal wiederholen?«

»Wie kannst du in solchem Ton reden?«

»Je nun, eine Frau in meiner Situation muß irgendeinen Ton anschlagen, und es ist nicht einfach, verheerende Offenheit mit ruhiger Würde zu paaren. Welchen Ton schlägst du vor?«

»Ich kann's dir einfach nicht glauben.«

»Mach wenigstens den Versuch. Tatsache ist, daß ich in Pat verliebt bin. Es ist eine verzweifelte Liebe zu Pat und schon seit Ewigkeiten, nur ist sie hoffnungslos, und sie wäre hoffnungslos gewesen, selbst wenn Andrew heute abend nicht hier gewesen wäre. Und unsere Sache wäre hoffnungslos geblieben, selbst wenn du das mit Andrew nicht herausgefunden hättest. Ich glaube, es ist wirklich besser, Christopher, wenn du gehst. O verdammt, das geht nicht, weil du kein Fahrrad hast.« (1965)

Henry Miller
MEIN BESTER FREUND

Ob man es glaubt oder nicht: das war mein Fahrrad. Dieses, von dem ich spreche, hatte ich im Madison Square Garden gekauft, nach einem Sechstagerennen. Es war in Chemnitz, Böhmen, hergestellt, und der Sechstage-Fahrer, dem es gehörte, war, glaube ich, ein Deutscher. Es unterschied sich von anderen Rennrädern dadurch, daß die Lenkstange schräg zu den Handgriffen hinunterführte.

Ich hatte zwei andere Räder amerikanischer Fabrikation. Die lieh ich meinen Freunden aus, wenn sie eines brauchten. Auf dem aus dem Garden fuhr nur ich selbst. Es war für mich wie ein geliebtes Haustier. Und warum nicht? Hatte es mich nicht durch alle meine Zeiten der Unruhe und Verzweiflung gebracht?

Ja, ich machte eine Liebe durch, eine erste Liebe, und etwas Katastrophaleres gibt es ja bekanntermaßen nicht. Meine Freunde waren verärgert und ließen mich einer nach dem anderen im Stich oder umgekehrt. Ich war unglücklich und allein. Ob meine Eltern meine traurige Lage kannten, weiß ich nicht mehr, aber ich bin sicher, sie wußten, daß mir etwas zu schaffen machte. Dieses »etwas« war eine schöne junge Frau namens Una Gifford, die ich auf der High-School kennengelernt hatte.

Wie ich an anderer Stelle gesagt habe, waren wir solch unschuldige Wesen, daß wir uns vielleicht zwei- oder dreimal küßten – auf einer Party zum Beispiel, niemals anderswo. Obwohl wir beide Telefon hatten, haben wir nie miteinander telefoniert. Warum, frage ich mich. (Weil es zu ungehörig gewesen wäre, vielleicht.) Wir haben einander geschrieben, ja, aber in langen Abständen. Ich erinnere mich, wie ich jeden Tag, wenn ich heimkam, zuerst zum Kaminsims ging, wo die Post hingelegt wurde, und fast immer grüßte mich dort eine gähnende Leere.

Es war die Zeit, als ich fast ständig auf Arbeitssuche war (vergeblich). In Wirklichkeit sah ich mir einen Film oder eine Tingeltangelvorstellung an (wenn ich es mir leisten konnte). Dann hörte ich plötzlich auf damit und tat nichts. Nichts als radfahren. Oft war ich sozusagen von morgens bis abends im Sattel. Ich fuhr überallhin, und gewöhnlich in recht flottem Tempo. An manchen Tagen begegnete ich beim Brunnen im Prospect Park einigen Sechstage-Fahrern. Sie erlaubten mir, ihnen auf der leichten Strecke, die vom Park nach Coney Island führte, das Tempo vorzugeben.

Ich besuchte Orte, an denen ich früher oft gewesen war – Bensonhurst, Ulmer Park, Sheepshead Bay, Coney Island. Und wie unterschiedlich sich auch die Umgebung darbietet, ständig denke ich an sie. Warum schreibt sie mir nicht? Wann wird die nächste Party sein? usw. usw. Nie hatte ich dabei obszöne Gedanken, nie träumte ich davon, eines Tages mit ihr zu vögeln oder sie auch nur zu betasten. Nein, sie war wie die Prinzessin im Märchen – unberührbar selbst im Traum.

Auch kam es mir nie in den Sinn, nach Greenspoint zu fahren, wo sie wohnte, vielleicht ihre Straße hinauf- und hinunterzufahren in der Hoffnung, einen flüchtigen Blick auf sie zu werfen. Nein, ich fuhr zu den entlegenen Orten, mit denen sich für mich Erinnerungen an die Kindheit verbanden – und an glückliche Tage.

Ich dachte an jene idyllischen Zeiten, wehmütig, mit schwerem Herzen. Wo waren sie jetzt, diese teuren Gefährten meiner frühen Jugend? Machten sie auch solche Qualen durch wie ich – oder war der eine oder andere vielleicht schon verheiratet?

Manchmal, nach der Lektüre eines guten Buches, dachte ich an nichts anderes als an die Figuren, die in diesem Buch vorkamen. Die Figuren, die mir am meisten durch den Kopf gingen, stammten gewöhnlich aus Dostojewskis Romanen, vor allem aus *Der Idiot, Die Brüder Karamasow* und *Die Dämonen*. Sie waren sogar für mich keine Figuren aus Büchern mehr, sondern lebendige Gestalten, Personen, die in meinen Träumen auftauchten. So mußte ich etwa, wenn ich an eine absurde Gestalt wie Smerdyakow dachte, plötzlich laut lachen – nur um mich gleich darauf zur Ordnung zu rufen und meine Gedanken ihr zuzuwenden. Ich wurde sie einfach nicht los. Ich war von ihr besessen, fasziniert, verlassen. Wäre sie mir infolge eines ganz großen Zufalls in die Arme gelaufen, ich hätte keine Silbe herausgebracht.

Gewiß, alle Jubeljahre einmal bekam ich einen Brief von ihr, gewöhnlich aus einem Urlaubsort, wo sie ihre Sommerferien verbrachte. Es war immer ein kurzer Brief, in konventionellen Worten abgefaßt – und für meine Begriffe bar jeden Gefühls. Und meine Antwort fiel dann entsprechend aus, obwohl mir das Herz dabei brach.

Gebrochene Herzen! Das war ein Thema, dem ich mich ganz hingab. Litten andere meines Alters die gleichen Qualen? War eine erste Liebe immer so schmerzhaft, mißlich und trostlos? War ich vielleicht ein besonderer Fall, ein »Romantiker« reinsten Wassers? Die Antworten auf diese Fragen standen gewöhnlich auf den Gesichtern meiner Freunde geschrieben. Sowie ich ihren Namen erwähnte, wurde mir ein Blick völligen Desinteresses zuteil. «Denkst du noch immer an sie?« – »Hast du noch nicht genug?« Und so weiter. Wie dumm kann sich einer nur benehmen, und auch noch wegen eines Mädchens – dieser Gedanke schwang in ihrer Reaktion mit.

Während wir dahinrollten (ich und mein Double), ging ich diese fundamentalen Tatsachen durch, vorwärts und rückwärts. Es war wie die Beschäftigung mit einem algebraischen Lehrsatz. Und kein einziges Mal begegnete ich einer mitfühlenden Seele. Ich fühlte mich so allein, daß ich mein Rad meinen Freund nannte. Ich führte stumme Gespräche mit ihm. Und natürlich ließ ich ihm die beste Pflege angedeihen. Wenn ich nach Hause zurückkehrte, stellte ich es jedesmal auf Lenker und Sattel, holte einen sauberen Lappen und polierte Naben und Speichen. Dann reinigte ich die Kette und fettete sie frisch ein. Dabei blieben häßliche Flecken auf den Steinen des Gehwegs zurück. Meine Mutter beklagte sich und bat mich, doch vorher Zeitungspapier unterzulegen. Manchmal regte sie sich so sehr auf, daß sie voller Sarkasmus sagte: »Ich wundere mich nur, daß du das Ding nicht mit ins Bett nimmst!« Worauf ich zurückgab: »Das würde ich auch, wenn ich ein anständiges Bett hätte, das groß genug ist.«

Das war ein weiterer Übelstand, mit dem ich mich abfinden mußte – kein eigenes Zimmer. Ich schlief in einem kleinen Flurschlafzimmer, dessen einziger Schmuck ein Rouleau gegen das frühmorgendliche Licht war. Wenn ich ein Buch las, dann am Eßzimmertisch. Das Wohnzimmer benutzte ich nur, um Platten zu spielen. Wenn ich dort (im düsteren Wohnzimmer) meinen Lieblingsplatten lauschte, packte mich der Liebeskummer immer am ärgsten. Jede meiner Platten, die ich auflegte, vertiefte meine Qualen. Am meisten, von der Ekstase bis zur absoluten Verzweiflung – bewegte mich der jüdische Kantor Sirota. Nach ihm kam Amato, der Bariton von der Metropolitan Opera. Und auf diesen folgten Caruso und der beliebte irische Tenor John McCormack.

Ich kümmerte mich um mein Rad wie ein anderer sich um seinen Rolls-Royce. Bei größeren Reparaturen brachte ich es immer in das gleiche Geschäft an der Myrtle Avenue, das einem Neger namens Ed Perry gehörte. Er faßte mein Rad sozusagen mit Samthandschuhen an. Er sorgte stets dafür, daß weder das Vorder- noch das Hinterrad wackelte. Oft nahm er kein Geld von mir, weil er, wie er es ausdrückte, keinen anderen kannte, der sein Rad so sehr liebte wie ich.

Es gab Straßen, die ich mied, und Straßen, die ich bevorzugte. In manchen Straßen gab mir die Architektur einen richtigen Aufschwung. Es gab ruhige Straßen und heruntergekommene Straßen, reizvolle und auch gräßlich langweilige Straßen. (Hat nicht Whitman irgendwo gesagt: »Architektur ist, was man ihr antut, wenn man sie ansieht«?)

Als leidenschaftlicher Fußgänger war ich in der Lage, einen komplizierten inneren Dialog zu führen und mir gleichzeitig der Szenerie bewußt zu sein, durch die ich mich bewegte. Radfahren war ein wenig anders; da mußte ich schon aufpassen, wenn ich nicht stürzen wollte.

Etwa um diese Zeit war Frank Kramer der Rennchampion, den ich natürlich vergötterte. Einmal gelang es mir, ihm bei einem seiner Übungsrennen vom Prospect Park nach Coney Island auf den Fersen zu bleiben. Ich erinnere mich, daß er mir auf den Rücken klopfte, als ich ihn einholte, und sagte: »Tadellos, junger Mann – machen Sie so weiter!« Das war sozusagen ein Sonntag in meinem Leben. Ausnahmsweise einmal vergaß ich Una Gifford und gab mich ganz dem Traum hin, daß ich eines Tages im Madison Square Garden fahren würde, zusammen mit Walter Rutt, Eddie Root, Oscar Egg und anderen berühmten Rennfahrern.

Nach einiger Zeit, daran gewöhnt, so viele Stunden auf dem Rad zu verbringen, interessierte ich mich immer weniger für meine Freunde. Mein Rad war jetzt zu meinem einzigen Freund geworden. Ich konnte mich auf ihn verlassen, was ich von meinen Kumpels nicht behaupten konnte. Es ist zu schade, daß mich niemand mit meinem »Freund« fotografiert hat. Ich gäbe alles darum, wüßte ich jetzt, wie wir zusammen ausgesehen haben.

In Paris besorgte ich mir Jahre später ein anderes Fahrrad, aber das war ein Allerweltsmodell, mit Rücktrittbremse. Wollte man langsamer fahren, mußte man sich der Beine bedienen. Ich hätte mir Handbremsen anbringen lassen können, aber dann hätte ich mich wie ein Waschlappen gefühlt. Es war gefährlich und aufregend, in Höchstgeschwindigkeit durch die Straßen der Stadt zu rasen. Glücklicherweise gab es damals noch nicht viele Autos. In der Hauptsache mußte man auf Kinder aufpassen, die mitten auf der Straße spielten.

Mütter schärften ihren Kindern ein, vorsichtig zu sein und auf diesen verrückten jungen Mann aufzupassen, der da durch die Straßen spurtete. Mit anderen Worten, ich wurde zum Schrecken der ganzen Nachbarschaft.

Ich war sowohl ein Schrecken wie ein Ergötzen – die Kleinen rannten alle zu ihren Eltern und wollten auch so ein Fahrrad haben.

Wie lange kann das Herz schmerzen ohne zu brechen? Ich habe keine Ahnung. Ich weiß nur, daß ich eine strapaziöse Zeit mitmachte, als ich ein Mädchen in absentia verehrte. Sogar an meinem 21. Geburtstag – einem großen Ereignis in meinem Leben – saß ich in einiger Entfernung von ihr, zu schüchtern, um den Mund aufzumachen und ihr von meiner Liebe zu erzählen. Zum letztenmal sah ich sie kurz danach, als ich mich mit meinem ganzen Mut dazu aufraffte, an ihrer Tür zu klingeln und ihr zu sagen, daß ich nach Juneau, Alaska, aufbrach, um unter die Goldwäscher zu gehen.

Schwerer fast fiel es mir, mich von meinem Rad aus Chemnitz zu trennen. Ich muß es einem meiner Kumpels gegeben haben, aber wem, das weiß ich nicht mehr.

Man sollte dabei bedenken, daß ich mich, brach mir auch das Herz, noch immer gut amüsieren konnte. Wenn ich das Geld dafür hatte, sah ich mir oft eine Vaudeville-Show im Palace an oder verbrachte den Nachmittag im Houston Street Burlesk oder einem anderen Tingeltangeltheater. Die Spaßmacher jener Shows sollten später Rundfunk- und Fernsehstars werden. Mit anderen Worten, war mir auch einerseits das Lachen vergangen, so konnte ich doch andererseits weiterlachen. Diese Fähigkeit, allem zum Trotz lachen zu können, war es, die mich rettete. Ich kannte bereits den berühmten Ausspruch von Rabelais: »Für all euer Leiden verschreibe ich euch Lachen.« Ich kann aus persönlicher Erfahrung sagen, daß dieser Satz ein Stück der höchsten Weisheit ist. Davon gibt es heute so herzlich wenig – kein Wunder, daß die Rauschgifthändler und Psychoanalytiker im Sattel sitzen. (1978)

In seinem ›Wendekreis des Steinbocks‹ sagt Henry Miller, daß es sich um ein Bahnrennrad der Presto-Fahrradwerke in Chemnitz handelte (pers. Mitt. von Christoph Guder).

»Die mir in Euer Hochwohlgeboren Schreiben zugeschickte Abbildung und Beschreibung Ihrer Laufmaschine habe ich erhalten und daraus ersehen, daß abermals durch Dero ausgezeichnetes Talent für Wissenschaft und Industrie die Welt mit einer nützlichen und genialischen Erfindung beschenkt worden ist, die Ihrem Geist sowohl, als dem Bestreben, gemeinnützig zu sein, viele Ehre macht.«
Leopold, der spätere Großherzog von Baden, in einem Brief an Karl von Drais, datiert 21. November 1817

Ich bin bereits vor 70 Jahren Radfahrer gewesen und zwar auf der alten Draisine, welche mit den Fußspitzen auf dem Boden fortbewegt worden ist. Die Geschwindigkeit war auf ebenem Wege vielleicht annähernd dieselbe wie die jetzt von Ihnen erreichte.
Otto von Bismarck 1893 vor Radfahrverbänden in Friedrichsruh

Karl Drais

EIN ERFINDER

GIBT AUSKUNFT*

Da ich seit meiner neuesten Erfindung einer möglichst einfachen Fahrmaschine ohne Pferd, oder eines Wagens zu Fuß, so viele Briefe mit weiteren Nachfragen, teils mit Besorgungsersuchungen, erhalten habe, daß mir neben der übernommenen Obsorge für die letzteren die Beantwortung aller Briefe für jetzt zur Unmöglichkeit wird, so nehme ich mir die Freiheit, den verehrten und hochgeschätzten Verfassern derselben einstweilen meinen Dank und die schuldige Aufmerksamkeit dafür hier auszudrücken, indem ich das Wesentlichste Ihrer Fragen zugleich mit einer Anfrage (in dem Allgemeinen Anzeiger der Deutschen vom 25. August 1817) zu beantworten die Ehre habe.

Die Bequemlichkeiten einer Chaise mit Pferden, in der man ja auch schlafen kann, hat meine Maschine nicht; denn rücksichtlich der Anstrengung ist das Fahren darauf mit dem Gehen zu Fuß oder mit dem Reiten zu vergleichen, und um auf gewöhnlichen Landstraßen vier Stunden Wegs (*rund 13 km*) und im Gebirge zwei (*rund 6 km*) in einer Stunde zurück zu legen, gehört ein gewisser Grad von Fertigkeit und Kraft dazu. Auch ist bei tiefem Kot und Schnee dem Fußgänger nicht viele Kraft dadurch gespart.

Denjenigen aber, welche zweifeln, ob man mit mäßiger Schnelligkeit bei bloß gewöhnlicher Sommernässe und bei trockener Witterung lange anhaltend fahren kann, ohne zu sehr zu ermüden, denen sei hierdurch gemeldet, daß ich diesen Sommer nach mehrtägigem, fast beständig anhaltendem starken Regenwetter, und zwar zum Teil noch während desselben, vier starke Stunden Wegs (*rund 14 km*) in ungefähr zwei Stunden Zeit, und vor etlichen Tagen in zwölf Stunden gegen vier und zwanzig Poststunden (*rund 78 km*) zurück gelegt habe, und daß ich bei der letzten Station dieser Reise durch die Schnelligkeit des Fahrens gezeigt habe, daß ich ohne große Müdigkeit wahrscheinlich in den darauf folgenden zwölf Stunden den nämlichen Weg noch einmal hätte zurücklegen können, wenn es so lange Tag geblieben wäre.

In theoretischer Hinsicht liegt der bekannte Mechanismus des Rades, auf die einfachste Art für das Laufen angewandt, zugrunde. Die Erfindung ist daher in Absicht auf Ersparung der Kraft fast ganz mit der sehr alten der gewöhnlichen Wagen zu vergleichen. So gut ein Pferd auf den Landstraßen, im Durchschnitt, die auf einen verhältnismäßig wohl gearbeiteten Wagen geladene Last viel leichter samt dem Wagen zieht, als ohne ihn die Ladung auf dem Rücken trägt, so gut schiebt ein Mensch sein eigenes Gewicht viel leichter auf einer Maschine fort, als er es selbst trägt. Dieses ist um so mehr der Fall, als man mit dem nur einzigen Geleis sich immer die besten Strecken der Landstraßen aussuchen kann.

Die Schnelligkeit der Maschine gleicht auf ebenen harten Wegen fast ganz der des Schlittschuhfahrens, indem die Grundgesetze übereinkommen. So schnell man nämlich im Stande ist, den Fuß einen Augenblick hinaus zu stoßen, so schnell geht es während dem Ausruhen fort. Bergab aber werden die besten Pferde auf langen Strecken übertroffen, und doch mit größerer Sicherheit gegen Unglücksfälle, da man mit den Füßen zum Anhalten beständig bereit ist.

Was nun eine Anfrage im Allgemeinen Anzeiger der Deutschen: »Könnte man nicht bald möglichst erfahren, ob, wo und wie teuer man die Laufmaschine schon fertig erhalten, oder wenigstens den Riß, oder ein Modell dazu gegen Vergütung bekommen könne?« selbst betrifft, so muß ich bemerken, daß ich zur weiteren Ausführung dieser und anderer Ideen Erfindungspatente für deren ausschließenden Gebrauch in meinem Vaterlande und in anderen Staaten suche.

Darüber soll aber das Gute und Angenehme der Sache nicht aufgehalten werden. Ich nehme daher, meinem früheren offenen Benehmen in diesem Sommer gemäß, keinen Anstand, eine nähere Beschreibung der Maschine und Behandlung mit der nötigen Abbildung, die gegenwärtig samt der fahrenden Figur in Kupfer gestochen wird, im Oktober des Jahres (*1817*) heraus zu geben. Mein weiteres Interesse soll in den zweiten Rang gestellt sein, und ich hoffe, eben dadurch die willige Teilnahme des Publikums mir zu gewinnen. Aber so gut als ein Schriftsteller gegen den Nachdruck sich erklärt, will ich einstweilen mein Eigentum der Sache gegen das Nachmachen ohne meine erworbene Einwilligung verwahren, jedoch biete ich zugleich einen Ausweg an, indem ich das Zartgefühl (*heute: Fairneß*) der Verkäufer und Käufer von solchen Maschinen, welche nach meiner Erfindung gearbeitet werden wollten, dafür anspreche, daß für jedes neu entstehende Exemplar mein Zeichen, bestehend in einem silbernen Plättchen mit meinem Wappen und der fortlaufenden Nummer etc. gegen einen vollgewichtigen Carolin oder zwei Dukaten oder elf Gulden Rheinisch, allenfalls in Wechsel auf Frankfurt am Main, als Honorar bei mir selbst eingelöst und sichtbar vorne an der Maschine durch Schrauben befestigt werde. Ich hoffe, daß mir von allen Gebildeten dieser Wunsch gewährt wird, um meine unaufgehaltene Mitteilung und Edelmut zu erwidern. Ich verspreche dagegen, daß diese hier beschriebenen Zeichen für die Dauer meiner ganzen zu hoffenden Privilegienzeit gelten sollen, und erbiete mich, jedem eingelösten Zeichen mein gedrucktes Verzeichnis aller früheren Nummern ihrer ursprünglichen rechtmäßigen Eigentümer unentgeltlich beizulegen.

Um indessen zu beweisen, daß diese Maschine nach dem Versprechen des Zeitungsartikels, und zwar mit Einschluß des Honorars für vier Carolin mit Reisetaschen und sonstiger Zubehör dauerhaft und schön hergestellt werden kann, mache ich mir ein Vergnügen daraus, denjenigen, welche mich und die Besorgung nebst übersandtem Wechsel, oder mit Geldvorschuß durch Abrede mit der Post schon ersucht haben, und denen, die es in den nächsten Monaten (denn späterhin könnten vielleicht bevorstehende veränderte Dienstverhältnisse mich abhalten) auf gleiche Art und mit Angabe der Spaltlänge ihrer Beine (*heute: Schritthöhe*) zur Bestimmung der Höhe des Sitzes noch tun, den Bau der Maschine unter meiner eigenen Leitung von geschickten Handwerksleuten machen zu lassen, und selbst für die genaue Arbeit zu sorgen, bis eine Fabrik so eingerichtet ist, daß sie meiner Hilfe nicht mehr bedarf. Dabei will ich auch sorgen, daß die Fertigungszeit der Maschine, mit Einschluß des Trocknens der Farben, in der Regel nur einen Monat dauert, und daß wenigstens für die in diesem Jahre noch eintreffenden Bestellungen folgende Pränumerationspreise nicht überschritten werden:

A. Eine Beschreibung mit Kupferstich auf dickem oder dünnerem Velinpapier nach der Wahl des Empfängers, 1 Gulden

B. ein silbernes Honorarzeichen, um die Maschine dazu an einem andern Orte machen zu lassen, 11 Gulden

C. eine einfache Maschine samt diesem Zeichen, ganz wie es die Zeichnung versprach, und dabei für jeden, der es will, auch mit einer Einrichtung, um einen Mantelsack hinten aufpacken zu können, 44 Gulden

D. eine solche mit der Einrichtung, daß man den Sitz höher oder niedriger schrauben, folglich abwechslungsweise für mehrere Person von etlichen Zollen verschiedener Größe gebrauchen kann, 50 Gulden

E. eine Maschine mit zwei Sitzen hinter einander, auf der zwei zugleich fahren können, und nach hinlänglicher Übung im Balancieren immer einer fast ganz ausruhen kann, mit zwei größeren ledernen Reisetaschen, und mit der Erhöhungseinrichtung für die Sitze, 75 Gulden

F. eine drei- oder vierrädrige, welche vorne einen gewöhnlichen bequemen Sitz zwischen zwei Rädern, und hinten einen Reitsitz mit der Einrichtung zur abwechslungsweisen Erhöhung und Niederstellung hat, gleichfalls mit dem Honorarzeichen, schön gearbeitet, 100 Gulden

G. eine Kiste, um eine einsitzige Maschine zur Lieferung auf den Postwagen oder sonst wohin gut einzupacken, samt Zubehör, 5 Gulden

H. eine dergleichen für eine zweisitzige, 8 Gulden

Die drei- oder vierrädrigen Maschinen taugen nicht so gut zum Reisen auf den jetzt gewöhnlichen Straßen, haben aber auf ebenen, ganz guten Spazierwegen von gewisser Breite die Annehmlichkeit, daß man auch Damen schnell wie im Rennschlitten darauf fahren kann. Diese haben dabei von keinem Pferde vor sich her und von keinem durch solches erregten Staube zu leiden; sie sitzen tief genug, um nicht zu schwindeln, und überhaupt sehr behaglich mit offenem Gesichtskreis vor ihren Augen.

Noch größere Eleganz etc. wie z. B. ein seidener Schirm gegen Sonne und Regen, so wie auch Vergoldungen etc. sind besonders zu verdingen, und ob diese Preise überhaupt für das andere Jahr etwas fallen oder steigen, wird die Erfahrung zeigen.

Bei dieser Gelegenheit grüße ich alle meine Freunde herzlich und reiche jedermann freundlich die Hand, der unparteiisch sich bestrebt, die Wahrheit zu untersuchen, um das Gute zu befördern.

Das lächerliche Licht, das einige Müßiggänger und Händler mit Karikaturen auf sie geworfen haben, wird vor den Strahlen der Vorteile verschwinden, die die Draisinen der Welt noch einst gewähren werden.
Lewis Gompertz 1821, Gründer des ersten Tierschutzvereins (in London) und Erfinder des Bohrfutters

Daß ich einer der ältesten Radfahrer gewesen bin, dürfte Ihnen vielleicht nicht bekannt sein, und ich will Ihnen, da Sie auch für das Fahrrad großes Interesse haben, einiges davon erzählen ... Ein guter Freund von mir hatte sich ... ein Veloziped gekauft ... Da hatte ich ja mein Ideal ... Jetzt konnte ich pferdelos über die Land-straße dahineilen ... das heißt, vorläufig konnte ich noch nicht. Aber nach vierzehn Tagen hatte ich es doch erlernt ... War das eine Sensation, als ich durch Mannheims Straßen pedalierte!

Karl Benz in Interviews über die Zeit um 1869

Man bekommt allmählich eine große Sicherheit; ganz wie ein geübter Radfahrer, aber die Übungen sind doch etwas schwieriger, als sie sie beim Lenken eines Zweirades nötig sind. Es muß dieser Apparat nicht bloß rechts und links gesteuert werden, was durch Verlegung des Schwerpunktes geschieht, sondern auch nach vorn und hinten. Man könnte das Fliegen aus diesem Grunde eher mit dem Fahren auf dem Einrad vergleichen.

Otto Lilienthal über seinen Flugapparat 1894 in Berlin

VOM AUSGRABEN EINER VERSUNKENEN FAHRRAD-KULTUR

Die Beamten der amerikanischen Volkszählungsbehörde schrieben am Ende des 19. Jahrhunderts in ihrem Bericht über die 1890er Zählung, daß wenige Artikel, die der Mensch je benutzte, eine derartige Revolution in der Gesellschaft hervorgerufen hätten wie das Fahrrad. Dazu brauchten sie nicht einmal die nagelneuen Hollerith-Lochkarten auszuwerten: ein Blick aus dem Fenster genügte. Das Objekt der Begierde der Oberschicht des 19. Jahrhunderts – erst das hohe Bicycle der jungen Männer, das komplexe Tricycle der Damen und gesetzten Herren und schließlich das niedrige Sicherheitsrad für Personen beiderlei Geschlechts – dominierte unübersehbar das Stadtbild und am Wochenende die neuentdeckte Natur.

Man blickte damals auf die achtzigjährige Geschichte des Zweirads zurück, eine Geschichte des eher »aufhaltsamen« Aufstiegs, denn was das Balancieren betraf, so überforderte die neue Maschine zunächst die Lernfähigkeit der breiten Bevölkerung bei weitem. Daher erfolgte die Entwicklung des Radfahrens nur schubweise.

Es begann 1817–1819: Zwei Jahre lang verbreiteten sich die Laufmaschinen vor allem unter begeisterten Studenten und Adligen in Deutschland, Frankreich, England und den USA – schließlich folgten Verbote und eine fünfzigjährige Stille. Zwei Generationen lang triumphierte die importierte Eisenbahn. In den Jahren 1866–1870 aber tauchten in Paris, New York und London die schweren Frontkurbelvelozipede auf, die ab 1869 auch in Deutschland von jungen Handwerkern wie Karl Benz und Heinrich Büssing frenetisch begrüßt wurden – was im Falle Büssings sogleich zur Gründung einer Manufaktur in Braunschweig führte.

Allerdings hielt sich der Erfolg in Grenzen: Büssing mußte bereits vor dem Deutsch-Französischen Krieg 1870 auf Eisenbahnsignaltechnik umsatteln.

In den 80er Jahren stieg schließlich die englische Stadt Coventry zur Fahrradmetropole auf, wobei sie den Aufstieg solchen Autodidakten wie James Starley und dessen Neffen John Kemp Starley verdankte. Im amerikanischen Boston regierte Albert Pope sein Fahrradkartell, bis Auswanderer aus Baden und Württemberg in Chicago die beiden Firmen Schwinn und Crescent gründeten. Zu Popes Imperium gehörte auch die damalige Lifestyle-Zeitschrift *Outing*, zu deutsch Ausflug, in der 1884–1886 über die abenteuerliche Weltumrundung von Thomas Stevens auf dem Hochrad berichtet wurde, und in der auch Margaret Le Long 1898 ihre waghalsige Alleinfahrt durch die Staaten beschrieb.

In Boston hatte der gebürtige Hesse Heinrich Kleyer bereits früher Hochrad-Rennen gesehen, die bei den Unabhängigkeits-Feierlichkeiten abgehalten wurden, daher nimmt es nicht wunder, daß er 1880 in Frankfurt (spätere Adler-Werke) anfing, Bicycles und Tricycles aus Coventry zu importieren und sie durch eigene Rennveranstaltungen zu promoten. Weitere Zentren wurden Leipzig, München und Berlin, wo der britische Vertreter von Howe Machine Co. namens Walker 1881 die erste deutsche Zeitschrift mit dem Titel ›Das Veloziped‹ gründete. Bald erklärten an die dreißig Zeitschriften das Bicycle-Englisch den deutschen Lesern – die Analogie zu den heutigen Computerzeitschriften ist geradezu verblüffend.

Allen Widerständen zum Trotz kam es zum großen gesellschaftlichen Durchbruch, als schließlich aus Coventry der Rover nach Deutschland kam, ein Geniestreich des Neffen Starley, denn dieses Sicherheits-Fahrrad mit den niedrigen Rädern konnten nun allen voran die Frauen benutzen.

Der Münchener Verleger Paul von Salvisberg schilderte 1897 den Wandel in Deutschland: »Vor kurzem noch fragte man skeptisch: ›Was, Sie – radeln?‹ – Heute heißt es: ›Ja

was, ist's möglich, Sie radeln *nicht?*‹ – und im stillen zieht
der mitleidige Frager bereits seine Schlüsse über die offenbar gestörte Gesundheit oder das – Spießbürgertum des
oder der Gefragten!«

Warum ist diese Fahrradkultur, eine zentrale Angelegenheit der Kaiserzeit, die wir leider nur als »säbelrasselnde«
kennen, heute so verschüttet, fragt sich nicht nur der
Nostalgiker. Immerhin ist das Fahrrad der Vater des Automobils, auch wenn diese Vaterschaft von den Motorseiten
strikt geleugnet oder schamhaft verschwiegen wird. Noch
schnöder wird mit dem Zweirad-Erfinder Karl von Drais
umgesprungen, indem man ihm das Etikett des erfolglosen
Unternehmers anheftet, wo doch schon damals einem
Staatsdiener jede kommerzielle Nebentätigkeit streng ver-
boten war.

Da erweisen sich die literarischen Zeugnisse der Zeitgenossen als wahre Fundgrube und als am besten geeignet, die
Spuren unserer Bikes zurückzuverfolgen. Auf dieser Litera-
Tour läßt sich auch mit Vergnügen nachvollziehen, warum
es damals wie heute eine Lust ist, »auf dem eisernen Rosse
dahinzujagen«. Warum viele Literaten eine ausgesprochene
Liebe zum Fahrrad entdeckt haben, hat vielleicht wirklich
damit zu tun, daß sie mit ihm zum ersten Mal Qualität in
der Mensch-Maschine-Beziehung entdeckt haben. Was bei
dem großen irischen Autor Flann O'Brien als Satire daher-
kommt, wird in den philosophischen Ausführungen von
Robert M. Pirsig über die Ursprünge der Technikängste
der Gegenwart durchaus ernst genommen: Der Satz in
einer Montageanleitung »Die Montage japanischer Fahrräder erfordert großen Seelenfrieden« mag auf den ersten
Blick kurios erscheinen, aber die enge Wechselbeziehung
zwischen der eigenen Befindlichkeit und den uns umgebenden Gebrauchsmaschinen ist laut Pirsig auch für Mittel-
europäer bedenkenswert.

Ach, übrigens: Sagen Sie zum ersten Zweirad bitte nicht
Laufrad, sondern Laufmaschine! Auch wenn der Duden
jahrzehntelang den Falscheintrag »Laufrad svw. Draisine«

brachte. Die Duden-Redaktion war einer Sottise Goethes aufgesessen, der die Zweiräder der Studenten in Jena einmal als Laufräder = Tretmühlen bezeichnet hatte. Solche historischen Laufräder waren vier Meter hoch, und die Arbeiter liefen in ihnen, um Maschinen anzutreiben – wie ein Hamsterrad, bloß der Hamster läuft meist außen darauf.

Hans-Erhard Lessing

Quellennachweis

Mark Twain: Wie man das Hochrad zähmt Aus: Charles Neider (Hg.), The Complete Essays of Mark Twain. Doubleday & Co., Garden City, NY 1963, S. 551–557. © by Charles Neider. Übers. von Hans-Erhard Lessing.

Margaret Valentine Le Long: Allein quer durch Amerika* Aus: M. V. Le Long, From Chicago to San Francisco awheel. In: Outing 31, 492–497 (Feb. 1898) und 592–596 (March 1898). Aus dem Amerikanischen von Hans-Erhard Lessing.
Bei der Autorin handelt es sich mit an Sicherheit grenzender Wahrscheinlichkeit um die mutige Annie Cohen Kopchovsky alias Annie Londonderry, die 1894/95 von Boston ostwärts mit Fahrrad, Eisenbahn und Schiff die Welt umrundete und schließlich in San Franzisko gelandet noch die unwegsamen USA bis Chicago durchquerte. Die obige Schilderung einer Fahrt in umgekehrter Richtung war allerdings ein bißchen Borderline-Journalismus, denn im selben Jahr fuhr sie nach einem Krankenhausaufenthalt von New York nach San Franzisco – mit der Eisenbahn.

Flann O'Brien: Die neue irische Chemie* Aus: F. O'Brien, Aus Dalkeys Archiven (The Dalkey Archive, 1964). Übers. von Harry Rowohlt. © Kein & Aber AG, Zürich – Berlin.

Egon Erwin Kisch: Elliptische Tretmühle Aus: E. E. Kisch, Gesammelte Werke in Einzelausgaben. Hrsg. von Bodo Uhse und Gisela Kisch. Band 6: Der rasende Reporter. Hetzjagd durch die Zeit. Wagnisse in aller Welt. Kriminalistisches Reisebuch. © Aufbau Verlag GmbH & Co. KG, Berlin 1972. (Der Band erschien erstmals 1972 im Aufbau Verlag; Aufbau ist eine Marke der Aufbau Verlag GmbH & Co. KG).

F. W. Hinz: Wie ich Schleifenfahrer wurde Aus: Sportalbum der Radwelt. IV. Jahrgang 1905. Verlag der Radwelt, Berlin 1905, S. 34–41.

Jacques Faizant: Natürlich schmeisst man sie in die Gracht* Aus: J. Faizant, Albina et la Bicyclette. Calmann-Lévy, Paris 1968, S. 135–140. Übers. von Carolin Graehl. © Erben: Jacques Faizant.

Giovannino Guareschi: Don Camillo und das Fahrrad Aus: G. Guareschi, Don Camillo und seine Herde (Mondo Piccolo »Don Camillo e il su Gregge«, 1948). Übers. von Alfons Dalma. © Otto Müller Verlag, Salzburg 1953.

Amalie Rother: Wie wir in Berlin anfingen* Aus: A. Rother, Das Damenfahren. In: Paul von Salvisberg (Hg.), Der Radsport in Bild und Wort, München 1897 (Reprint Olms Presse, Hildesheim 1980), S. 111–127.

Simone de Beauvoir: Ich hatte den Tod berührt* Aus: Simone de Beauvoir, In den besten Jahren (La force de l'âge, 1960). Deutsche

Übersetzung von Rolf Söllner. © 1962 by Rowohlt Verlag GmbH, Reinbek bei Hamburg.

JEROME K. JEROME: DIE NEUE FRAU* Aus: Humours of Cycling. Chatto & Windus, London 1905, S. 33–40. Übers. von Hans-Erhard Lessing.

T. MAXWELL WITHAM: WIE ICH IN DEN 1860ERN DEN KNOCHENSCHÜTTLER MEISTERTE Aus: Badminton Magazine, Feb. 1896. Zitiert nach The Boneshaker No. 97 (Autumn 1981), S. 12–14. Übers. von Hans-Erhard Lessing.

THOMAS STEPHENS DAVIES: VORTRAG ÜBER DIE LAUFMASCHINE VOR DER ROYAL MILITARY ACADEMY* Aus: H. E. Lessing: Automobilität – Karl Drais und die unglaublichen Anfänge. Maxime-Verlag, Leipzig 2003. S. 442–451. Übers. von Hans-Erhard Lessing.

RING LARDNERS WÖCHENTLICHER BRIEF: EIN KÖNIGREICH FÜR EIN PFERD, ABER EIN FAHRRAD WÄRE RING LIEBER* Aus: Ring Lardner's Weekly Letter, San Francisco Examiner, 2. Aug. 1925. Übers. von Hans-Erhard Lessing.

AMOS OZ: EINE GROSSE, EDLE SEELE Aus: A. Oz, Eine wahre Geschichte über Liebe und Abenteuer. Aus dem Hebräischen von Mirjam Pressler. Mit Bildern von Quint Buchholz. © 1993 Carl Hanser Verlag, München.

ARTHUR CONAN DOYLE: DIE ENTFÜHRUNG AUS DER KLOSTERSCHULE Aus: A. C. Doyle, Sherlock-Holmes-Serie. Gesammelte Detektivgeschichten, Bd. 8–10, Stuttgart 1908.

THEODORE ROOSEVELT: DIE FAHRRADSQUADRON DER NEW YORKER POLIZEI* Aus: Th. Roosevelt, The Roll of Honor of the New York Police. In: The Century Magazine 54 (Oct. 1897), S. 803–812. Übers. von Hans-Erhard Lessing.

LUDWIG GANGHOFER: DIE FAHRSCHULE* Aus: L. Ganghofer, All Heil! In: Paul von Salvisberg (Hg.), Der Radfahrsport in Bild und Wort, München 1897. (Reprint Olms Presse, Hildesheim 1980), S. 3–5.

ARTHUR J. MUNBY: DIE FRANZÖSISCHEN VELOZIPEDISTINNEN* Aus: Derek Hudson, Munby – Man of Two Worlds: Life and Diaries of Arthur J. Munby 1828–1910. John Murray Publishers Ltd., London 1972, S. 271. Übers. von Hans-Erhard Lessing.

JOHN GALSWORTHY: RADFAHRERINNEN WERDEN ENTERBT* Aus: J. Galsworthy, Auf der Forsyte-Börse (On Forsyte Change, 1930). Wien, 1930, S. 285–297. Autorisierte Übers. von Leon Schalit. © 1930 Paul Zsolnay Verlag, Wien.

CURZIO MALAPARTE : DAS LÄCHELN DES FAHRRADS* Aus: C. Malaparte, Les deux visages de l'Italie: Coppi et Bartali. In: Sport Digest No. 6, Paris 1949, S. 105–109. Übers. von Carolin Graehl. Mit freundlicher Genehmigung der Erben von C. Malaparte, vertreten durch Studio Legale Rositani, Florenz.

JEROME K. JEROME: FAHRRADWERBUNG* Aus: J. K. Jerome, Three Men on Wheels. Dodd, Mead and Company, New York 1900, S. 205–213. Übers. von Hans-Erhard Lessing.

GABRIELLE SIDONIE COLETTE: ENDE EINER TOUR DE FRANCE Aus: G.-S. Colette, Dans la Foule. Crès, Paris 1923, S. 83–92. Übers. von Carolin Graehl. © Colette's Estate.

BRAUCHEN WIR EINEN FREILAUF? DIE REDAKTEURINNNEN VON ›DRAISENA‹ FRAGEN DEN FABRIKANTEN PUCH. Aus: Draisena Nr. 22 (1899), S. 433–434.

ARNO SCHMIDT: NEBENMOND UND ROSA AUGEN (Textauszug) Aus: A. Schmidt, Trommler beim Zaren. © 1966 Stahlberg Verlag GmbH Karlsruhe. Alle Rechte vorbehalten S. Fischer Verlag GmbH, Frankfurt am Main.

HANS FALLADA: KNAPP ÜBERLEBT* Aus: H. Fallada, Damals bei uns daheim. © Aufbau Verlag GmbH & Co. KG, Berlin 1977. (Diese Ausgabe erschien erstmals 1977 im Aufbau Verlag; Aufbau ist eine Marke der Aufbau Verlag GmbH & Co. KG).

ÉMILE ZOLA: MARIE ZU ZWEIT ALLEIN* Aus: É. Zola, Paris. Aus fremden Zungen (Sammelband). Stuttgart/Leipzig 1898.

JULIUS VON VOSS: DIE REISE AUF DER DRAISINE Aus: J. von Voß, Neue launige und satyrische Dichtungen. In der Hoffmannschen Buchhandlung. Frankfurt a.d. Oder 1818, S. 97–108.

JACQUES FAIZANT: ALBINA UND DAS FAHRRAD Aus: J. Faizant, Albina et la Bicyclette. Calmann-Lévy, Paris 1968, S. 13–20. Übers. von Carolin Graehl. Mit freundlicher Genehmigung der Editions Calmann-Lévy, Paris.

IRIS MURDOCH: JEDE MENGE VEREHRER* Aus: I. Murdoch, The Red and the Green. Chatto & Windus, London 1984, S. 248–253. Übers. von Hans-Erhard Lessing. © 1965 Iris Murdoch.

HENRY MILLER: MEIN BESTER FREUND Aus: H. Miller, Mein Fahrrad und andere Freunde (My Bike & Other Friends, 1978). Deutsche Übersetzung von Hermann Stiehl. © 1982 by Rowohlt Verlag GmbH, Reinbek bei Hamburg.

KARL DRAIS: EIN ERFINDER GIBT AUSKUNFT* Aus: Hans-Erhard Lessing, Automobilität – Karl Drais und die unglaublichen Anfänge. Maxime-Verlag, Leipzig 2003, S. 150–155. Karl Freiherr von Drais legte als bekennender Demokrat in der Badischen Revolution seine Adelstitel ab und wollte fortan nur noch Bürger Karl Drais genannt werden, woran man sich halten sollte. Die Monarchisten reagierten damals mit Verfolgung und gezieltem Rufmord. Das neu erfundene Zweirad nannte Drais zunächst wie seine Muskelkraft-Vierräder von 1813, nämlich Fahrmaschine. Ab Oktober 1817 bezeichnete er dann das Zweirad zur besseren Unterscheidung als Laufmaschine – wie er ja alle seine Erfindungen als Maschine bezeichnete, etwa eine Schreibmaschine. Der Begriff »Laufrad« ist falsch, denn historisch war das eine vier Meter hohe Tretmühle.

Bei den mit * versehenen Titeln handelt es sich um vom Herausgeber selbst gewählte Überschriften.

Zitatnachweise:

S. 78: Leo Tolstoi. Aus: Tatjana Tolstoi, Ein Leben mit meinem Vater. Aus dem Französischen von Annette Lallemand-Rietkötter. © für die Übersetzung: 1979 Verlag Kiepenheuer & Witsch GmbH & Co. KG, Köln. © für den Text »Avec Léon Tolstoi, souveniers« de Tatiana Tolstoi: Editions Albin Michel, Paris 1975.

S. 123: Bertrand Russell, Portraits from Memory. © 2012 The Bertrand Russell Peace Foundation Ltd.

BILDNACHWEIS

S. 19 Werbung für das Magazin The Woman Cyclist, by Lowenheim, 1896.

S. 62 Velozipedist auf Frontkurbelveloziped. Aus: Hippolyt de Wesez, Erste deutsche Vélocipède-Broschüre. Wien 1869 (Reprint libri rari, Hannover 1995).

S. 82 Elizabeth und Joseph Pennell auf ihrem Humber Tandem-Dreirad 1885 in Perugia. Grafik von Joseph Pennell (1857–1926). Aus: J. & E.R. Pennell, Two Pilgrims Progress, Roberts Bros., Boston 1886.

S. 103 »French Costume – Turkish trousers are made of such fulness that when standing upright the division is obliterated«. Aus: Harper's Bazaar, Mai 1894.

S. 127 Weltumfahrer Thomas Stevens mit seinem Columbia »Expert«. Aus: Harper's Weekly, New York, 30. August 1884.

S. 184 Les Reines du Vélo. Exercices variés. Par Grévin. Imp. Demercier, Paris (undatiert, ca. 1870). Bibliothèque Nationale, Paris.

S. 207 Queen Victoria auf ihrem Starley »Salvo«, das später als »Royal Salvo« beworben werden durfte. Aus: »Wheel World«. London, Dezember 1881.

S. 223 Werbegrafik von Juan Gris (1887–1927) in »La Pédale«. Paris, März 1924.

S. 247 »Wheeling along together« von Harrison Fisher (1875–1934), Saturday Evening Post, ca. 1930.

S. 260 Student auf Laufmaschine, als Raubdruck gekonterter und veränderter (kleineres Vorderrad!) Kupferstich, dessen nicht erhaltenes Original Karl v. Drais im Sommer 1817 versendete. Aus: Johann Christian Ginzroth, Die Wagen und Fahrwerke der verschiedenen Völker des Mittelalters und der Kutschen-Bau neuester Zeiten, Band IV, Tafel CXL, München 1830.

S. 275 Grafik von George Moore (1863–1914) aus »Wheel World«. London, Juni 1885.

Trotz aller Bemühungen konnten nicht alle Rechteinhaber ermittelt bzw. erreicht werden. Der Verlag verpflichtet sich, rechtmäßige Ansprüche jederzeit in angemessener Form abzugelten.

Für Liebhaber der Poesie – Geschenkbücher

Goethe & Schiller
Die Balladen
Hg. v. Josef Kiermeier-Debre
ISBN 978-3-423-13512-2

Hermann Hesse
Taumelbunte Welt
Gedichte
Hg. v. Christoph Bartscherer
ISBN 978-3-423-13675-4

Mascha Kaléko
Mein Lied geht weiter
Hg. v. Gisela Zoch-Westphal
ISBN 978-3-423-13563-4

Klabund
Das Leben lebt
Hg. v. Josef Kiermeier-Debre
ISBN 978-3-423-20641-9

Rainer Maria Rilke
Dies Alles von mir
Hg. v. Franz-Heinrich Hackel
ISBN 978-3-423-12837-7

Joachim Ringelnatz
Zupf dir ein Wölkchen
Gedichte
Hg. v. Günter Stolzenberger
Hardcover-Ausgabe
ISBN 978-3-423-13822-2

Zu den Sternen fliegen
Gedichte der Romantik
Hg. v. Rüdiger Görner
ISBN 978-3-423-13660-0

Eugen Roth
Alles halb so schlimm!
Hg. v. Christine Reinhardt
ISBN 978-3-423-13944-1

**Mir geht's schon besser,
Herr Professer!**
Hg. v. Christine Reinhardt
ISBN 978-3-423-13895-6

Friedrich Schiller
**Und das Schöne blüht
nur im Gesang**
Gedichte
Hg. v. Josef Kiermeier-Debre
ISBN 978-3-423-13270-1

Im Reich der Poesie
50 Gedichte
englisch-deutsch
Hg. und übers. v. H.-D. Gelfert
ISBN 978-3-423-13687-7

Wonneschauernaschpralinen
Erotische Gedichte
Hg. v. Günter Stolzenberger
ISBN 978-3-423-13887-1

Musikgedichte
Hg. v. Mathias Mayer
ISBN 978-3-423-13943-4

Wieder alles weich und weiß
Gedichte vom Schnee
Hg. v. Michael Frey und
Andreas Wirthensohn
Illus. v. Rotraut Susanne Berner
ISBN 978-3-423-13926-7

Bitte besuchen Sie uns im Internet: www.dtv.de

Für Liebhaber der Poesie –
Geschenkbücher

Gedichte für einen Sonnentag
Hg. v. Mathias Mayer
ISBN 978-3-423-20705-8

Gedichte für einen Regentag
Hg. v. Mathias Mayer
ISBN 978-3-423-20563-4

Gedichte für eine Mondnacht
Hg. v. Mathias Mayer
ISBN 978-3-423-20859-8

Der Garten der Poesie
Gedichte
Hardcover-Neuausgabe
Hg. v. Anton G. Leitner und
Gabriele Trinckler
ISBN 978-3-423-13860-4

Ein Nilpferd schlummerte im Sand
Gedichte für Tierfreunde
Hg. v. Anton G. Leitner und
Gabriele Trinckler
ISBN 978-3-423-13754-6

Gedichte für Nachtmenschen
Hg. v. Anton G. Leitner und
Gabriele Trinckler
ISBN 978-3-423-13726-3

Gedichte für einen Herbsttag
Hg. v. Gudrun Bull
ISBN 978-3-423-14139-0

Gedichte für einen Wintertag
Hg. v. Gudrun Bull
ISBN 978-3-423-13604-4

Schaurig schöne Balladen
Hg. v. Walter Hansen
Illustr. v. Franz Graf von Pocci
ISBN 978-3-423-13841-3

Bitte einsteigen!
Die schönsten Eisenbahn-
Gedichte
Hg. v. Wolfgang Minaty
Mit Illustr. v. Reinhard Michl
ISBN 978-3-423-13922-9

Gedichte für Zeitgenossen
Lyrik aus 50 Jahren
Hg. v. Anton G. Leitner
ISBN 978-3-423-14006-5

Prost & Mahlzeit
Gastronomische Gedichte
Hg. v. Michael Frey und
Andreas Wirthensohn
ISBN 978-3-423-14090-4

Gedichte für Bergfreunde
Hg. v. Alexander Kluy
ISBN 978-3-423-14091-1

Haiku
hier und heute
Hg. u. m. einem Nachwort von
Rainer Stolz und Udo Wenzel
ISBN 978-3-423-14102-4

Wird's besser?
Wird's schlimmer?
Gebrauchstexte für (fast)
jeden Anlass
Hg. v. Renate Reichstein
ISBN 978-3-423-14050-8

Bitte besuchen Sie uns im Internet: www.dtv.de

Klassische Anthologien
in <u>dtv</u>-Originalausgaben

**Deutsche Lyrik vom Barock
bis zur Gegenwart**
Hg. v. Gerhard Hay und
Sibylle von Steinsdorff
ISBN 978-3-423-**12397**-6

Michel de Montaigne
**Von der Kunst, das Leben
zu lieben**
Hg. u. übers. v. Hans Stilett
ISBN 978-3-423-**13618**-1

**Indische Märchen
und Götterlegenden**
Hg. v. Ulf Diederichs
ISBN 978-3-423-**13506**-1

Märchen von Töchtern
Hg. v. G. Lehmann-Scherf
Illustr. v. Reinhard Michl
ISBN 978-3-423-**13932**-8

Märchen von Söhnen
Hg. v. G. Lehmann-Scherf
Illustr. v. Reinhard Michl
ISBN 978-3-423-**13933**-5

**Melancholie oder Vom Glück,
unglücklich zu sein**
Ein Lesebuch
Hg. v. Peter Sillem
ISBN 978-3-423-**13012**-7

Die Kunst des Wanderns
Ein literarisches Lesebuch
Hg. v. Alexander Knecht und
Günter Stolzenberger
ISBN 978-3-423-**13867**-3

Ich fahr' so gerne Rad ...
Geschichten vom Glück auf
zwei Rädern
Hg. v. Hans-Erhard Lessing
ISBN 978-3-423-**14088**-1

Tausendundeine Nacht
Nach der ältesten arabischen
Handschrift in der Ausgabe
von Muhsin Mahdi ins
Deutsche übertragen von
Claudia Ott
ISBN 978-3-423-**13526**-9

Bitte besuchen Sie uns im Internet: www.dtv.de

Klassische Anthologien
in dtv-Originalausgaben

Nicht nur zur Osterzeit
Ein Frühlings-Lesebuch
Hg. v. Gudrun Bull
ISBN 978-3-423-20885-7

**Das große Buch der
Volkslieder**
Hg. v. Walter Hansen
Illustr. v. Ludwig Richter
ISBN 978-3-423-13934-2

Das Frühlings-Lesebuch
Hg. v. Günter Stolzenberger
ISBN 978-3-423-14089-8

Das Sommer-Lesebuch
Hg. v. Günter Stolzenberger
ISBN 978-3-423-14119-2

Das Herbst-Lesebuch
Hg. v. Günter Stolzenberger
ISBN 978-3-423-14141-3

**Kaum berührt, zerfällt die
Mauer der Nacht**
28 japanische Lyrikerinnen
des 20. Jahrhunderts
Hg. und übers. von
Annelotte Piper
ISBN 978-3-423-14059-1

Übers Meer in die Ferne
Ein Lesebuch
Hg. v. Gregor Gumpert und
Ewald Tucai
ISBN 978-3-423-14123-9

Bitte besuchen Sie uns im Internet: www.dtv.de

Klassiker der deutschsprachigen Literatur
im <u>dtv</u>

Bettine von Arnim
Goethe's Briefwechsel mit
einem Kinde
Hg. v. Wolfgang Bunzel
ISBN 978-3-423-**13719**-5

Dies Buch gehört dem König
Hg. v. Wolfgang Bunzel
ISBN 978-3-423-**13720**-1

Vom Herzen in die Feder
Lebensspuren im Briefwechsel
Hg. v. Sibylle von Steinsdorff
und Ulrike Ehmann
ISBN 978-3-423-**13721**-8

Georg Büchner
Werke und Briefe
Neuausgabe
Hg. v. Karl Pörnbacher u.a.
ISBN 978-3-423-**12374**-7

Alfred Döblin
Berlin Alexanderplatz
Die Geschichte vom
Franz Biberkopf
Roman
ISBN 978-3-423-00**295**-0

Theodor Fontane
Effi Briest
Roman
Hg. v. Helmuth Nürnberger
ISBN 978-3-423-**12499**-7

Der Stechlin
Roman
Hg. v. Helmuth Nürnberger
ISBN 978-3-423-**12552**-9

Theodor Fontane
Cécile
Roman
Hg. v. Helmuth Nürnberger
ISBN 978-3-423-**14000**-3

Grete Minde
Roman
Hg. v. Helmuth Nürnberger
ISBN 978-3-423-**14087**-4

Irrungen, Wirrungen
Roman
dtv AutorenBibliothek
ISBN 978-3-423-**19137**-1

Johann Wolfgang von Goethe
Werke
Hamburger Ausgabe in
14 Bänden
Hg. v. Erich Trunz
ISBN 978-3-423-**59038**-9

Johann Peter Hebel
Die Kalendergeschichten
Sämtliche Erzählungen aus dem
Rheinländischen Hausfreund
Hg. v. Hannelore Schlaffer
ISBN 978-3-423-**13861**-1

Georg Christoph Lichtenberg
Sudelbücher I
Sudelbücher II,
Materialhefte und Tagebücher
Register zu den Sudelbüchern
Gesamtausgabe in 3 Bänden
Hg. v. Wolfgang Promies
ISBN 978-3-423-**59075**-4

Bitte besuchen Sie uns im Internet: www.dtv.de

Klassiker der deutschsprachigen Literatur
im dtv

**H. J. Chr. von
Grimmelshausen**
Der Abenteuerliche
Simplicissimus Teutsch
Hg. v. Alfred Kelletat
ISBN 978-3-423-**12379**-2

E. T. A. Hoffmann
Die Elixiere des Teufels
Roman
Mit einem Nachwort von
Gerhard Hay
ISBN 978-3-423-**12377**-8

Lebens-Ansichten des
Katers Murr
Roman
Mit einem Nachwort von
Peter Härtling
ISBN 978-3-423-**13473**-6

Heinrich von Kleist
Sämtliche Werke und Briefe
in drei Bänden
Münchner Ausgabe
Hg. v. Roland Reuß und
Peter Staengle
ISBN 978-3-423-**59084**-6

Sämtliche Werke und Briefe
Hg. v. Helmut Sembdner
ISBN 978-3-423-**12919**-0

Sämtliche Erzählungen und
Anekdoten
Hg. v. Helmut Sembdner
ISBN 978-3-423-**12493**-5

Gotthold Ephraim Lessing
Werke
in drei Bänden
Hg. v. Herbert G. Göpfert
ISBN 978-3-423-**59059**-4

Friedrich Schiller
Sämtliche Werke in 5 Bänden
Hg. v. Peter-André Alt, Albert
Meier und Wolfgang Riedel
5 Bände in Kassette
ISBN 978-3-423-**59068**-6

Arthur Schnitzler
Die großen Erzählungen
ISBN 978-3-423-**14094**-2

Johann Gottfried Seume
Spaziergang nach Syrakus
Hg. v. Albert Meier
Illustr. v. Karl-Friedrich Schäfer
ISBN 978-3-423-**12378**-5

Aus meiner Welt
Ein Spaziergang
Hg. v. Heide Hollmer
ISBN 978-3-423-**13888**-8

Adalbert Stifter
Sämtliche Erzählungen
nach den Erstdrucken
Hg. v. Wolfgang Matz
ISBN 978-3-423-**13369**-2

Witiko
Roman
ISBN 978-3-423-**13954**-0

Bitte besuchen Sie uns im Internet: www.dtv.de